本书由国家自然科学基金面上项目"基于结构突变和截面相关的省际碳排放面板协整检验办法"(批准号:71171035)和教育部人文社会科学青年项目"能力偏误、大学教育溢价与我国工资收入差异演变"(批准号:12YJC790223)等的资助

能力偏误、教育溢价与中国工资收入差异

基于微观计量方法的实证研究

颜敏 著

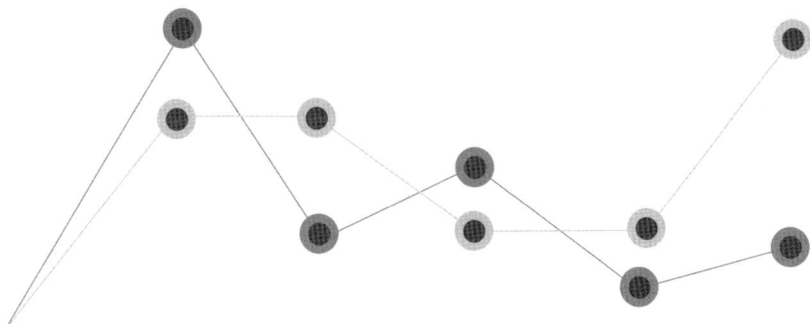

中国社会科学出版社

图书在版编目（CIP）数据

能力偏误、教育溢价与中国工资收入差异：基于微观计量方法的
实证研究/颜敏著.—北京：中国社会科学出版社，2013.5
ISBN 978 - 7 - 5161 - 2627 - 1

Ⅰ.①能…　Ⅱ.①颜…　Ⅲ.①教育经济学—研究—中国
Ⅳ.①G40 - 054

中国版本图书馆 CIP 数据核字（2013）第 097187 号

出 版 人	赵剑英	
责任编辑	周晓慧	
责任校对	林福国	
责任印制	李　建	

出　　　版	中国社会科学出版社	
社　　　址	北京鼓楼西大街甲 158 号（邮编 100720）	
网　　　址	http://www.csspw.cn	
	中文域名:中国社科网　　010 - 64070619	
发 行 部	010 - 84083685	
门 市 部	010 - 84029450	
经　　　销	新华书店及其他书店	

印　　　刷	北京市大兴区新魏印刷厂	
装　　　订	廊坊市广阳区广增装订厂	
版　　　次	2013 年 5 月第 1 版	
印　　　次	2013 年 5 月第 1 次印刷	

开　　　本	710×1000　1/16	
印　　　张	15.5	
插　　　页	2	
字　　　数	247 千字	
定　　　价	45.00 元	

凡购买中国社会科学出版社图书,如有质量问题请与本社联系调换
电话:010 - 64009791

序

　　教育作为人力资本形成的重要途径之一，对中国经济可持续发展、扭转收入差距扩大所起的重要作用毋庸置疑。在由农业社会、工业社会向知识经济社会迈进的历史跨越进程中，在构建社会主义和谐社会的重大历史使命下，教育发展特别是高等教育发展是中国实现由人口大国向人力资源强国转变的重要举措，是缩小地区间、城乡间、个体间收入差距最有效的手段之一。

　　近年来，中国各级教育事业蓬勃发展，城乡义务教育全面普及，高等教育进入公认的大众化阶段，那么教育对于个体工资的形成机制如何？在中国持续扩大的工资差距中有多少归因于大学教育？高等教育扩张不可避免地导致部分学生能力下降，那么在测度教育工资溢价时如何控制能力所带来的偏误？高等教育的迅猛扩张会使大学工资溢价如何变动？中国宏观技术层面是否存在技能偏向性技术变迁而致使大学生供给与需求形成有效对接？在面临巨大的城市生存压力下，农村学生该如何做出恰当的教育选择？颜敏博士的《能力偏误、教育溢价与中国工资收入差异：基于微观计量方法的实证研究》一书对上述问题进行了系统研究，在"缩小收入差距"已成为历年国家政策导向以及高等教育持续扩招的大背景下，该书的主要价值体现在以下方面：

　　首先，在矫正了能力偏误的基础上，相对准确地测算中国自改革开放以来工资收入差异中大学教育的贡献，从理论上分析大学教育影响工资收入差异的内在机理，对于发展教育经济学以及工资决定理论具有重要的借鉴意义。

　　其次，基于供给—需求理论框架对大学教育溢价的影响因素进行解析，是劳动经济学工资决定理论的一次有益尝试，将对中国大学生就业市场的政策设计提供扎实的理论指导。

再次，能力是代际间传递的，也是后天培养出来的，巴里斯·基马克（Baris Kaymak，2009）认为学前教育是形成能力的关键时期。因而准确测度能力在个体工资中的贡献份额，是政府、教育部门将教育资源分配在高等教育还是学前教育的人力资本政策的决策依据。也为家庭、个人教育选择提供了重要的参考依据。

最后，比较分析大学教育、能力溢价对城镇、农村工资形成的作用，可以为缩小中国城乡差异、落后地区脱贫提供新的政策视角，具有一定的实际应用价值。

颜敏博士多年来一直从事计量经济学和教育经济学的教学和研究工作，在攻读数量经济专业博士学位期间，她系统地学习了数量经济学的理论，掌握了前沿微观计量经济学的分析方法，对教育投入、教育不平等以及教育与收入差距问题进行过深入的研究，这些都为本书的写作奠定了基础。本著作首先对中国自改革开放以来的个体收入差距进行测算，并将其在大学学位组和高中学位组进行分解，测算大学学位对收入差距的贡献，进一步基于反事实框架运用倾向得分匹配模型估算大学教育溢价及其变动趋势，有效地矫正能力偏误，从而估算了能力在收入差距中的贡献度。基于干预—控制框架分析以及分位数回归技术解析了中国高等教育扩张对大学工资溢价的影响，并且基于总量生产函数实施空间面板估计技术检验中国技能偏态性技术变迁的存在性，从高技能劳动力需求视角给出了大学工资溢价上升的证据。本书最后聚焦于中国农村样本，研究了中国农村高中教育溢价问题，为农村学生的教育选择提供了合理的参考。最后基于教育视角给出相应缩小收入差距的政策建议。

作为颜敏的博士生导师，我认为其专著最大的创新在于运用前沿微观计量方法研究了"教育对工资差距作用机制"这一极具现实意义和理论价值的问题，具体体现在：第一，在测度教育溢价及其变动时，始终关注能力偏误的矫正，通过主成分分析法构建能力因子、寻找能力的工具变量以及基于反事实框架下对家庭背景变量的控制都是设法控制教育溢价测算中遗漏能力偏误的有益尝试。第二，将样本选择和内生性问题同时纳入干预—控制框架评价高等教育扩张对大学工资溢价的冲击以及分位数回归技术比较不同收入组、不同出生群在这次扩张中所引致的溢价变动，得出相对严谨可靠的结论。第三，基于总量生产函数从宏观视角寻找中国技能偏态性技术变迁的证据，而且充分考虑到中国地区间的空间相关性，从劳动力需求视角探求大学教育溢价上升的原因，为深层挖掘大学工资溢价变动提供扎实的理论依据。

该专著的文献综述比较全面系统，引用文献资料可靠，选用的模型方法先进适当，模型估计和实证结果可信；论文条理清晰、写作规范、论述充分、观点明确，说明颜敏具有扎实的经济学理论基础和数量经济学专门知识，具有较强的独立科研能力。本专著从教育视角所提出的缩小中国各种收入差距政策建议具有重要的理论意义和实际应用价值，该专著的出版将对教育经济学、劳动经济学爱好者提供一定的借鉴意义。但是，由于微观数据的限制以及作者水平的局限，本专著对该问题的研究不可能尽善尽美，但即便是抛砖引玉，引发同行们的关注和思考也是一种价值。我希望对这一领域有研究兴趣的人士能够在本书的基础上，进行进一步的深化研究，共同为中国教育事业以及收入分配改革大业添砖加瓦。

王维国

2013 年 1 月

目　　录

前　　言

自 20 世纪 80 年代以来，伴随着中国经济的高增长，中国工资收入差距在地区间、城乡间、行业间乃至家庭、个体间持续扩大已成为一个日渐突出的问题。缩小收入差距特别是工资差距是重振内需市场、破解城乡二元结构瓶颈、化解中国经济增长的深层次矛盾的重要途径，对经济增长方式的转变和实现可持续增长具有重要意义。党的十七大，十七届四中全会、五中全会也都明确提出要"合理调整收入分配，研究制定收入分配改革方案，努力扭转收入差距扩大趋势"。

英国经济学家米德认为教育是影响个体收入的一种重要投资，它对收入分配具有深远的间接影响。美国经济学家萨缪尔森也指出，在走向平等的道路上，没有比教育更伟大的步骤。国内外大量研究表明：不论是发达国家还是发展中国家，受教育程度不同是导致收入差距扩大的重要原因之一。

党和国家历来高度重视教育，十七大作出"优先发展教育，建设人力资源强国"的战略部署，把人才战略提升为国家重点战略。教育事业取得了长足发展。截至 2010 年底，全国 2856 个县（市、区）全面普及九年义务教育，高中阶段毛入学率达 82.5%，高等教育毛入学率达 26.5%。城镇地区高中阶段教育基本普及，但农村高中教育普及率 2007 年仅为 50% 左右。因而在中国各级教育快速发展的当代，在思考教育在中国工资收入差异中的作用机制时，我们不仅应关注城镇个体是否接受了大学及其以上的教育，我们同时应关注农村个体是否接受了高中阶段教育。

自 20 世纪 90 年代末期以来，以《面向 21 世纪教育行动振兴计划》、《关于深化教育改革　全面推进素质教育的决定》以及《中华人民共和国高等教育法》等相关政策为标志，中国各级教育特别是高等教育迅速扩张。普通高等教育招生从 1978 年的 40.2 万人，增长到 1998 年的 108.4 万人，年均增长速度达 8.5%。特别地，1999 年本专科招生数一跃上升到 159.7 万人，较上年增长 47.32%。之后以年均 16.97% 的速度高速增长。截止到 2010 年，普通高等学校招生数达 661.7551 万人，如果再加上网络、高等学校本专科招生数以及研究生招生数，2010 年招生规模总计达 1090.3642 万人，在校生数总计高达 3374.8176 万人，占全国 18—22 周岁人口比为 27.81%。中国进入世界公认的高等教育大众化时期。

伴随着高等教育的持续扩张，高等教育和劳动力市场的关系变得日益紧密：随着大学生供给的急剧增长，劳动力中具有大学学位的人数比例逐渐增长，在全国失业人员中，具有大学学位的人数比例也在急剧增长，教育投资向工资收入溢价转化的路径存在扭曲。这一现象背后的根源可能在于：首先，伴随着高等教育的扩张，高等教育资源匹配滞后以及高等教育经费投入不足，导致教育质量以及边际学生质量下降，降低了教育投资的产出效率。其次，由于高等教育扩张以及国家助学贷款等金融政策的支持，大学生的能力分布发生结构变化。中国 1999 年 6 月开始实施国家助学贷款政策，这使得在扩张前能力较高但家庭经济条件差的学生进入了大学，同时也可能使相对于以前大学生能力较低的学生也上了大学，因此，在高等教育扩张前后，大学教育组和高中教育组的能力分布将发生改变。这样大学毕业生的工资相对于高中毕业生所发生的变化，其中有属于学生质量和能力解释的部分，而不能全部认为是溢价部分。最后，计算机信息技术以及离岸外包等技术的变迁，导致大学生供给与需求发生结构性矛盾。

本书正是在中国收入差距持续扩大、各级教育特别是高等教育迅猛扩张的背景下，基于大学生供需结构变化和能力分布变化的视角，在试图控制能力偏误后准确测度城镇大学教育溢价以及农村高中阶段教育溢价，深层挖掘溢价变动的原因。因而本研究不仅对发展教育经济学、劳动经济学以及工资决定理论具有重要的借鉴意义，而且为个体的教育选择、对中国大学生就业市场的政策设计提供了扎实的理论指导，更为政府、教育部门优化教育资源配置提供了有价值的决策参考。

本书主要研究结论有：

1. 伴随中国收入差距的持续扩大，是否拥有大学学位成为解释中国地带、性别、同生群、职业以及部门内工资差距的重要因素。

首先运用广义熵指数测算中国高中以上劳动力工资差异的演变过程，得出的结论是全国具有高中以上学历劳动力的工资不平等经历了先上升，后下降，然后再上升的变化趋势。基于泰尔指数分解法的测算显示，大学学位对地带内工资差异、性别内工资差异、年龄组内工资差异、职业内工资差异以及部门内部工资差异的形成起到了重要的作用，而且其贡献度逐渐增强。在控制了地带、性别、年龄组之后，大学学位解释了总体工资不平等的9.44%，在控制地带和性别之后大学学位解释了年龄组内部工资差异的10.33%，在控制地带之后解释了性别内工资差异的10.07%，在控制性别、年龄组后大学学位解释了地带内工资差异的9.5%，尽管还有其他诸如职业、单位类型以及不可观测能力等因素影响着工资差距，但大学学位对不同学位组之间工资收入差距的影响是不言而喻的。

2. 中国城镇大学教育溢价显著，特别是第三产业、一级劳动力市场、企业、研究所的大学溢价凸显，劳动力市场的多元分割将加剧工资收入差距。

基于CHIPS微观数据库所提供的丰富的家庭背景资料，利用倾向得分匹配模型（PSM）估算中国城镇大学教育溢价。研究结论表明：由于普通OLS估计难以准确地找到能力代理变量，这将使大学教育溢价结果估计有偏；同样地，由于难以找到合适的工具变量，也将产生不一致的工具变量估计。相比之下，倾向得分匹配估计，基于可观测的变量，可以更好地控制个体特征，根据个体倾向得分相似的原则匹配个体，可以得到相对准确的大学教育溢价。具体地，在控制了可观测的协变量后，大学教育溢价为21.3%，一个高中生如果能够继续接受大学教育的话，其对数日工资将高出21.3%，年均大学教育回报为5.33%。能力对工资的边际效应为5%左右。大学教育是个体工资差异形成的重要因素之一。进而基于核匹配估计技术估算结果表明：中国劳动力市场上存在明显的多元分割，一级劳动力市场上的工资收入明显高于二级劳动力市场，企业、研究所的工资收入显著高于政府部门，第三产业工资收入显著高于第二产业，第二产业工资收入显著高于第一产业。

3. 伴随着中国高等教育的持续扩张，大学教育溢价不降反升。

基于双重差分模型以及分位数回归技术，通过主成分分析构建能力因子，在控制了样本选择偏差以及教育变量内生性后相对准确地测度了高等教育扩张对大学教育溢价的影响。基于干预—控制框架，我们得到了高等教育扩张后大学教育溢价上升的结论。随着高等教育的扩张，大学生的能力没有下降，反而上升，能力溢价也在逐渐上升。分位数回归结果显示：大学溢价随着同生群或者伴随着高等教育扩张是逐渐上升的，在高、低分位数点处，对于扩张前和扩张后，大学教育溢价随同生群并未呈现明显的规律性变动，但也存在 10% 分位点以及 80% 分位点大学教育溢价上升的证据。总之，随着中国高等教育的扩招，大学溢价在上升，而且随着工资分位数提高，上升的幅度先加快，之后在最高分位数处又减速，大学学位是形成个体工资差距的重要原因。

4. 中国技术呈现技能偏态特征，技术的技能偏态性将增加高能力大学生的需求，是大学教育溢价持续上升的原因。

基于二级 CES 总量生产函数实施空间计量估计技术，实证检验了中国技能偏态性技术进步的存在性。从高技能劳动力需求视角探求大学教育溢价上升的原因。我们的估计结果表明：在产出的要素分配中，资本的产出份额最高，技能劳动力的产出份额次之，低技能的产出份额最低。这在一定程度上说明中国对技能劳动力的高度重视，技能劳动力的平均收入高于其平均边际产量价值。尽管从业人员中低技能劳动力占比较大，但产出份额较低，不难得出现阶段技能溢价是凸显的。相对于高中以下教育程度的劳动力而言，大学教育程度劳动力更加不可替代，中国经济增长过程中已经开始表现出资本—技术互补趋势，或者可以说，中国目前的技术进步是技能偏向型的。例如 20 世纪 90 年代中期以来，中国实施了大企业赶超发展战略，大力扶持大企业和资本密集型企业的发展，特别是航天、信息、通信等行业迅猛发展，这些技术路径选择意味着对高学历、高技能劳动力的迫切需求。技术的技能偏态性势必增加技能劳动力的工资。这也从劳动力需求视角解析了现阶段中国大学教育溢价上升的原因，也在一定程度上解释了为何中国目前工资收入持续扩大。

5. 中国农村高中教育溢价明显，特别是技能高中溢价，是否接受高中教育是农村个体工资差距形成的重要原因。

本书最后将目光聚焦于中国农村的教育溢价，基于 CHIP 数据，本书在矫正了样本选择偏差后，研究发现无论是技能高中还是普通高中都存在显著的工资溢价，其中技能高中的溢价效应远远高于普通高中。具体地，相对于初中毕业的从业人员而言，技能高中毕业生平均工资率将高出61.26%，普通高中毕业生平均工资率将高出12.55%，如果高中阶段教育按三年计算，平均每年的教育收益率技能高中为20.42%，普通高中为4.18%。基于2SLS-Heckman样本选择模型估算结果表明：技能教育溢价在控制了样本选择偏差和教育内生性后变得更强、更显著。

与类似研究相比，本书的创新主要体现在以下四个方面：

第一，在测度教育溢价以及教育溢价变动时，本书始终关注能力偏误的矫正，通过主成分分析法构建能力因子，寻找能力的工具变量以及基于反事实框架下对家庭背景变量的控制，都是设法控制教育溢价中遗漏能力变量所带来偏误的有益尝试。实证结果也表明，能力所带来的内生性偏误是显著的，因而我们的研究丰富了中国教育溢价测算研究的理论体系，是政府制定相关教育政策、匹配教育资源的有益参考。

第二，基于干预—控制框架评价高等教育扩张对大学生工资溢价的冲击以及分位数回归技术比较不同收入组、不同出生群在这次扩张中所引致的溢价变动，是本书的一次大胆尝试，是劳动经济学工资决定理论的一次有益尝试，这将为挖掘中国工资收入差异提供深层次的理论指导。

第三，基于总量生产函数从宏观视角寻找中国技能偏态性技术变迁的证据，而且充分考虑到中国地区间的空间相关性，从劳动力需求视角探求大学教育溢价上升的原因，丰富了技能偏态技术进步对工资收入差异的影响研究。而且在具体实施过程中，通过多角度、多维度的检测估计结果的稳定性，包括空间权重矩阵的设定、估计方法的选择，是对现代计量检验理论的有益补充。

第四，关于农村教育溢价的估计，本书在同时考虑到教育变量的内生性和样本选择偏误基础上将2SLS应用Heckman样本选择模型区别估计中国农村技能高中和普通高中的教育溢价，这不但在估计方法上算是一次全新的尝试，而且具有重要的实践意义和理论指导意义。不仅为农村家庭孩子教育选择提供参考，而且为政府制定教育政策提供了扎实的理论指导。

第 一 章

绪　　论

第一节　研究背景

本研究关注如何在试图控制能力偏误后相对准确地测度教育溢价，寻找教育溢价变动的原因，挖掘教育在中国个体工资收入差异中的贡献。因此在开展具体研究之前，有必要对中国当前收入差距的经济背景、教育事业发展现状进行陈述，从而清晰地表明本书的出发点和研究意义。

一　收入差距持续扩大已成为中国经济高增长过程中不争的事实

自 20 世纪 80 年代以来，中国经济增长取得了令人瞩目的成就，即使在面临国内自然灾害、国际金融危机等重大挫折时，中国经济仍然保持了较高的增长速度，被世界经济学家誉为"增长的奇迹"。统计年鉴显示，2010 年中国 GDP 达 397983 亿元人民币，按可比价计算是 1978 年的 20.49 倍，比 2009 年增长了 10.3%，增速比 2009 年加快 1.1 个百分点。到 2010 年末，国家外汇储备达 28473 亿美元，比上年末增加 4481 亿美元。城乡居民收入快速增长，2010 年城镇居民人均可支配收入为 19109 元，增长 11.3%，扣除价格因素后，实际增长 7.8%。而 1978 年中国城镇居民家庭人均收入仅为 316 元，32 年间增长了 60 倍，年均增长速度达到 1.86%。2010 年农村居民人均纯收入为 5919 元，增长 14.9%，扣除价格因素后，实际增长 10.9%。比 1978 年农村居民家庭人均收入的 133.6 元增长了近 44 倍。即使在 2008 年国际金融危机席卷全球的背景下，中国经济仍然保持了 9% 的增长速度。

然而经济增长的成果并没有在各个收入群体中得到合理分配，随着经济制度、经济结构以及经济全球化的深化，一个日见突出的问题是：改革开放后，中国收入差距在地区间、城乡间、各个收入阶层间、各个年龄组间乃至在个体家庭间持续扩大。改革开放以前，中国处于计划经济体制下，政府对劳动力直接配给，对劳动力进行包括住房、医疗保险以及退休金的各种福利待遇，使得尽管工资收入很低，但收入差距很小，即使在五六十年代进行工资等级区分后，政府的过度管制也没使收入差距拉大。1978 年开始的经济体制改革，特别是 1984 年十二届三中全会通过了关于工资制度的改革，劳动力市场形成，非国有企业迅速发展，以工资为主要表现形式的居民收入大幅提高。1993 年中共中央通过了《关于建立社会主义市场经济体制的决定》，国有企业改革进一步深入，导致很多低效率国有企业破产倒闭，工人失业，这使得居民收入逐渐拉大。从 90 年代开始，收入结构不平等逐渐加大，一直持续到现在。即使进入 21 世纪以后，经济增长的好处也主要集中在收入分配中最高收入组，北京师范大学收入分配与贫困研究中心主任李实测算中国基尼系数 1988 年为 0.382，1995 年为 0.455，2002 年为 0.454，2007 年为 0.48，2010 年估计已经达到 0.50 的水平[1]，已超过世界警戒线 0.4。

　　中国收入差距首先表现为城乡差距，统计数据显示，1978 年城镇与农村的人均收入之比是 2.6 倍，到了 2008 年是 3.3 倍，2010 年稍有下降为 3.23 倍。其次是地区差距，以居民家庭年人均纯收入衡量，1978 年农村人均纯收入上海最高为 290 元，河北最低为 91.5 元，上海是河北的 3.17 倍；2009 年上海农村人均纯收入是 12482.9 元，为全国最高，最低的甘肃省是 2980.1 元，上海是甘肃的 4.2 倍。就城镇而言，1996 年全国最高的是上海，达 7191.77 元，最低的内蒙古为 2863.03 元，二者之比为 2.51 倍，2009 年上海高达 28837.78 元，甘肃最低，为 11929.18 元，二者之比为 2.42 倍，从 2.42 倍到 2.51 倍不能说明地区差距缩小了，因为如果把整个东部地区和中西部地区作比较，差距可能更大。再次是中国居民各个阶层间收入差距也在逐渐扩大。图 1—1 显示的是根据中国健康营养跟踪调查数据库（China Health and Nutrition Survey，以下简称 CHNS）所提供 1989—2009 年间家庭收入不同分位组收入变动的数据，家庭收入最低的 10% 分位组，收入增长缓慢，几乎处于停滞状态，年均增长率在

---

[1]　摘自中国经济网，http://www.ce.cn/xwzx/gnsz/gdxw/201208/22/t20120822_ 23610064. shtml。

1%左右。随着收入分位点的逐渐增高，其年均增长率逐渐增大。20%分位组，其年均增长率达2.55%；30%分位组，其年均增长率达3.04%；40%分位组，其年均增长率达3.66%；50%分位组，其年均增长率达4.38%；60%分位组，其年均增长率达5.13%；70%分位组，其年均增长率达5.91%，80%分位组；其年均增长率达6.7%；90%分位组，其年均增长率达7.21%；收入最高的10%分位组，其年均增长率达9.12%；对于最高5%分位组，其年均增长率达10%，是最低10%收入组年均增长率的10倍，是中等收入家庭年均增长率的3倍多。也就是自1989年以来，中国家庭收入呈现出两级分化现象，收入不平等加剧。

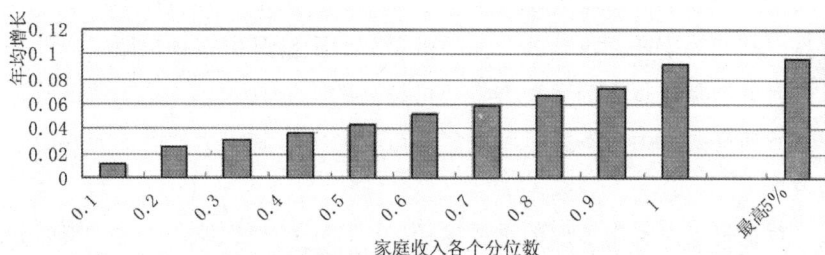

图1—1　1989—2009年各个家庭收入分位组工资收入年均增长率

资料来源：《中国劳动力结构迈向拐点——劳动力仍过剩工资仍低》，中国劳动和社会保障网（http://www.cnlsslaw.com/list.asp? unid=6362 –）。

　　根据联合国开发计划署的统计数字，中国目前占总人口20%的最贫困人口占收入或消费的份额只有4.7%，而占总人口20%的最富裕人口占收入或消费的份额高达50%。世界银行的报告同时显示，最高收入的20%人口的平均收入和最低收入的20%人口的平均收入，这两个数字比在中国是10.7倍，而美国是8.4倍，俄罗斯是4.5倍，印度是4.9倍，最低的是日本，只有3.4倍。如果将改革开放前中国的经济发展称为"发展的共同体"的话，改革开放以后中国高速的经济增长则可称为"增长的分裂体"。最后，个人收入差距也在逐渐扩大，这已经引起近年来学术界和社会各界的普遍关注。收入差距过大，大多数人不能分享经济增长的成果，势必会激化社会矛盾、减缓经济增长的进程、影响着社会的和谐稳定。为防止因收入差距过大而产生的一系列社会危机，如何有效地缩小收入差距是中国在经济增长过程中必须面对的重要挑战，也是学术界所面临的重大课题。

二　中国各级教育发展迅速，义务教育全面普及，高等教育迅猛扩张

在影响工资收入的各种因素中，人力资本的作用显然不容忽视。这可以追溯到 20 世纪 50 年代中后期西方经济学家明塞尔、舒尔茨和贝克尔等所探求的"工人收入增长之谜"。人力资本解释了为什么在劳动力工时大大缩短的情形下，美国和西方国家工人实际收入水平普遍得到了较大幅度的提高，这不但验证了庇古的福利经济学理论，也为凯恩斯消费不足理论提供了依据。根据人力资本理论，如果劳动力市场是完全竞争的，人力资本的质量和数量决定着劳动生产率，在一般情况下，人力资本质量、存量越高，其劳动生产率也越高。如果劳动力的配给是由市场机制完成的，那么人力资本存量越高的劳动力将获得越高的工资收入。从这个角度看，劳动力所拥有的人力资本存量和质量是市场经济体制下工资收入差距的主要来源之一。

教育是人力资本形成的重要途径，因而不可避免地在决定工资差距方面扮演着重要角色。当今世界，几乎所有国家都把加强教育投资作为推进国家经济可持续发展的核心组成部分，并作为增强综合国力和提高国际竞争力的重大战略措施。政府教育支出作为一种公共选择，其行为本身能够为整个社会的人力资本积累创造条件。由于教育和培训是人力资本形成的核心，对全社会和经济增长的贡献越来越大，政府如何将有限的财力投入到教育领域中，如何在国家教育目标下选择有效的公共教育支出政策，提高政府教育资源配置效率，逐渐成为各国政府和学术界的一个新的焦点。[①]

（一）中国城镇高中教育基本普及，伴随着高等教育的迅猛扩张，大学组和高中组能力分布将发生改变

党和国家历来高度重视教育，十七大作出了"优先发展教育，建设人力资源强国"的战略部署，把人才战略上升为国家重点战略。教育事业取得了长足发展，城乡免费义务教育全面实现，根据关于 2009 年国民

---

　　① 颜敏、王维国：《基于时变参数的我国教育投入对经济增长贡献率估计》，《统计与信息论坛》2009 年第 7 期。

经济和社会发展计划执行情况与 2010 年国民经济和社会发展计划草案的报告，2010 年，高中阶段教育毛入学率达到 80%，而城镇高中阶段教育基本普及，同时高等教育发展突飞猛进。图 1—2 描述了自改革开放以来

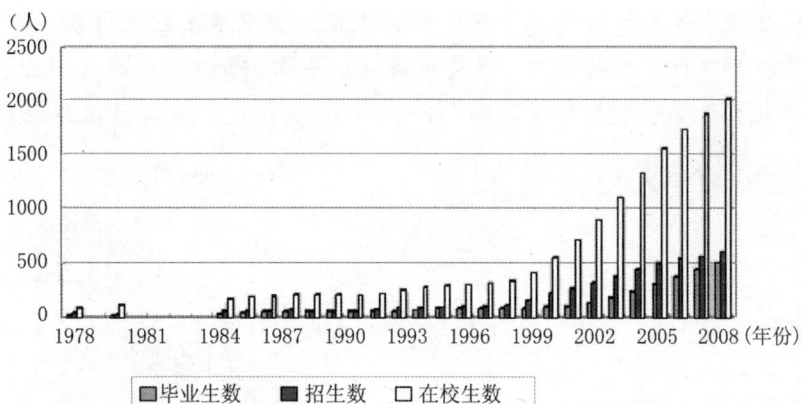

图 1—2　1978—2008 年中国高等教育培养规模变动

中国高等教育的规模变动趋势。从招生规模来看，从 1978 年的 40.2 万人，一直增长到 2008 年的 607.6612 万人，年均增长速度达到 11.72%，特别是 1999 年，招生数达到 159.7 万人，达到 47.32% 的增长速度，之后各年连续扩大招生规模，年均增长速度将近 20%。与此相对应的高等学校在校生数和毕业生数也相应增长，在校生数由 1978 年的 85.6 万人，增长到 2008 年的 2021 万人，自 1999 年以后年均保持着 20% 的增长速度。毕业生数由 1978 年的 16.5 万人，增长到 2008 年 511.95 万人，年均增长速度达 14%，特别是自 1999 年扩招以来，年均增长速度达到 26%。由于高等教育的大幅度扩招，高中的升学率由 90 年代初期的 27.3%，增长到 1999 年的 63.8%，2002 年达到最高为 83.5%，连续 10 年中国高中升学率平均为 76.1%，高等教育的持续扩张使中国总人口中的大学生比重逐年上升，1978 年中国每万人口中大学生比重仅为 0.089%，到 1999 年该比重上升为 0.33%，到 2008 年仅普通高校大学生比重就达到 2.04%。平均而言，每 100 人当中就有 2 人是普通高等学校的大学生。这说明中国的高等教育已由精英教育转变成大众化教育。

在大学教育迅速扩张的同时，研究生培养规模也达到了空前的增长速

度，1978 年中国研究生招生数仅为 10708 人，到 1999 年增长到 92225 人，2000 年达到 128484 人，年增长率近 40%。之后连续几年研究生迅速扩招，2008 年中国研究生招生数达 446422，是改革开放初期的 44.7 倍。毕业生数也保持了相同的增长规模和增长速度。

　　尽管中国高等教育总量规模增速很快，总量水平相当可观，然而，如果教学条件、教师资源、教育设备等相关软、硬件设施没有相应的匹配增长，势必造成教育质量的下降。图 1—3 描绘了改革开放以来高等

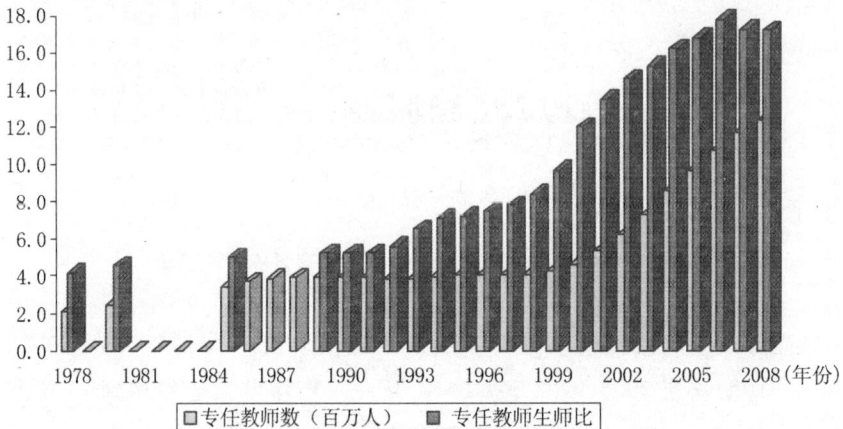

图 1—3　1978—2008 年中国高等教育教学资源变动趋势

学校专任教师数与生师比的变动趋势。尽管自改革开放以来中国高等教育规模扩张的同时，高等学校专任教师数也随之增长，但增长的幅度远远不够，致使高等教育的生师比居高不下，从 1978 年的 4.2 人上升至 2008 年的 17.23 人。从 1999 年高等教育扩张期始，生师比出现了跳跃式上升，2006 年创历史新高，达 17.80，尽管生师比由于计算方法不同而不具有可比性，最佳的生师比至今也没有一个统一的标准，但生师比过高，在某种程度上会降低教学效果和教学质量，因而影响教育的产出质量。

　　另外，从教育投资流量数据来看，尽管高等教育经费（包括中央和地方高校）在高等教育扩招年份尽管迅猛增长，按 1978 年可比价计算，包括国家财政性教育经费、民办学校举办者投入、社会捐赠、事业收入

（学杂费）和其他教育经费在内的高等教育经费从 1996 年的 85.58 亿元，增长到 1999 年的 176.92 亿元，2007 年增长到 762.22 亿元。按 1996 年可比价计算，生均教育经费由 1996 年的 8459.26 元，增长到 1999 年 15150.19 元，到 2006 年增至 13994.84 元，但图 1—4 显示了教育经费增长的速度滞后于招生与在校生的增长速度，高等教育经费不足是制约中国高等教育发展，提高人才质量的关键因素。

（%）

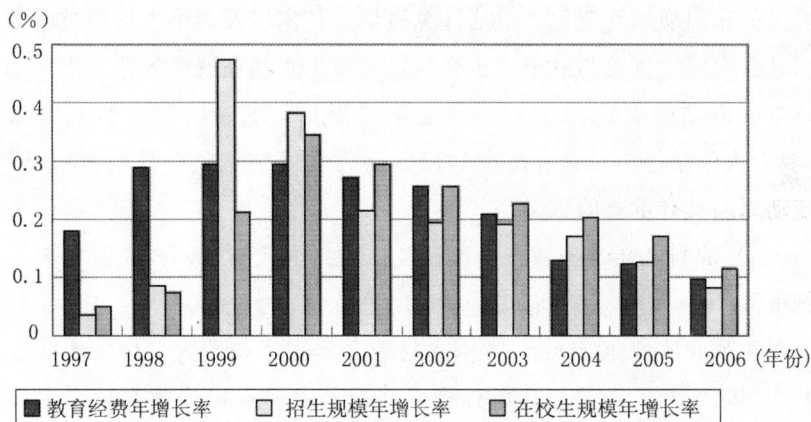

图 1—4 高等教育招生与经费增长变动比较

在中国城镇高中教育日益普及的现代，是否拥有大学教育就成为个体就业获得工资收入的重要因素之一。正如英国经济学家米德所认为的大学教育是影响个体收入的一种重要投资，它对收入分配具有深远的间接影响。[1] 国内外大量研究表明；[2] 不论是发达国家还是发展中国家，受教育程度不同是导致收入差距扩大的重要原因之一。伴随着高等教育持续扩张

---

[1] 保罗·萨缪尔森等（Paul A. Samuelson et al.）：《经济学》，高鸿业等译，中国经济出版社 1992 年版，第 1253 页。

[2] 如 Coleman（1979）分析了美国各人种的教育程度和收入的关系，强调了教育机会的平等。Barro 等（1993）利用 129 个国家的总计数据，测算了不同教育水平的男性、女性的受教育程度和工资水平的关系。Cao 等（2005）和 Okushima 等（2006）也指出，教育水平的差距是中国城市收入差距的最主要原因。中国学者刘纯阳、高启杰（2004），白菊红（2005），张克俊（2005），王姮、汪三贵（2006）等分析了人力资本对中国地区收入差距的影响。万广华、张藕香（2006）分析了人力资本对中国农村收入差距的影响。

的当代，高等教育和劳动力市场的关系日益紧密：首先随着大学生供给的急剧增长，劳动力中具有大学学位的比例逐渐增长。相关统计数据①也反映了在全国失业人员中，具有大学学位的比例在急剧增长，大学教育投资向工资收入溢价转化的路径存在扭曲。现象背后的根源可能在于：首先伴随着高等教育的扩张，高等教育资源匹配滞后以及高等教育经费投入不足，导致教育质量以及边际学生质量的下降，降低了教育投资的产出效率。其次由于高等教育扩张以及国家助学贷款等金融政策的支持，大学生的能力分布出现结构变化。最后计算机信息技术以及离岸外包等技术的变迁，导致大学生供给与需求发生结构性矛盾。正是在这样的背景下，基于大学生供需结构变化和能力分布变化的视角，准确测度大学教育溢价（即具有大学学位与只具有高中学位劳动力之间的工资差异），深层解析其变动原因具有重要的意义。

（二）农村九年义务教育全面普及，但高中入学率不高，农村大学生比例很低

在改革开放的 30 年中，中国农村教育实现了跨越式发展，青壮年文盲基本扫除，九年义务教育已经全面普及，农村居民受教育机会大大增加。城乡教育差距逐步减少，但高中阶段教育入学率仍然不高，农村学生念大学的比例更是极其偏低。

据 2010 年中国第六次人口普查数据显示：在全国 13.7 亿人口中，居住在乡村的达 50.32%，超过一半多的人口在农村，如果其文化素质低、劳动技能低势必会阻碍农民收入的增加、农业科技的推广以及农村剩余劳动力的转移。2011 年《中国统计年鉴》显示：2010 年农村普通初中毕业生数为 616.98 万人，而当年农村普通高中招生数为 56.7 万人，二者占比不及 10%，尽管可能有部分农村初中学生升入职业高中技校以及中专等，但农村初中毕业生继续升学的比例还是不高。进一步讲，据 2010 年《中

---

① 《中国劳动统计年鉴》显示：在全国失业人员中，1996 年具有大专以上学历的占比为 4.6%，具有初中学位的占比最大，达到 57%；在 20—24 岁失业人员中，具有大专以上的占比为 8.4%；在 25—29 岁失业人员中，具有大专以上的占比为 3.1%；在所有大专以上学位失业人员中，50—54 岁的占比最大，达到 15.4%。2010 年在全国失业人员中，具有大专以上学历的占比达 20.3%；在所有具有大学学位的失业人员中，20—29 岁的占比最大，高达 27.1%。从失业的原因看，毕业后未工作的最高，达 27.2%。

国农村统计年鉴》数据，2009 年，中国农村家庭每百个劳动力中，不识字的占 5.94%，小学程度占 24.67%，初中程度占 52.68%，中专和高中程度占 13.61%，大专以上文化程度的仅占 2.1%。农村劳动力的主要教育层次仍停留在初中教育，农村发展、农业进步更多地依靠那些接受高中教育程度的劳动者。

综上所述，本书正是在中国工资收入差距持续扩大、城乡义务教育全面普及、城镇高中教育基本普及、高等教育迅猛扩张的同时大学生组能力可能发生改变的大背景下，从教育经济学理论出发来分析中国城镇真实的大学教育溢价以及农村高中阶段的教育溢价，设法控制能力偏误，试图描绘出中国个体工资不平等演变路径，解析教育在工资不平等中的贡献，探究教育溢价变动的背后原因，讨论中国目前的技术特征并寻找可能有效的政策方向。

第二节　研究意义

一　理论意义

1. 在矫正能力偏误的基础上，相对准确地测算中国自改革开放以来工资收入差异中大学教育的贡献，从理论上分析大学教育影响工资收入差异的内在机理，这对于发展教育经济学以及工资决定理论具有重要的借鉴意义。

2. 深层剖析不同行业间、不同地区间以及城乡间大学教育溢价以及能力偏误的演变路径。准确地测度中国的工资差距，找出工资差距存在的原因，把握工资变动规律，深层挖掘其变动的原因，对于解释收入差距具有重要的理论意义和实践意义。这不仅能够为政府制定产业政策、促进产业升级提供理论依据，而且是对区域协调发展理论的有益补充。

3. 基于供给—需求理论框架对大学教育溢价的影响因素进行解析，是对劳动经济学工资决定理论的一次有益尝试，会对中国大学生就业市场的政策设计提供扎实的理论指导。

二　实践意义

1. 可以深刻理解大学教育对个人工资的贡献及其为家庭、个人高等教育选择提供参考依据。

2. 能力是代际间传递的，也是后天培养出来的，巴里斯·基马克（Baris Kaymak, 2009）认为，学前教育是形成能力的关键时期。因而准确测度能力在个体工资中的贡献份额，是政府、教育部门分配教育资源在高等教育还是学前教育上的人力资本政策的决策依据。

3. 比较分析了大学教育、能力溢价对城镇、农村工资形成的作用，可以为缩小中国城乡差异、落后地区脱贫提供新的政策视角。缩小收入差距特别是工资差距是重振内需市场、破解城乡二元结构瓶颈、化解中国经济增长深层次矛盾的重要途径，对经济增长方式转变和实现可持续增长具有重要意义。

第三节　本书研究内容、研究方法及研究思路

本书拟在梳理改革开放以来中国个体工资收入差距演变过程的基础上，通过控制能力偏误准确测度大学学位在工资收入差距中的贡献，进而解析大学教育对于地区间、城乡间以及行业间工资差异的作用机制。通过剖析大学教育溢价的变动原因，为政府、高等教育机构以及个体家庭提供相应的政策参考。另外，中国农村义务教育已经全面普及，高中升学率也在逐步提升，农村劳动力的教育程度绝大多数停留在中等教育阶段，农业科技的发展，三农问题的根本解决依赖于那些受过高中阶段教育的劳动力，那么高中阶段的教育溢价如何？不同高中阶段的教育溢价差异如何将是农村学生教育选择的重要参考，因而本书针对农村样本分别测算了不同高中阶段的教育溢价，根据资料的丰富程度和前期的工作基础，具体开展了六个方面的工作。

一　研究内容

（一）中国现阶段工资收入差异的演变以及大学学位在工资收入差距中的贡献测度

测度工资差异的指标有很多，包括标准差、变异系数、基尼系数以及广义熵指数。在述评各个指标的优缺点后，鉴于广义熵指数的优势在于可以将总体的工资差异指数分解成组内不平等和组间不平等的和，从

而便于考察组间差异和组内差异各自的变动方向和变动幅度，以及各自在总差异中的重要性，本研究运用广义熵指数先测算中国劳动力工资差异的演变过程；进而将全国的工资差异指数进行地区、性别、同生群、职业以及部门分解以及从地区、性别、同生群、职业以及部门再到大学学位的两阶段分解，以期找出不平等的来源以及大学学位在地区、城乡以及行业间工资差异的贡献；最后控制了地带、性别、同生群以及职业基于泰尔指数实施了多阶段分解，以深层挖掘大学学位对个体工资差异的贡献。

（二）基于反事实框架的中国城镇大学教育溢价的测度

本研究的目的之一是准确估算大学教育溢价，也就是受过高等教育的个体的工资与假设其没有接受高等教育的工资之间的差异，而后者无法观测，这就产生了样本选择偏差问题。因为高等教育不是随机的，高等教育回报也不是同质的，即使控制了其他可观测特征后，一个高中毕业生的工资可能比一个大学生的工资还高，因此我们必须知道每一个接受大学教育的个体与与之匹配的只接受高中教育的个体是谁，才能准确估算大学教育溢价。因而只有知道哪些因素决定了一个人的高等教育选择，才能构造一个更准确的工资的反事实。CHIPS 微观数据库提供了丰富的家庭背景资料，基于该数据集利用倾向得分匹配模型（PSM）估算中国大学教育溢价，进而估算出那些诸如"天生能力"等不可观测变量所导致的 OLS 估计偏误。

（三）解析高等教育扩张对中国大学工资溢价的影响

自 1999 年以来中国高等教育持续扩张，高等教育规模先后超过了俄罗斯、印度和美国，成为世界第一。中国进入了世界公认的高等教育大众化阶段。据劳动力市场供需决定工资理论，由于大学毕业生供给面变化的突然性和大规模性，如果需求面对供给面的变化来不及做出调整，因此预计供给的大量增加会导致其工资的下降。但年龄越大的群体受扩张影响的效应越小，影响最大的应该是刚毕业的大学生。鉴于此，本研究基于干预—控制框架，利用双重差分（DID）以及分位数回归技术在试图矫正能力偏误后，准确测度了高等教育扩张对大学教育溢价的影响效应。

（四）基于中国地区面板数据验证中国技能偏态型技术进步的存在性

本部分从大学生需求角度寻求大学教育溢价变动的原因，中国是否发生了技能偏态型技术变迁，从而导致对高学历、高能力大学生需求发生变动？在此我们主要回答以下问题：如何测度高技能、低技能劳动力？在中国地区面板数据中是否存在资本技术互补？基于嵌套二级不变替代弹性函数（CES）先从理论上论证资本技术互补假设，进而基于中国地区面板数据进行实证检验。

（五）基于 2SLS—Heckman 样本选择模型对中国农村学生的教育选择展开研究

本部分在同时考虑到教育变量的内生性以及样本选择偏差的基础上，将工具变量法实施于 Heckman 两步样本选择模型，分别估计中国农村职业高中和普通高中的教育回报，以期回答以下问题：什么因素决定农村个体的劳动选择？职业教育和普通高中教育的真实溢价多大？二者差异如何？农村家庭该做出怎样的教育选择？政府在农村教育、农业科技进步中该扮演怎样的角色？

（六）基于以上研究结论从教育视角为政府、高等教育机构、个体家庭提出相应的政策建议

首先，对政府而言，鉴于显著的城镇大学教育溢价以及农村高中教育溢价的存在，加大教育投入力度，让更多穷人的孩子读书是缩小收入差距的政策方向。其次，就中国大学生的失业状况为高等教育机构培养方案及机制提出相应的政策建议。再次，对农村高中阶段教育溢价的研究，为农村个体、家庭高中阶段教育选择提供了参考，是否接受高中教育？接受什么类型的高中教育？最后，从教育视角为区域协调发展、构建和谐社会提出了相应的政策建议。

二　研究方法

（一）实证分析与规范分析相结合

实证分析和规范分析都是现代经济理论研究中广泛使用的研究方法。实证分析比较注重对经济过程的客观描述，而规范分析则注重对经济行为的价值判断。在对能力偏误、教育溢价以及中国工资收入差异演变进行研究时，既需要对中国工资收入结构、高等教育发展状况、教育溢价演变以

及农村经济发展的方方面面，以及它们之间的空间相依关系进行实证的描述，又需要进一步结合中国各地区自身所具有的地域特点、人口构成特点以及以往经济发展的历史与发展提出符合中国实际的政策建议。为此，只有将实证分析与规范有机地结合起来，才能更好地体现本书所希望达到的目标。

（二）定量分析和定性分析相结合

国内关于能力偏误的矫正在测度教育溢价中的作用研究以及关于大学教育溢价变动因素的分析大多采取描述性和现象性分析的方法，理论深度较为欠缺。同时较有深度的定量分析很少，更多的是定性的判断分析。为此，本研究将在借鉴国外前沿理论的基础上，通过构建模型，采用前沿微观计量分析技术和统计分析方法定量化研究能力偏误对传统教育溢价估计的影响，从技术的技能偏态性解释中国大学教育溢价上升的原因，将教育、收入、技术、就业之间的影响机制有机联系起来。同时，结合定量分析所获得的结果，进行合理的定性分析，从而使定量与定性分析得到较好的结合。

（三）比较分析法

本研究运用大量的比较分析法，包括方法上的比较分析，数据的横向比较分析和纵向比较分析。其中，方法上的比较分析的应用主要有：（1）在运用倾向得分匹配模型测算大学教育溢价时，我们考虑了各种匹配方法，包括核批配、最近距离估计、半径匹配法等，以使中国大学教育溢价估算尽可能准确；在分析工资度量指标时，我们考虑了小时工资、日工资、月工资以及年工资，以尽可能充分的控制不可观测因素对大学教育溢价的影响。（2）在寻找中国技术的技能偏态证据时，建立了二级 CES 生产函数空间面板自回归数据模型以及空间面板误差模型的优劣及模型估算结果的差异，以寻找符合中国实际情况的理论模型。横向比较分析则主要是利用全国地区面板数据对工资不平等、高等教育发展差异以及对经济发展诸方面的影响进行比较分析，找出其存在的主要差异，并分析差异产生的原因。纵向比较分析主要是对历史数据进行比较分析，分析其变化情况及发展趋势。

（四）反事实分析法

准确的大学教育溢价是一个大学生的工资与假设其只拥有高中学位时

工资的差异，一个高中生的工资与假设其接受大学教育的工资差异，或者总有一种情况无法观测，因而本研究基于反事实框架，尽可能多地控制可观测变量，利用倾向得分匹配模型（PSM）相对准确地测度大学教育溢价，从而在一定程度上矫正了能力偏误。

（五）干预—控制分析法

在研究高等教育扩张对大学教育溢价的影响效应时，由于扩张对不同出生群的影响效应不同，年龄越大的群体受的影响越小，扩张后新毕业大学受的影响最大，本部分在干预—控制框架下基于双重差分模型以及分位数估计技术深层分析了扩张对大学教育溢价的影响效应。

（六）计量模型分析法

本书使用了大量的计量分析方法，包括在度量高等教育参与选择时，选用 Probit 模型进行估算；基于反事实框架对大学教育溢价的倾向得分估计；对农村高中教育溢价的 2SLS – Hckman 估计；高等教育扩张对大学教育溢价影响的双重查分（DID）估计以及分位数估计；在资本技术互补的实证检验时采用二级嵌套固定替代函数（CES）的空间面板估计技术，用若干先进的计量模型及相应的估计技术对预期的理论假设进行检验。

本书计量模型估计方法运用了 Stata12.0、Spss18.0、Matlab7.0。

三　研究思路

本书首先对中国自改革开放以来个体收入差距进行测算，并将其在大学学位组和高中学位组进行分解，测算大学学位对收入差距的贡献，进一步基于反事实框架运用倾向得分匹配模型估算大学教育溢价及其变动趋势，有效地矫正能力偏误，从而估算了能力在收入差距中的贡献度。基于劳动经济学工资决定理论，从供给和需求两方面寻找大学教育溢价以及能力溢价变动的原因，运用现代计量经济学中双重差分模型以及空间面板估计技术以及非线性面板估计技术进行实证检验。最后基于大学教育视角给出相应缩小收入差距的政策建议。具体的研究思路图如下：

能力偏误、教育溢价与中国工资收入差异

中国个体工资收入差异及其变动

| 地带差异 | 职业差异 | 性别差异 | 部门差异 | 同生群差异 |

基于泰尔指数大学教育在城镇工资收入差异中的贡献测度

基于反事实框架大学教育溢价测算

基于2SL-Heckman农村高中阶段教育溢价测度

| 地带工资差异中的贡献 | 部门工资差异中的贡献 | 职业工资差异中的贡献 | 性别工资差异中的贡献 | 同生群工资差异中的贡献 |

大学教育溢价的变动

基于地区面板数据资本技术互补假设的实证检验

高等教育扩张对大学教育溢价的影响

能力偏误矫正

基于教育溢价视角提出缩小工资收入差异政策建议

| 高等教育机构政策建议 | 政府教育资源配置政策建议 | 农村个体家庭教育选择建议 | 高等教育投入结构政策建议 | 改善贫困家庭受教育条件的信贷 |

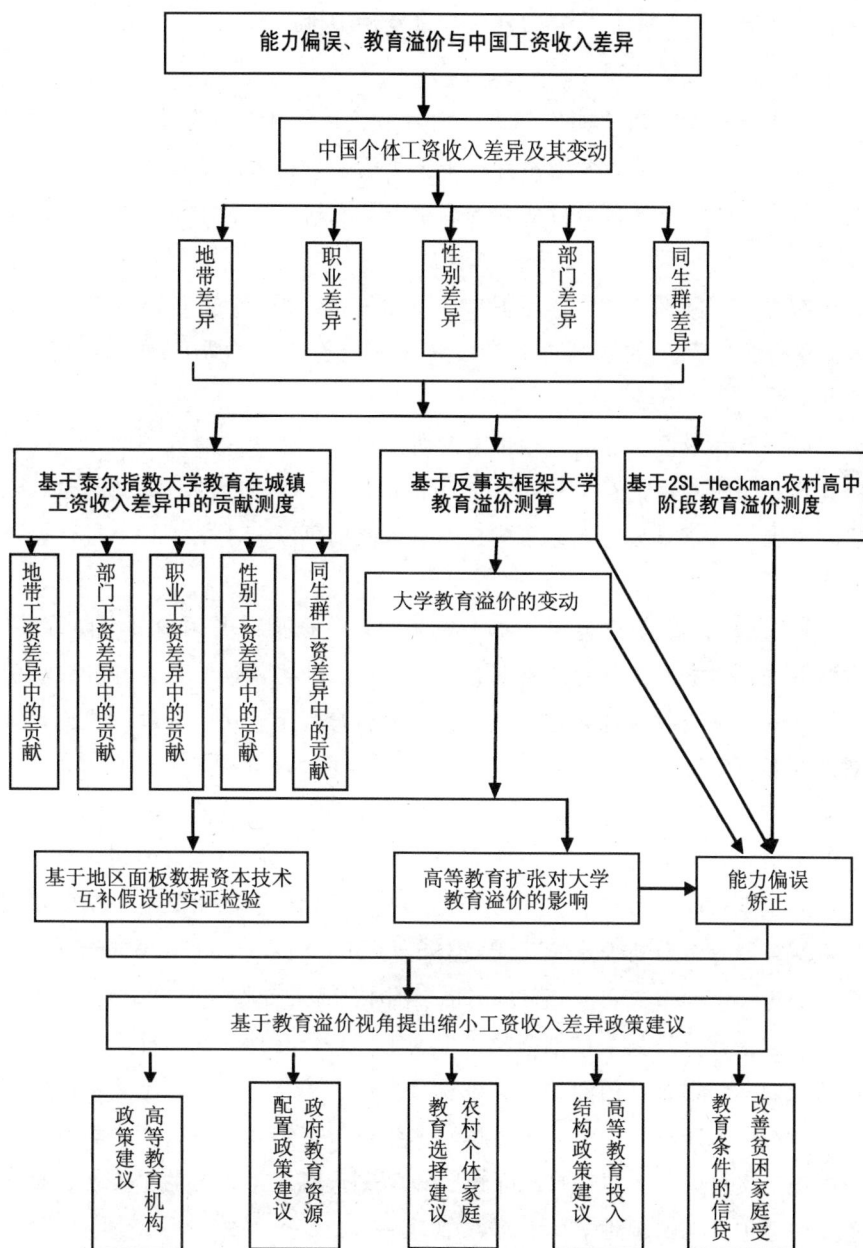

图1—5　本书结构示意

第四节　本书结构安排

本研究始终围绕"能力偏误、教育溢价以及中国工资收入差异"这一中心议题，努力从教育视角寻找中国工资差异扩大的原因，因而深入挖掘了影响中国大学教育溢价变动的因素以及农村不同高中阶段教育溢价差异。

本着"以问题为导向，让数据去说话，以前沿计量方法为工具，以政策服务为宗旨"的原则，本书共分八章，各章具体研究内容及研究方法如下：

第一章：绪论。详细介绍本书的研究背景、提出要研究的问题，阐述研究这一问题的理论意义及实际应用价值所在；对研究内容、研究思路、研究范围、研究方法、本书结构、本书可能的创新和不足等一一进行总体说明。

第二章：相关概念界定、本书相关的理论模型以及国内外文献综述。本章首先对本书所涉及的关键概念——能力及能力偏误；教育与教育溢价以及工资及工资收入差异进行界定，阐述教育与工资决定的理论模型，针对教育溢价实证估计问题进行了方法论上的探讨。对与本书相关的大学教育溢价、农村教育回报、高等教育扩张与大学教育溢价的影响效应以及技能偏态与大学教育溢价关系的研究进行综述，进而阐明本书的切入点。

第三章：高等教育对中国工资收入结构长期演变的贡献——基于泰尔指数测算及分解分析。本章基于 CHNS（China Health and Nutrition Survey）系统测算了 1989—2009 年跨度时期，中国个体工资收入差异的演变历程，基于泰尔指数分解技术详细描绘了中国工资差异在地区间、性别间、同生群间、职业间以及部门间的差异现状及变动趋势，进行了从上述群组再到大学学位的二阶段乃至多阶段分解，多角度、多维度地解析大学教育对形成中国工资差距扩大过程中的贡献，以深刻理解大学教育的重要性、教育扩张的急迫性与必要性。

第四章：基于倾向得分匹配模型对中国城镇大学教育溢价进行测度。考虑到微观数据的测量误差、样本选择偏差、教育溢价的异质性以及基于泰尔指数分解技术的局限性，本章将运用先进的微观计量模型方法，基于反事实框架，运用倾向得分匹配模型，运用 CHIPS（Chinese Household Income Project Survey）数据集中 2002 年的数据，对中国城镇大学教育溢价进行准确的度量。之所以选择该数据集，首先因为该时期对应中国高等教育大幅扩张前，通过该数据我们可以测度高等教育扩张前中国大学教育溢价的状况。更重要的是它包含了丰富的家庭背景资料，便于控制家庭遗传因素以及家庭生存环境因素对个体能力差异的影响，进而可以更准确地构造工资的反事实。在进行具体匹配估计时，为了结果的稳健性，我们分别选择了小时工资、日工资、月工资以及年工资作为结果变量，匹配方法综合考虑了可匹配估计、最近距离匹配以及不同半径匹配估计技术，通过不同指标设计不同方法匹配寻找中国大学教育溢价的准确估计。

第五章：高等教育扩张对中国大学教育溢价的影响——基于干预—控制框架的实证研究。中国高等教育迅猛扩张发生在 1999 年，突然的大规模扩张对大学教育溢价将产生怎样的影响？如何评价中国的高等教育扩张？扩张后大学溢价演变规律如何？不同的工资分位数组大学教育溢价变动差异如何？扩张使能力偏误发生怎样的变化？回答这些问题需要扩张后的而且含有丰富家庭背景资料的翔实的微观数据集，CGSS（China General Social Survey）2006 年的微观调查数据为我们的研究提供了可能。CGSS 最早的调查年份在 2003 年，恰好是扩张后第一批大学生进入劳动力市场期，本章利用最新可用的 2006 年的数据，通过考虑不同的出生群，将高等教育扩张所引致的溢价冲击效应描绘出来。本章将 1999 年高等教育扩张看成覆盖全国的实验，在干预—控制框架下基于双重差分模型（difference-in-differences model，简称 DID）以及分位数估计技术挖掘这次实验所带来的冲击影响，并且充分考虑到样本选择偏差以及教育变量的内生性，以相对准确地解析大学溢价随同生群、随时期变动的方向及变动幅度。从大学生供给视角实证给出了大学溢价变化的证据。

第六章：技能偏态、大学教育溢价——基于中国样本的实证研究。本章基于中国扩招后的宏观数据，从大学生需求视角挖掘大学教育溢价变动的原因。借鉴国际大学教育溢价和技术变迁的相关经验论证，重点回答中国目前国家层面的技术特征是否呈现技能偏态特性？并且充分考虑中国地区空间相关性，先从理论上阐明资本技术互补假设的内涵，运用总量二级 CES 生产函数，实施空间面板估计技术，分别估算空间误差模型和空间自回归模型，实证检验了中国技能偏态性技术变迁的存在性，进而对中国大学教育溢价的是上升从大学生需求视角找到了令人信服的证据。对于中国目前大学生就业难、失业率高的事实则从能力分布的角度进行了经济学解释。

第七章：技能高中还是普通高中——中国农村学生教育选择研究。考虑到中国农村劳动力教育程度大多停留在初高中阶段，高中阶段教育将是实现农村进步的关键因素，具有高中阶段教育程度的劳动力将是中国农村发展的中坚力量。本章将目光聚焦于中国农村样本，同样基于数据在充分考虑微观数据样本选择偏差和教育变量内生性基础上相对准确测度了中国高中阶段教育溢价，并且分别估算技能高中、普通高中教育溢价，以期为中国农村学生教育选择提供切实的参考依据。

第八章：研究结论、政策性建议及未来展望。本章总结了全书的研究结论，进而从大学教育、农村高中教育视角提出相应的关于缩小收入差异的政策建议，最后对本研究将来进一步可能深入的前景进行展望。

第五节　创新和不足

与类似研究相比，本书的创新主要体现在以下四个方面：

第一，在测度教育溢价以及教育溢价变动时，本书始终关注能力偏误的矫正，通过主成分分析法构建能力因子、寻找能力的工具变量以及基于反事实框架下对家庭背景变量的控制都是设法控制教育溢价中遗漏能力变量所带来偏误的有益尝试。实证结果也表明能力带来的内生性偏误是显著的，因而我们的研究丰富了中国教育溢价测算研究的理论体系，是政府制定相关教育政策、匹配教育资源配置的有益参考。

第二，基于干预—控制框架评价高等教育扩张对大学生工资溢价的冲击以及分位数回归技术比较不同收入组、不同出生群在这次扩张中引致的溢价变动，是本书的一次大胆尝试，是劳动经济学工资决定理论的一次有益尝试，这将为挖掘中国工资收入差异提供深层次的理论指导。

第三，基于总量生产函数从宏观视角寻找中国技能偏态性技术变迁的证据，而且充分考虑到中国地区间的空间相关性，从劳动力需求视角探求大学教育溢价上升的原因，丰富了技能偏态技术进步对工资收入差异的影响研究。而且在具体实施过程中，通过多角度、多维度的检测估计结果的稳定性，包括空间权重矩阵的设定、估计方法的选择，是现代计量检验理论的有益补充。

第四，关于农村教育溢价的估计，本书在同时考虑到教育变量的内生性和样本选择偏误基础上将 2SLS 应用 Heckman 样本选择模型区别估计中国农村技能高中和普通高中的教育溢价，这不但在估计方法上是一次全新尝试，而且具有重要的实践意义和理论指导意义。不仅为农村家庭孩子教育选择提供参考，而且为政府制定教育政策提供了扎实的理论指导。

尽管本书充分利用了已有的公开的微观及宏观数据库，运用大量先进的计量方法对中国教育溢价及其与工资收入差异的内在关系进行尝试性探讨，但仍存在许多不尽如人意的地方，具体的不足表现在以下三个方面：

第一，由于数据限制本书并没有考虑制度性因素以及劳动力市场的发育状况等对工资收入差异的影响。中国制度性因素主要包括企业工资制度类型和体制等因素。企业不同的工资制度类型必然会影响工资差异大小，计划经济时代的"大一统"工资制度必然压制工资差异。卡利诺·加亚和马丁（Garino Gaiaa & Martin，2000）的研究发现：效率工资制度、劳动力市场垄断力量都会使工资收入差距扩大。尽管很多数据库提供了企业的分类，但由于大量数据的缺失，本书并没有控制不同所有制企业、外资还是内资、劳动力的流动性对工资差异的影响，也没有充分考虑国外直接投资、国际贸易等方面造成的可能影响。因而今后的研究应将制度、国际贸易、劳动力流动性等因素囊括其中，建立尽可能完备的研究分析框架，进而完善已有的研究工作，以便更好地解释中国工资收入差距和教育溢价变动的原因。

第二，在对农村教育溢价的估计中，没有充分考虑到劳动力的流动性，并没有考虑那些农村学生考上大学最终在城镇劳动力市场就业的群体以及城镇学生毕业后去农村工作的群体，尽管当时农村上大学的比例不高，城镇学生毕业后去农村的也很少，然而这部分数据的缺失在一定程度上会对农村高中阶段教育溢价的估计产生偏差，为农村学生教育选择的建议也在一定程度上存在缺陷。另外，由于缺乏近年可利用的数据，本书没有对农村近期的教育溢价进行纵向比较研究，近些年来国家惠农政策的大力实施，农村教育、农村高中教育工资溢价也将发生改变，在"三农"

问题备受关注的今天，不能对这些问题进行深入细致的研究，既是笔者的痛心之处，也是未来的努力方向。

第三，在从需求角度解析大学教育溢价上升的原因时，尽管我们找到了技能偏态性技术变迁的证据，在一定程度上解释了为什么在高等教育迅猛扩张后大学教育溢价不降反升的原因，然而对于存在技能偏态技术进步的经济体对大学生需求的速度，对大学教育溢价影响的程度，中国高等教育扩张到什么规模才算达到最优这些问题并没有给出答案，而这些正是中国高等教育机构、政府乃至个体家庭急切想知道的问题，也是我们未来研究的最大动力。

第 二 章

相关概念界定、理论基础
与国内外研究综述

由于本研究旨在测度教育对中国个体收入差距形成的贡献，特别是高等教育扩张后大学教育溢价的变动及成因，本章将介绍有关教育形成工资差异的决定机制以及工资结构变动的理论模型，并说明本研究中所涉及相关概念的界定，与本研究相关的国内外研究综述。

第一节　相关概念界定

一　能力和能力偏误

自 2001 年 5 月亚太经合组织人力资源能力建设高峰会议召开以来，"人力资源能力建设"这一新词便备受世人的关注。尽管心理学家对能力这一概念做了很多有价值的工作，但至今没有统一、完美的定义。2001年的亚太能力建设峰会将人的能力定义成：个人拥有的知识、技巧和态度，个人特有的能够产生绩效所具备的知识、技巧和行为。李道苏（2002）将能力定义为：是指人在从事有效的社会实践活动中所表现出来的技能和水平，以及直接影响活动效率和使活动顺利进行的个性心理特征。安鸿章（2003）也认为，能力是个性心理特征之一，是指人顺利地完成某种心理活动所必需的个性心理条件和心理特征。可见关于"能力"是直接影响个体产出效率和经济绩效的思想已达成共识。致使"能力"成为各个产出部门、企业人力资源管理实践中最频繁提及的专业词汇。员工的招聘、选拔、录用、培训开发、绩效管理等都离不开对"能力"的挖掘。"能力"一直是各行各业人力资源管理中备受关注的焦点和热点。正如江泽民同志在亚太峰会上所指出的："当今世界，人才和人的能力建

设，在综合国力竞争中越来越具有决定性的意义。"（李道苏，2002）

能力不同于知识。能力的形成一方面来源于遗传因素，另一方面来源于后天环境和主观努力。知识只是人类经验的概括和总结，能力的形成和发展比知识的获得要慢。但能力是在获取知识的过程中形成和发展的，离开了学习和教育，任何能力都不可能发展。能力与智力有相似之处，林崇德教授认为，它们都是成功地解决某种问题所表现出的良好适应性心理特征。华东师范大学李嘉音教授指出："智力加上知识通过自己的实践活动可以转化成能力。"珀金斯认为："智力（power）很难因环境或教育因素而改变。因而，由于遗传因素和主观努力程度的不同，个体能力是有差异的，我们经常发现两个接受相同教育程度的人的能力往往差异很大，两个能力相同的人也不一定具有等同的受教育程度。"

能力在概念上比较抽象，而且无法观测。如果个体的能力和生活环境存在异质性，对能力的度量就很容易产生误差，某些人可能具有更高的天赋、发展了的能力或更强的个人动力，这些方面的作用很难度量（Siebert，1985）。当我们研究教育溢价问题时很难确定教育是否已经产生了相应的产出结果。也就是说，在控制了所有可观测因素后，工资溢价是完全由教育差异所致，还是部分由于能力差异所致？个人接受更高教育程度的过程具有选择性，难以识别其收入应在多大程度上归因于个人因素以及哪些部分应归因于教育本身。如果没有控制能力，则估算的结果会将由于能力因素所导致的工资效应一同归到教育溢价中，这就产生了"能力偏误"问题。

为了找出这种因果关系，辨别出遗传、生长环境因素和后天主观努力对个体成绩的影响是很重要的。曼斯基（Manski，1995）[①] 将这些效应分为内生效应、背景效应和相关效应。内生效应是指那些学生的个体行为表现取决于所在群体的主流行为，因此一个学生如果所在群体是高成就的，那么就很可能会影响这个学生本身的成就。背景效应就是指一个学生的成绩依赖于社会阶层背景，因此学生的成就将受所在群体的社会经济地位的影响。相关效应就是指个体受相同因素的影响。例如，学生可能会因为他

---

① Manski, C. F. (1995), *Identification Problems in the Social Science* (Cambridge, Mass.: Harvard University Press).

们受相同的老师教授或参加相同的组织而获得相同的成果。

关于遗传在能力形成和个体差异中的作用，国内外研究成果层出不穷。早在一个多世纪以前，格拉顿（Glaton，1869）就开始探讨英国家庭因素和孩子智力以及未来获得显赫地位之间的关系。这已成为教育研究尤其是教育社会学研究的重要课题。科尔曼（Coleman，1966）研究表明：家庭背景比学校教育更好地解释了学生成绩的差异。之后大量的研究成果一致表明家庭对孩子学习成绩有相当大的影响，凯兰格汉（Kellaghan，1997）研究认为，同胞兄弟姐妹在同一环境中长大，其能力相似程度达50%。厄伦麦亚—科穆林和亚维克（Erlenmeyer-Kimling & Yarvik，1963）基于养父母和亲生父母对孩子能力形成的影响的研究认为，孩子的能力与亲生父母能力更相似，双胞胎在相同环境中长大，能力相关系数高达88%。遗传对能力的作用主要通过感官特征、脑的形态和结构特征等形式表现出来。这些身体素质是形成能力的必备前提，但必须经过后天良好的环境培养以及主观努力，能力才能很好地表现出来，也就是说，能力的形成既有遗传因素又有后天环境因素。

本书在研究中国的教育溢价问题时，考虑到数据的可得性，关注的能力主要是由于先天家庭遗传以及家庭生存环境所造就的个体能力。我们也曾经试图通过在上学过程中参加的各种特长班、培训班的数据来识别后天努力形成的能力，现在孩子的学习任务日益繁重，家长整天穿梭于各种培训班、辅导班之间，这些努力到底对孩子能力培养有何帮助？但苦于数据的缺乏并没有实现这方面的研究目标。

关于能力偏误的矫正，国外常见的方法是基于相同家庭背景或者基因特征但受教育程度不同的样本群体估算收益。这样的样本可能是父亲和儿子，兄弟姐妹或者双胞胎。这里的相似性通过家庭背景的相关效应或者基因的关联效应形式来体现（Altonji and Dunn，1996）。米勒等（Miller et al.，1997）使用澳大利亚的双胞胎数据来估算学校教育的收益率。其研究结论是男性一年的教育收益率为 7.1%，2.3% 源于真正教育的收益。4.2% 源于家庭背景效应，0.7% 源于基因因素的影响。从教育的纯收益来看，女性高于男性，但从家庭背景效应来看，男性高于女性。该方法基于双胞胎数据仅限于有限人群，由于数据的局限性，在中国很难进行这一研究。本书中关于能力偏误的矫正通过广泛搜集家庭背景资料运用，并应用计量方法构建能力因子、寻找教育的工具变量以及基于非参数方法等各种途径,以期得到教育溢价的准确度量。

二　教育与教育溢价

中国无论是城市还是乡村九年义务教育都得到了全面普及。对于城镇而言,高中普及率也在逐年上升,高中阶段教育实现了基本普及,因而本书一方面聚焦于城镇的大学教育溢价及其变动研究;另一方面由于农村劳动力的教育程度主要集中在中等教育阶段,对于农村样本,我们主要关注高中阶段教育溢价。尽管明瑟 (Mincer, 1997) 研究表明,工作中的在职培训也应具有与学校教育一样的效应。即培训项目也会提高个人的工资收入、就业率以及企业的利润。阿什顿和格林 (Ashton and Green, 1996) 所构造的公司和个人培训需求模型,强调个人通过投资培训使一生的财富最大化。但基于公司和政府培训数据获取的困难,本书中所关注的教育是指学校教育或正规教育,并没有评价社会或企业的在职培训教育对工资的溢价效应。

所谓教育溢价是指接受了某个更高阶段的教育与假设没有接受这一阶段教育相比所能得到的更多的教育收益,即指某一特定的学位收益。具体到城镇样本我们关注的是大学教育溢价,对于农村样本本书关注的是高中阶段教育溢价。接受更高阶段的教育收益主要表现在三个方面:首先是更高的工资、奖金收入,这些收入在一生当中是持久和直接的;其次是接受更高程度教育的收益来源于较低的失业率;最后是来源于较高的劳动力市场参与率。另外,接受更高的教育可能会带来更大的满足感和更高的社会地位。但本书关注的是教育的工资收益,具体的是城镇大学教育工资溢价和农村高中阶段教育工资溢价。根据卢卡斯 (Lucas, 1988) 的理论,教育投资回报率可以分为私人回报率和社会回报率。私人回报率是指个体因受教育水平的提高,即个体人力资本的提高而带来的收入增加;而社会回报率是指由于社会人力资本平均水平的提高,进而提高了整体经济的发展和经济增长,社会回报率体现了教育的"外溢利益"。[①] 本书的教育溢价是用受

---

① 董银果、郝立芳:《中国教育投资回报率度量的关键问题探析》,《西南大学学报》(社会科学版) 2011 年第 1 期。

教育者的个人工资收入和教育水平等微观数据估计出的教育的私人回报率。

三　工资收入和工资收入差距

本研究中所提及的工资收入，是指劳动者个人全部收入中与劳动密切相关的部分，包括工资、各种奖金、补贴、分红、股息、保险金、经营性纯收入等，去掉了资本收入和转移性收入。之所以选定个人工资收入作为本书的研究对象，是因为：首先，工资是个体最主要的收入形式、最重要的收入来源，是家庭收入的最重要组成部分。如果市场是完全竞争的，工资衡量的是个体拥有的人力资本的价格。对于正在向市场经济转轨的中国，劳动力市场发育日趋完善，并且越来越富有竞争性，工资制定也更多地由市场力量所决定，工资报酬在很大程度上取决于劳动者的素质及其边际生产能力。在这种情形下，通过估计个人工资方程，可以帮助我们更好地理解个体所拥有的人力资本或者受教育程度对工资形成机制的作用,[1]以便为个体的教育选择提供有价值的参考。其次，尽管中国家庭收入差距也在扩大，但由于家庭成员之间存在相互影响，直接对家庭层次的收入差距进行模型解释较为困难，而且家庭收入与经济福利有更直接的关系。因而鉴于以上考虑，本书将研究目标锁定为个人工资收入及其差异，致力于对个人工资收入差距和教育之间的作用机理研究，重点测算城镇大学教育对个人工资收入形成的贡献，讨论大学教育溢价及其变动，侧重分析在供给和需求的双重冲击下，大学教育溢价的变动及其决定机制。最后，本书还对农村样本具体测算了高中阶段的教育溢价，以便为农村个体家庭的教育选择提供参考。

工资收入差距描述的是工资收入的离散情况。如果每一个人都获得同样的工资收入，那么就不存在离散性，这时候的工资分配是"绝对平等"的。但在实际工作中，由于个体能力、受教育程度以及工资制度、劳动力市场完善程度等原因，个体工资收入间总存在不一致的现象。如果绝大多数工资都与平均工资相差很近，那么工资收入的相对差距会很小。但如果一部分人的工资远远高于平均值，而还有一部分人的工资则远远低于平均

---

① 李晓华：《技能回报、经济转型与工资不平等的上升》，2007年浙江大学博士论文。

值，那么工资收入差距程度就很大。

衡量工资收入差距的量化指标很多，大致可分为绝对指标和相对指标两大类。绝对指标一般指工资收入标准差，体现的是各个个体收入与平均收入的平均偏离程度，其计算公式为：

$$\sigma = SDS = \sqrt{\sum_{i=1}^{n} p_i (y_i - \bar{y})^2} \tag{2.1}$$

其中 SDS 为收入标准差；p_i 表示一定收入的人口比例；y_i 表示不同收入程度的工资收入；n 为收入的分组数。

反映工资不平等的相对指标包括变异系数、基尼系数以及广义熵指数。其中变异系数计算公式为：

$$C_V = \frac{\sqrt{\frac{1}{n} \sum_{i=1}^{n} (y_i - \bar{y})^2}}{\bar{y}} \tag{2.2}$$

相对于标准差，变异系数能消除不同平均收入组对教育不平等的影响。

基尼系数计算公式为：

$$gini = \frac{1}{\mu} \sum_{i=2}^{n} \sum_{j \leqslant i} p_i \mid y_i - y_j \mid p_j \tag{2.3}$$

其中 n 为按收入不同分组数，μ 为总体的平均收入，y_i, y_j 为不同组的收入值，p_i, p_j 为对应的不同收入的人口份额。

相对于变异系数、基尼系数，国外一些学者更多地使用了广义熵指数研究收入差距问题、地区经济差距问题。广义熵指数计算公式为：

$$GE(\alpha) = \frac{1}{\alpha(\alpha - 1)} \left(\frac{1}{n} \sum_{i=1}^{n} \left(\frac{y_i}{\bar{y}} \right)^{\alpha} - 1 \right) \tag{2.4}$$

其中 $GE(\alpha)$ 为广义熵系数，n 为在样本中个体的数量，y_i 为个体 i 的水平指标，$\bar{y} = \frac{1}{n} \sum_{i=1}^{n} y_i$，参数 α 用于调节不同个体占总体份额权重的大小，可以取任意值。广义熵指数测度不平等指标得到很多学者的推崇，安东尼·索洛克斯（Shorrocks, Anthony F., 1982）比较了测度工资不平等性的多类指标，并指出广义熵指数最适合测度不平等，更易于将不平等进行在不同的组别间分解。鉴于此，本书在测度工资收入差距时使用广义熵指数这一指标。

第二节　理论基础

一　教育与工资决定的基本人力资本模型

人力资本理论最早可追溯到 18 世纪，1776 年古典经济学理论体系创立者亚当·斯密在其代表作《论国民财富的性质及其原因的研究》中[①]指出：学习是一种才智，学习对于个人是一种财富，对于他所属的社会也是一种财富，教育投资无论对个人还是对社会都是一种可获得利润的投资。经济学家 A. 马歇尔也认为："所有资本中最有价值的是对人本身的投资。"20 世纪 50 年代，美国经济学家、哥伦比亚大学教授雅各布·明瑟（Jacob Mincer）在其博士论文《个人收入分配研究》中指出：人的受教育水平提高是个人收入增长和收入差距存在的根本原因。并且根据劳动者个体收益率差别的研究估算了美国在人力资本投资上的私人收益率。[②] 然而一般认为，人力资本理论的创始人是美国经济学家西奥多·舒尔茨（T. W. Schultz）和加里·S. 贝克尔（Gary Becker）。1960 年美国经济学家舒尔茨在美国经济学年会上作了《论人力资本投资》的演讲，正式提出"人力资本"的概念，指出人们获得的技术和知识是资本的一种类型，这种资本是周密投资的产物，教育投资所形成的教育资本是人力资本的主要部分。[③] 舒尔茨还指出，人们用于教育、卫生以及更多就业机会而进行的投资、在校学习以及在职培训以及利用闲暇时间去提高技术、增长知识都构成人力资本投资，都可以使工作质量大大改进，生产率大大提高；通过分析"教育—劳动生产率—工资"阐明了教育的经济功能，通过教育与工资的实证研究进一步说明教育水平差距导致了工资差距；大力发展教育，缩小个体间教育水平差距可以缩小收入差距，促进公平。[④] 美国芝加

---

① 亚当·斯密：《论国民财富的性质及其原因的研究》，商务印书馆 1981 年版，第 257—258 页。

② 雅各布·明瑟（Jacob Mincer）：《人力资本研究》，中国经济出版社 2001 年版，第 101—187 页。

③ T. W. 舒尔茨：《论人力资本投资》，北京经济学院出版社 1990 年版，第 1 页。

④ T. W. 舒尔茨：《教育的经济价值》，吉林大学出版社 1982 年版，第 129—130 页。

哥大学教授、经济学家、诺贝尔经济学奖获得者加里·S.贝克尔对人力资本的理论发展也做出了突出的贡献。他指出：一个人的收入随着年龄增长而增长，而同龄人的收入差异则取决于拥有人力资本的差异，一般受教育程度越高，收入越高。他提出的年龄—收入曲线构建了人力资本理论的微观经济基础，被认为是最基本的人力资本模型，是教育和劳动力市场相联系的理论基础。其思想精髓是：人们接受教育或培训的前提是一定要得到某种回报，获得回报的典型途径是增加工资收入和找到需要更多人力资本且令人满意的工作。教育是增加人力资本的主要方式，教育可以使教育者获得强有力的洞察力，一个人学习的东西越多，生产率就越强。个人应该在一生中的一个时期积累人力资本，然后用尽这些人力资本（Becker，1985）。这可以通过麦克马洪（McMahon，1998）的框架图得到阐明。

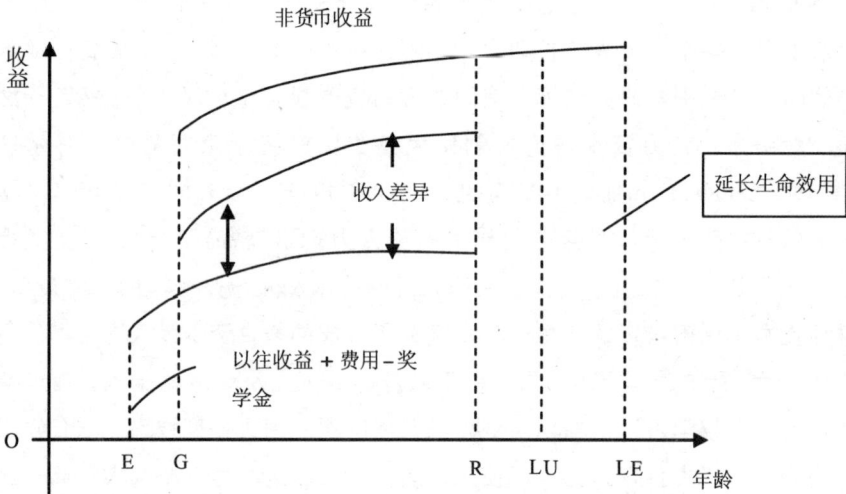

图 2—1　人力资本收入曲线

资料来源：韩雪峰：《教育对中国居民收入差距影响的研究》，2007 年辽宁大学博士论文。

图 2—1 表明一个人一生的教育收益（O 到 LU 或者 O 到 LE）。从入学 E 点开始，个人就要支付学费形成的直接成本（可能被奖学金、奖金或者兼职收入所补偿）和因上学而放弃的收益。在毕业 G 点处，这个受教育者明显比接受较少教育的人赚得多，一直持续到退休 R 点。此外，他还将获得不以收入形式体现的回报，延续到退休以后。而且如果教育存

在健康效应，则可能包括延长人的寿命（LE > LU）。收入数只反映了净收益而不是可能收益（有能力获得的最大收益），而且收益通常在个人从劳动力市场退休前达到顶峰。这个教育生命周期模型可以动态化，因为个人可以把时间和娱乐进行分配（Mincer，1997）。

这个人力资本模型阐释了成本和收益在哪里产生，说明了教育对收入和劳动力市场参与率的正效应有很强的预测能力。同时也解释了收入随年龄如何以一个递减的速率增长，原因是个人的人力资本在逐渐被用尽（Polachek，1995）。对于两组对象——大学生组和高中生组而言，工资收入差距应该是前者没毕业时很高，到前者完成学业毕业时降低，然后再次扩大（Mincer，1997）。

应用这个模型可以估计教育溢价（教育收益率），教育投资的内部收益率是教育成本的净现值与其收益现在值的比值。这些成本就是学习阶段放弃的收入和必要的教育投入。收益就是一个具有一定教育程度的劳动者超过那些没有相应教育程度劳动者的报酬收入。本书所关注的是私人收益率，也就是个人从教育投资中所获得的收益率。而且由于非货币收入以及延长生命效用的难以量化，本书提到的教育溢价仅是由于接受了高一级教育所获得的货币收益。教育溢价的测度是人力资本理论研究最重要的课题，随着人力资本理论研究的深入，对教育收益率的测度方法也取得了丰硕的成果。目前，学术界最常用、最重要的测度教育投资个人收益率的方法主要是内部收益率法和明瑟收益率法，接下来将分别对这两种计算方法进行阐述。

二　教育内部收益率模型

内部收益率法源于凯恩斯的资本边际效率概念。资本边际效率指的是使得一项资本物品使用期内各项预期收益现值之和等于该项资本物品购置价格或重置成本时的贴现率，计算公式为：

$$\sum_{i=1}^{n} B_t / (1 + i)^t = \sum_{i=1}^{m} C_t / (1 + i)^t \qquad (2.5)$$

其中 i 为资本的边际效率，B_t、C_t 分别为第 t 年的投资收益和投资成本。教育作为一种投资行为，考虑到接受教育可能发生的机会成本以及教育回报的预期性，可以类似计算教育内部收益率为：

$$\sum_{t=C}^{n} (E_{1t} - E_{0t}) / (1 + i)^t = \sum_{t=0}^{C} (E_{0t} + C_t) / (1 + i)^t \qquad (2.6)$$

其中：E_{1t} 为由于接受某种教育在第 t 年获得的收益，E_{0t} 为因为接受该种教育而放弃的收入，也称为机会成本。因而 $E_{1t} - E_{0t}$ 为接受该种教育所获得的净收益，n 为接受该种教育者在参加工作后工作的年数，C 为接受这种教育所需的年数，i 为教育内部收益率。即教育内部收益率为使得教育终生收入现值等于教育成本现值时的贴现率。

教育内部收益率法对数据要求特别高，有关教育成本的信息只能通过跟踪调查才可以获得准确可靠的数据。由于很难得到教育成本的高质量数据，这种方法的使用在大多数国家，特别是发展中国家受到限制。另外，使用该法测算教育溢价，无法控制个体诸如性别、职业、年龄的可观测特征以及能力等无法观测特征，而这些都是影响收入的关键因素，遗漏这些因素势必会造成教育溢价估计的偏差。

三 明瑟收益率模型

明瑟（Mincer，1974）提出的经典的工资收入方程，由于模型设定简单，已成为教育溢价测度的最基本方程之一。由于本书在测度高等教育扩张对大学教育溢价的影响以及农村高中教育溢价时也以明瑟方程为基础，因而接下来将详细介绍明瑟方程的理论基础。

首先设 E_t 为 t 时刻劳动者能够赚取的最大收入即潜在收入，但是其中数量为 C 的部分被用作人力资本投资，即 $C_t = k_t E_t$。如果用 r_t 表示 t 时刻教育投资回报率，那么，随着劳动者拥有人力资本投资含量的增加，其挣钱的能力也在不断增加，在 t+1 时刻有：

$$E_{t+1} = E_t + r_t C_t = E_t(1 + k_t r_t) \tag{2.7}$$

由递归方法有：$E_t = \prod_{j=0}^{t-1}(1 + k_j r_j)E_0$， $\tag{2.8}$

E_0 是劳动者初始赚钱能力。两边同时取自然对数得：

$$\ln E_t = \ln E_0 + \sum_{j=0}^{t-1} \ln(1 + k_j r_j) \tag{2.9}$$

如果假设在受教育期间教育投资回报率不变：$r_t = r_s$，当 $k_j r_j$ 很小时，进一步可得：

$$\ln E_t \approx \ln E_0 + s r_s + r_0 \sum_{j=s}^{t-1} k_j \tag{2.10}$$

进一步假设工作后的培训投资呈线性趋势下降：

$$k_{s+x} = k(1 - \frac{x}{T})\qquad(2.11)$$

则潜在收入、教育获得以及工作经验的关系可表述为：

$$\ln E_{x+s} \approx (\ln E_0 - kr_0) + r_s s + (r_0 k + \frac{r_0 k}{2T})x - \frac{r_0 k}{2T}x^2\qquad(2.12)$$

进一步可得可测收入的表达式为：

$$\ln W(s,x) \approx \ln E_{s+x} - k(1 - \frac{x}{T})$$

$$= (\ln E_0 - kr_0 - k) + r_s s + (r_0 k + \frac{r_0 k}{2T} + \frac{k}{T})x - \frac{r_0 k}{2T}x^2\qquad(2.13)$$

$$= \alpha_0 + r_s s + \beta_0 x + \beta_1 x^2$$

其中 $x = t - s \geq 0$ 代表个体工作经验，s 代表教育年限，t 代表年龄。r 度量的就是教育收益率。威尔斯（Wills，1986）所指出的，如果方程（2.12）设定准确，当教育是免费时，并且学生在上学期间没有收入，则 r 实际上就是学校教育投资的内部回报率。实际应用中研究者往往加入职业、性别等个体特征变量形成扩张明瑟工资方程。如果 S 不代表教育年限，而是表示学历虚拟变量，则此时 r 度量的就是拥有这种学历教育的工资溢价。然而基于明瑟方程式测算的收益率不是精确的教育收益率，不仅因为它忽略了实际的教育成本，也因为收益的估算根据收益方程式而不是教育方程式，教育年限的选择被忽略了，个人所选择的教育年限往往直到使 r 达到临界值。同时，当被放弃的收入偏离教育的真正机会成本时，学生所支付的学费在成本中所占比例发生改变时，这种方法逐渐变得不适用。但由于其模型设定简单、对数据要求不高，明瑟方程法依旧是测算教育收益率最常用的一种方法。

四　遗漏能力偏误[①]

无论教育内部收益率模型还是明瑟收益率模型，都没有考虑教育的自选择问题，都没有包含高能力者对教育选择的调整。莫尔（Moll，1998）提出了一个包含能力和认知的教育需求模型：

① ［英］克里夫·R. 贝尔菲尔德：《教育经济学——理论与实证》，曹淑江主译，中国人民大学出版社 2006 年版，第 14 页。

$$Y = \mu_i \exp(\beta E + \gamma B + \alpha C + \varepsilon_i) \tag{2.14}$$

Y 表示工资，依赖于教育 E，认知 C，能力 B，ε_i 为随机影响因素，μ_i 为个人工资生成的不可测因素，认知获得依赖于教育和能力：

$$C = \lambda_0 + \lambda_1 E + \lambda_2 B \tag{2.15}$$

个人教育投资以使财富 W 最大化，因为高能力学生可能从学习中获得更大的满足感，任何净成本都被降低 δB，因此，个人的最优函数为：

$$\mathrm{maxmise} W(E) = \int_0^{+\infty} (Y - \delta B) e^{-r(E+t)} dt \tag{2.16}$$

求最大值的一阶条件是财富对教育的变化率为 0：

$$\partial w(E)/\partial E = e^{-rt}[(\partial Y/\partial E)r^{-1} - (Y - \delta B)] = 0 \tag{2.17}$$

一阶条件简化为：$\partial Y/\partial E = r(Y - \delta B)$ (2.18)

个人教育投资将会达到这样一点：教育的边际收益的现值等于花费在教育上的单位时间的净收益。因为：$\partial Y/\partial E = Y(\beta + \alpha\lambda_1)$，因而有

$$Y = \frac{r}{r - \beta - \alpha\lambda_1} \delta B \tag{2.19}$$

由此，莫尔（Moll，1998）计算了最优受教育程度：

$$E^* = \frac{1}{\beta + \lambda_1\alpha}\big[\ln\big(\frac{r}{r - \beta - \alpha\lambda_1}\big) + \ln\delta B - (\gamma + \alpha\lambda_2)B -$$
$$\alpha\lambda_0 - \ln\mu_i - \varepsilon_i\big] \tag{2.20}$$

由此可见，最优受教育程度依赖于能力 B，它们之间的相关关系可能为正也可能为负，取决于消费系数以及能力对收入和认知所获得的直接效应和间接效应。当高能力学生获得更高的教育时，这种关系为正。因为能力无法观测，所以收入方程中的教育系数就会有偏差，而且将可能偏高，不能把所有的收入获得归因于教育。由于教育具有选择性，很难识别收入在多大程度上取决于个人能力因素，多大程度上应归因于教育本身。如何将能力因素从教育溢价中分离开来是国内外经济学家所关注的焦点。

五　基于供给—需求框架的教育溢价变动机理分析①

尽管明瑟收益率具有很高的实用性，但它不适合区分供给和需求对教

---

① ［英］克里夫·R. 贝尔菲尔德（Clive R. Belfield）：《教育经济学——理论与实证》，曹淑江主译，第 17—20 页。

育溢价的影响，而这些效应在现实分析和制定政策过程中需要被考虑。特别是中国高等教育正迅猛扩张，国家的技术发展突飞猛进致使对大学生的

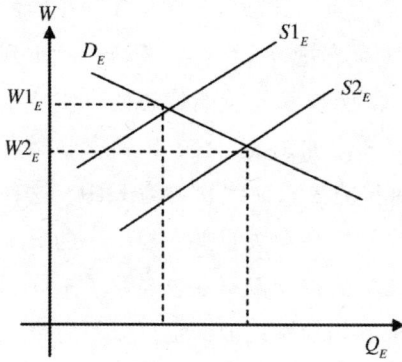

图 2—2A　高教育劳动力工资变动　　　　图 2—2B　低教育劳动力工资变动

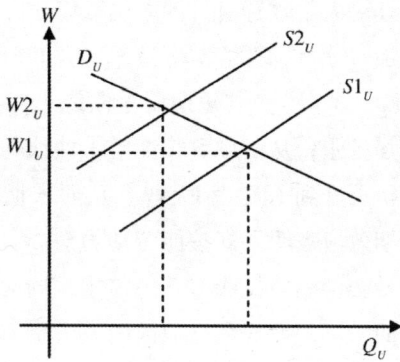

需求也会发生改变，那么大学教育溢价会如何变动？伴随着高等教育的扩张，高教育水平劳动力的供给会增加。如果需求不变，他们的平均工资将下降；对于低水平劳动力而言，供给相对减少，工资将上涨（至少在短期内如此）。图 2—2A 及图 2—2B 表明，随着高教育劳动者供给从 $S1_E$ 增加到 $S2_E$，相应地低水平劳动力供给从 $S1_U$ 降低到 $S2_U$。但是如果高教育劳动者与低教育劳动者之间的工资差距（$W2_E - W2_U$）高出学习成本的贴现值，接受高等教育就是一项很好的投资。然而上述描述只是在假定需求不变的情形下，如果供给改变是由于形成新的对教育收益的预期或学习技术的提高，就会得到不同的结果。

就总量而言，企业对高教育劳动力的需求弹性取决于高教育劳动力被其他投入要素替代的程度，特别是对于低教育劳动力而言更为明显。这两种不同教育程度劳动力的替代弹性如果很大，企业很容易替换不同技术水平的劳动力，因此相对于大学毕业生和高中毕业生而言，相对供给的增加对他们的相对工资影响不大。一般地，在长期内随着高校招生人数的变化，这个替代弹性会比较大。然而美国在经历了 20 年的高等教育扩张以后，大学工资溢价却一直在增长。阿西莫格鲁（Acemoglu，1998）考虑了一种长期的潜在效应，并且断言一定是发生了技能偏态性技术变迁，工人的技能与企业的技术是互补的。因为一项技术一旦被发明，便是非竞争的，绝大

多数企业可以以较低的边际成本很快加以利用，技术市场就会扩大，这样对技能劳动力的需求就会增多，导致大学工资溢价上升。技能偏态性技术变迁对大学教育溢价的影响效应如图2—3所示。伴随着大学生相对供给的增加（水平轴的移动），大学工资的短期效应从 $(W_E - W_U)_1$ 变动到 $(W_E - W_U)_2$，与短期需求曲线1相交。由于技术的技能偏态性，使技术市场扩张，从而导致长期需求曲线与短期需求曲线2相交，因而大学教育溢价上升到 $(W_E - W_U)_3$，从而长期相对技能需求曲线轨迹为LRD，这种长期效应表明了高技能劳动力对新技术灵活应用至关重要，经济中的资本存量会影响高技能劳动力需求。同时，技术的技能偏态性也强调了不同国家间、不同发达程度地区间人力资本需求的相异性，因而也可以用它来解释人才外流。

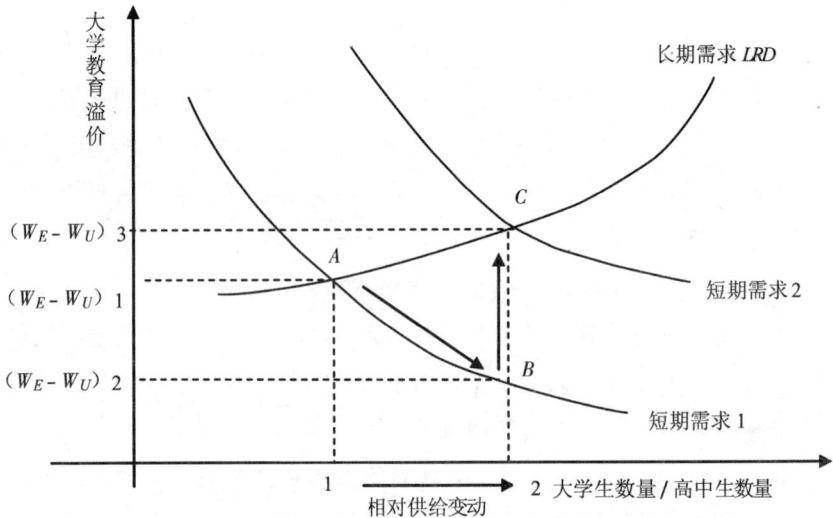

图2—3　技能偏态技术变迁对大学教育溢价的影响效应

通过以上理论模型，国内外研究致力于估计不同教育程度的收益率。收益率或工资差距可以通过三种方法来区分：教育年限增加一年的收益；拥有一种既定教育水平的收益或者说拥有一种学位的收益；在既定教育水平上额外提高教育质量的收益。如果计算多接受一年学校教育增加的收益，受教育年限会经常用到；如果既定教育水平的收益一般称为这种教育程度的工资溢价，往往使用学位虚拟变量。特别是研究高中以上教育收益率时，更多地使用学位虚拟变量，而不是教育年限。由于中国城乡九年义务教育已经全面普及，对城镇而言，高中教育基本普及，这反映出一个社会的共识：我们应该把注意力集中到高等教育的收益上。高等教育的收益一般来源于三个方面：首先，相对于高中学历者，高等教育者拥有更多的人力资本，因而获得更高的工资收入，其次，高等教育收益来源于较低的失业率；最后，高等教育收益还来源于更高的劳动力市场参与率。本书所关注的城镇高等教育工资溢价，并未考虑劳动参与收益。另外，由于中国农村孩子进大学学习的比例很低，对更多的农村孩子而言，能接受到的较高教育程度是高中教育，因而本书也考虑了高中教育溢价。

第三节　关于教育溢价估计方法论问题探讨

关于教育溢价估计的各种方法，很少关注的一个问题是不同收益率估计方法计算的收益率是不能直接比较的。因为存在很多途径会导致收益率发生改变：影响未来工资增长的假设和推定；被测量的特殊受教育群体以及不同时期的收入分配和方法。常用的明瑟收益率是建立在未来收入设定基础上的，很可能会受到推断误差的影响。同时资本限制是接受教育的主要障碍，但教育收益很少反映这些限制。

一　教育的内生性问题

个体内生的选择教育水平可以反映出能力高低和个人偏好的差异。关于教育变量内生性所产生的原因大致有二：首先是无法观测因素。诸如影响工资收入的能力是无法观测的，因而作为遗漏变量被包含在误差项中，从而导致教育变量与误差项相关，而能力又是不可忽略的，因为实际中我们经常发现即使两个个体接受了相同的教育，具有相同的经验和行业、职业等特征，他们的收入也有很大差别。这种差别往往不能用教育和经验来解释，应该归因于人的天生能力（innate ability）差异。由于能力无法观测也难以量化，用普通 OLS 估计会将能力对工资收入的效应混淆为教育的生产率效应，因而忽略能力往往会对评价产生偏差。国外学者大多基于双胞胎数据估计教育回报，设法控制能力偏误。例如，阿申费尔特和克鲁

格（Ashenfelter & Krueger，1994）。其次是教育数据的测量误差。CHIPS
数据提供了两种关于个体教育程度的指标：其一是最高教育程度；其二是
所受全部学校教育年限（不包括留级）。二者在很大程度上不相匹配，比
如，受过 6 年学校教育的个体最高教育程度为技校，还有受过 12 年以上
学校教育的个体最高教育程度是初中或以下，我们无法做出哪一种更真实
的判断，但无论选择哪一种作为教育程度的指标，肯定存在一定程度上的
误差。若设

$$edu = edu* + e \tag{2.21}$$

测量误差与测量值相关，考虑经典的含误差变量（CEV）假定，即
假定真实教育程度与其测量误差无关 $cov(edu*,e) = 0$，可以得出：

$$plim(\hat{\beta}) = \beta(\frac{\sigma_{edu*}^2}{\sigma_{edu*}^2 + \sigma_e^2})① \tag{2.22}$$

而教育溢价 β 是大于 0 的，因而测量误差会低估真实的教育溢价。

解决教育的内生性问题通常有三种方法：②

其一是寻找能力代理变量加入到工资方程中，国外学者通常选择 IQ
测试成绩、智商测试分值、个人的考试成绩等作为能力代理变量，目的是
使得控制了这些能力的代理变量和其他可观测的协变量后，教育与残差项
不相关。中国数据中一般并不含有此指标信息，因而国内学者大多采用家
庭背景变量诸如父母受教育程度、父母的职业特征等代理能力变量。

其二是寻找学校教育的工具变量，利用工具变量法估计工资方程。大
量的文献使用了这一方法，其目的是找到一个工具，这个工具和受教育年
数高度相关但与残差项无关。教育体制改革中的一些政策变量可以很好地
作为教育的工具变量来消除这种内生性（Griliches，1977；Navid Card，
1995，1999，2000；Willis，1986；Heckman & Vythlaeil，l998，2003）。然
而找到满意的工具变量较为困难，很容易产生弱工具变量问题，邦德等
（Bound et al.，1993）指出弱工具变量将产生"治疗比疾病本身更坏"的
效果。

其三是国外学者经常采用固定效应法（fixed effect）弥补能力偏误。

---

① 具体参见 J. M. 伍德里奇《计量经济学导论现代观点》，中国人民大学出版社 2003 年版，第 279—283 页。

② 李晓华：《技能回报、经济转型与工资不平等的上升》，2007 年浙江大学博士论文。

一般假设双胞胎、兄弟姐妹具有相近的个人能力，对他们进行成对比较。然而以往对此的研究结论并不一致，有的研究发现在运用双胞胎数据控制能力偏差后教育回报率下降，有的研究则得到相反的结论，即反而提高了教育回报率。实际上即使我们认为双胞胎的能力是相同的，对于为什么具有相同能力的人会有不同的教育水平的内在作用机制并不是很清楚，所以在解释其中的缘由时就有些牵强。另外，固定效应法需要的数据要求较高，不易满足，特别在中国得到这样的大样本数据几乎不可能。本书在解决内生性问题时通过寻找能力的代理变量、教育的工具变量来实现。

二　教育溢价的异质性问题

估计教育的私人收益率我们将面临的另一个困难是教育回报异质性以及微观数据异质性、选择偏差和缺少反事实的特征。真正意义上的大学溢价应该是一个接受大学教育的劳动者的工资（Y_{1D}）与假设其没有接受大学教育只具有高中学历的工资（Y_{0D}）的差异，或者一个高中学历的劳动者的工资（Y_{0U}）与假设其接受了大学教育的工资差额工资（Y_{1U}）差异。然而现实中 Y_{0D}、Y_{1U} 是不可观测的，我们可以用可观测的 Y_{0U}、Y_{1D} 代替不可观测的 Y_{0D}、Y_{1U} 吗？显然不可以！因为现实中即使控制了其他就业特征变量后，很多没有接受大学教育的劳动力可能的年收入比接受大学教育者的还高，而这样的劳动者如果接受了大学教育的话其收入将更高。这是因为个体特征和背景可能存在明显的差异。如果让那些未接受大学教育的人的也接受高等教育，其回报可能与现已接受高等教育的人的回报是不一样的。比较直观的理解是，接受高等教育的人与未接受高等教育的人的天生能力不一样，而这些天生的能力又直接影响着他们的收入状况。所以忽略能力因素往往会对大学教育溢价评价产生偏差。也就是说，货币收入并不是一个人高等教育选择的唯一决定因素，一个人的高等教育选择也不是随机的，因为，如果是那样的话，每个人都会选择去上大学，因为上大学会带来比不上大学更高的货币收入、更高的社会地位和精神满足。

国内外很多学者意识到教育溢价的异质性问题，并提出很多有价值的解决办法，本书试图采用近几年发展形成的倾向得分匹配模型（PSM）解决教育溢价的异质性问题。

三　样本选择偏差

我们关注的应该是所有达到工作年龄人口其具有的教育程度对其工资率的影响效应。然而无论何时，那些具有相同特征的适龄人口总有没参与劳动供给的，我们只能观测到那些正在工作的人的工资。这些由正在工作的人组成的样本并不是总体的随机样本，因为工资的缺失依赖于劳动参与变量。劳动参与带有很强的"自选择"倾向，即一个工作年龄的个体参与工作与否依赖于自身的劳动供给决定，而这种决定往往是内生的，通常的做法是将观测不到工资收入的样本直接删除或者令其工资为 0，这就产生了样本选择偏差，或者称其为"偶然断尾"问题。① 伍德里奇（Jeffrey M. Wooldrige，2002）证明了只有在劳动参与选择是外生的，且满足一系列秩的条件下，基于选择样本的普通 OLS 或 2SLS 估计才是一致的，否则将产生"样本选择偏误"（sample selection bias）。为此赫克曼（Heckman，1979）提出 Heckman 样本选择模型，其基本思想是首先考虑劳动参与方程，将逆米尔斯比率作为样本矫正项加入到工资结构方程中，从而克服了样本选择偏差。本书在联合考虑了样本选择偏差和教育的内生性实施 2SLS – Heckman 解决这一问题。

第四节　国内外研究综述

教育回报研究一直是国内外经济学家特别是劳动经济学家、计量经济学家重要的研究课题之一。估计方法从最简单的 Mincer 工资方程到加入控制变量的扩展 Mincer 方程，再到近期发展起来的 Heckman 样本选择模型以及考虑教育回报异质性平均处理效应模型（ATE），这些发展历程印证了其备受关注的程度。本书接下来将分别对本研究具有重要启示及借鉴意义的现有文献进行综述。

---

① 具体参见 Jeffrey M . Wooldrige ed. , *Econometric Analysis of Cross Section and Panel Data* (The MIT Press, Cambridge, Massachusetts, London, England, 2002）, p. 552.

一　关于大学教育溢价研究综述

国内外关于教育回报的测算，大致存在两种完全不同的路线：这两种不同的路线来自于对教育回报异质性还是同质性的假设。这也将直接导致不同的计量模型、计量方法的选择。一条路线是假设教育回报是同质性的，思想来源于格里利克斯（Griliches，1977）所提出的劳动市场中的效用观点：认为人力资本是同质的，差别只在于不同的人拥有人力资本的数量不同。测算时使用的模型都是基于 Mincer 方程以及扩展 Mincer 方程。为了控制能力偏误大多数研究者通过寻找能力代理变量进行 OLS 估计，或者寻找工具变量进行工具变量估计。另一条路线是强调教育回报的异质和劳动力市场的比较优势，其思想可见罗伊（Roy，1951）、威尔斯与罗森（Willis & Rosen，1979）以及威尔斯（1986）在相关文中的论述。此条路线使用的通常是异质性的平均处理效应（ATE）模型以及 Heckman 样本选择模型。虽然基于 Mincer 方程估计方法简单，但由于能力偏误、测量误差的存在，而且好的工具变量寻找的困难，估计结果往往是有偏的。任兆璋、范闽（2006）研究结论表明：若教育回报存在异质性，不仅 OLS 法估计结果有偏，即使采用传统的工具变量法，其结果也将是有偏的。因而，考虑异质性的模型方法可能更能准确地捕捉真实的教育溢价。

关于中国大学教育收益率的研究，大多数学者采用传统的 Mincer 方程估计：李实和李文彬（1994）基于 Mincer 方程利用全国的样本数据，得出 1988 年中国的大学教育回报为 4.48%。陈晓宇等（2003）使用包含 30 个地区数据、基于标准 Mincer 方程测算中国大学本科教育收益率 1991 年为 3.78%，1995 年为 7.23%，2000 年为 13.1%；大学专科收益率相应为 2.72%、5.33%、9.97%，即 20 世纪 90 年代以来中国大学教育收益率呈现逐渐上升的趋势。

李实和丁赛（2003）使用中国社会科学院经济研究所收入分配课题组和城镇贫困研究课题组的两次住户抽样调查数据，同样基于标准的 Mincer 收入模型的估计结果显示，大学教育工资溢价由 1990 年的 0.39 上升到 1999 年的 1.03。赵耀辉（2002）使用包括 6 个省市的 1988—1999 年的国家统计局城调队数据，利用标准的 Mincer 收入模型估计出 1988 年大学及以上的教育回报率为 15.3%。

何亦名（2009）基于扩展的 Mincer 方程，利用高等教育扩张后数据估算了中国大学教育回报。研究结果表明：随着市场化程度的提高和高等教育的扩张，高等教育的教育收益率经历了 1991—2000 年的快速增长之后，2004—2006 年增长势头减缓，甚至出现停止增长的迹象。

也有部分学者利用内部收益率计算方法考察了中国的教育回报情况，例如，朱国宏（1992）采用教育内部收益率方法，对来自全国 36667 个样本进行计算，得出中国高等教育收益率为 6.71%，低于初等教育收益率 15.71% 以及中等教育收益率 9.02% 的结论。陈晓宇等（1998）也采用内部收益率的方法测算中国 1996 年各个教育层次的收益率，得出大专收益率为 4.48%，大本收益率为 5.23% 的结论，经过系数平滑之后大专与大本收益率略有提升，但仍然不高。由于教育成本的度量困难、数据的难以搜集，内部收益率方法并不多见。

很多学者已意识到教育回报的异质性以及能力偏误问题，并提出很多有价值的解决办法。韦尔奇（Welch，1973）研究表明，教育回报在教育质量方面具有异质性。格里利克斯（Grilliches，1975）最早研究双胞胎之间的教育与回报关系。他认为双胞胎是在同样家庭背景、社会背景下成长的，能力特征可能相同，因而可以克服因无法观测到的能力因素而对教育回报率估计所产生的偏差。这开创了基于双胞胎数据控制能力偏误的先例。之后阿申费尔特（Ashenfelte，1998）、邦佐（Bonjou，2002）等的一系列研究都是基于双胞胎数据控制能力偏误的经典文献。阿尔托内和邓恩（Altonji & Dunn，1995）研究表明，家庭固定效应将产生教育回报的异质性，母亲的教育程度越高，孩子的教育回报率越高。葛玉好（2007）研究认为，用 Mincer 方程估计教育回报将产生严重偏误，并使用部分线性模型对教育回报的异质性进行了研究。卡雷尼罗（Careniro，2002）对教育回报异质性的研究证明了，异质性与自选择问题确实存在于教育回报率的估算中，忽视了个人能力等不可观测因素会使计量结果产生较大偏误。赫克曼和维特拉西尔（Heckman & Vytlacil，1999，2000），卡雷尼罗等（2001，2003）在半参数分析框架下，采用局部工具变量法（LIV），并估计边际政策效应（MTE）来确定教育的异质性回报。中国学者李雪松（2004）采用类似的方法在控制了选择偏差、教育异质性基础上，基于局部控制变量法测算出中国 2000 年中国 6 个省区城镇青年大学教育的平均回报率为 43%，年高等教育回报率为 11%，传统的 OLS 估计以及工具变量法均会产生有偏的估计。

任兆璋、范闽（2006）论证了 OLS 与传统 LIV 估计量的非一致性，采用效应评估方法，测算出 2000 年中国高等教育溢价为 77.8%。缪柏其等（2011）基于广义选择修正法，在考虑自选择和异质性基础上测算中国 2006 年高等教育的收益率，结果表明，中国 2006 年高等教育收益率较以前有了很大的提升，不可观测异质性和选择偏差显著存在。

由于所使用的模型、估计方法以及样本数据不同，关于中国高等教育回报率的估计结果并不具有可比性，但毋庸置疑的事实是，随着改革开放的深入和经济的快速发展，中国城镇教育回报率总体上呈现出逐年上升的趋势。即使在 20 世纪 90 年代中国高等教育大幅扩张以后，相关的研究表明，大学教育收益率也未呈现递减的趋势。尤其自 21 世纪以来，中国城镇教育回报率呈现更快的增长态势。但现有的结果大多基于明瑟收入模型测算大学教育溢价，随着计量研究方法的进一步发展，近些年来关于能力偏差、测量误差、样本选择性偏差以及异质性等问题的前沿处理方法的出现，以及中国微观数据可及性的增强，数据质量以及信息丰富度的增强，为我们更好地测度中国高等教育溢价及其变化奠定了坚实的基础，为本研究提供了可资借鉴的研究范本和数据支持。因而，本书将基于中国微观数据集，充分考虑到能力偏误、大学教育回报异质性，基于反事实框架，运用倾向得分匹配模型相对准确地测度大学教育溢价，并且本书将细分不同职业、不同行业以及不同劳动力市场，分别测度政府、企业、研究所等不同职业，三大产业以及一级、二级劳动力市场的大学教育溢价。

二 关于高等教育扩张对大学教育溢价影响的文献综述

（一）国内外研究现状

世界上绝大多数国家都经历了或者正在经历着高等教育扩张过程。由于历史原因，中国扩张得较晚，英、美等发达国家扩张过程来得更早，因而国外关于高等教育扩张效应的研究相对成熟，而且大多数研究都使用了英、美国家的数据集。早在 1976 年，弗里曼（Freeman）就对高等教育扩张如何影响大学毕业生工资收入问题进行了探讨。研究发现：美国在 60

年代末到 70 年代中期，相对于高中毕业生，大学教育工资溢价在下降，并且认为大学教育溢价的下降是由于美国高等教育的快速扩张所引起的，教育扩张导致了教育过度，进而导致大学教育溢价下降。

贝什普（Bishiop，1995）研究发现：20 世纪六七十年代，大多数欧洲国家的大学毕业生相对于非大学毕生的工资增幅一直在下降。80 年代以后，工资增幅又开始回稳上升。1950—1970 年，美国大学毕业生工资相比于高中毕业生工资增幅从 45% 上升到 76%；但到 70 年代工资增幅开始下降，80 年代又转向显著上升。

在解释为什么美国 70 年代大学工资溢价下降时，明瑟（1991）认为是，美国 70 年代大学毕业生数量相对于教育程度较低的工人数量急剧增长，因而缩小了大学毕业生与高中毕业生之间的工资差别。同时，他解释了"婴儿潮"效应，认为由于婴儿潮效应而导致的年轻工人数量相对于年老工人数量的长期增长，扩大了所有教育层次上的工资差异，特别是大学教育工资溢价。他解释说，如果年轻工人与年老工人替代性很弱，70 年代大学毕业生中由于年龄差异而造成的工资差异扩张比高中毕业生组的更大，其原因应该是人口统计口径造成的，而不是"教育过度"的结果。到了 80 年代，由于"婴儿潮"效应出现了相反的效果，工资剖面变得更平坦，导致大学教育的工资溢价明显提高。

然而埃里克·艾德（Eric Eide，1995）研究表明：尽管美国 20 世纪 80 年代以来劳动力市场上的新大学毕业生的工资溢价急剧增长，但以标准分和高中成绩代理技能水平对美国男性大学工资溢价没有显著的影响。与此相对应，数学能力回报率对女性而言显著增长，没有解释数学技能因而会高估女性大学教育溢价。

塔伯（Taber，2001）也基于不可观测能力的需求增长而不是基于对在大学积累的技能需求的增长解释了大学溢价。巴里斯和基马克（Baris & Kaymak，2009）利用同生群教育获得的差异作为工具变量，估计了美国教育回报率的增长。认为如果相近同生群的平均能力是相似的，那么教育所获得的差异将导致工资差异。研究结果表明：1964—2003 年的年教育回报率从 4.8% 增长到 8.4%，能力偏误从 1.8% 增长到 4.7%，80 年代教育溢价的增长几乎全部被能力所解释。罗宾·A. 内勒和杰瑞米·史密斯（Robin A. Naylor and Jeremy Smith，2009）则从理论上证明了能力分布的偏误是高等教育扩张对大学教育溢价影响的关键因素。基于英国大学生比例增长的能力矫正模型表明，大学生与非大学生平均能力差异的变化削弱了需求面的影响。

除了考虑能力因素对大学教育溢价变动的影响外，也有学者从微观劳动力市场政策角度解析了大学教育溢价的变化。例如尼科尔·M. 福廷（Nicole M. Fortin，2006）利用美国各个州的数据论证了高等教育政策、入学率和劳动力市场上的大学工资溢价之间所存在的紧密的联系。分析揭示了尽管在私人入学率很高、州间流动性以及贸易来往频繁的州间这种关系变弱，州内部的同生群相对供给效应的估计表明了美国劳动力市场可被看作单一的国家市场或者州特定的劳动力市场的程度。

卡德和勒米厄（Card & Lemieux，2001）的研究也很著名。他们研究了美国、加拿大、英国等国同生群间大学溢价的变动，发现 1980—1995 年大学溢价的增长仅限于年轻人。他们认为，这是由于 50 年代以后出生的人教育年限获得的增长率下降所致。

伊恩·沃克和朱玉（Ian Walker & Yu Zhu，2008）基于干预—控制框架以及分位数回归技术研究了英国 1994—2006 年大学溢价的变化。这一时期恰好是英国高等教育入学率显著增长时期。劳动力相对需求增长表明，大学毕业生供给超出了需求，而这应该意味着溢价的下降。针对男性劳动力的研究没有发现显著的下降，甚至对于女性也得出了尽管不显著但是很大幅度的溢价上升的结论。分位数回归结果表明，仅仅在不可观测技术的低分位数处存在大学溢价的下降效应。

尽管也有学者的研究表明，高等教育扩张，教育收益率会下降。例如，萨卡罗普和帕蒂诺斯（Psaeharopou & Partionos，2002）的研究表明，1990—2002 年，尽管世界范围内的平均受教育水平有所提高，然而国际平均教育明瑟收益率却降低了 0.6 个百分点。他们的研究结论表明的是教育扩张或教育供给的提高导致了教育收益率的缓慢下降。但国外主流观点认为，大学教育溢价的上升已经成为美国近几十年来工资不平等变化最显著的影响因素（Frank Levy and Richard J. Murnane，1992；Lawrence F. Katz and David H. Autor，1999）。

由于历史原因，中国高等教育扩张过程起步较晚，具体的从 20 世纪 90 年代开始，1999 年以前扩张是缓慢的。从 1999 年开始进入大规模扩张时期，2002 年进入所谓的高等教育"大众化"教育阶段。由于扩张时期较晚，有关高等教育扩张效应的研究起步也很晚，真正将高等教育与劳动力市场之间的关系纳入分析框架下只是近些年来的事。研究内容主要集中于高等教育与就业、高等教育与工资收入方面。主要研究高等教育扩张后大学生就业状况，造成大学毕业生就业困难的原因，以及伴随着高等教育的扩张，高等教育收益率的变化。大多数研究均着眼于高等教育扩张的就业效应。例如，何亦名和张炳申（2005，2006）通过调查所得数据，分析了高等教育大众化背景下大学生就业的状况与趋势，影响大学生成功就业的主要因素，大学生就业的偏好以及大学生工作搜寻的基本渠道等。

赖德胜（2003）认为，失业是与高等教育规模扩张相伴的必然现象。例如，印度、韩国在高等教育规模扩张过程中，都经历了毕业生就业率下降的困难阶段。莫容（2003）则认为，对于高等教育发达的国家而言，高校毕业生就业难属于市场经济中的正常现象。例如，日本高校毕业生就业从1991 年的80.9% 开始逐年下降，1995 年为67.1%，此后一直徘徊在60%—70% 之间。于德宏等（2001）基于中国 29 个地区 1996 年的宏观数据，研究了高等教育扩张对收入分配的影响。结论表明：高等教育规模扩张将促进收入分配均等，高等教育规模越大，收入分配越均等。

何亦名（2009）利用中国健康与营养调查数据（CHNS）重点分析了高等教育收益率的变化情况，以考察长期内高等教育扩张的工资效应。基于扩展 Mincer 方程的回归结果显示，随着高等教育从精英到大众化过程的转变，高等教育收益率经历了 20 世纪 90 年代的快速增长，2004—2006年增长减缓，甚至停止增长的现象，说明高等教育扩张对大学教育溢价具有明显的压缩效应。

吴要武、赵泉（2010）在控制—干预框架内，利用 2000 年人口普查和 2005 年 1% 人口抽样调查微观数据，基于双重差分模型及三次差分模型，评估了高等教育扩招对大学新毕业生劳动力市场的影响效应。研究表明：尽管这个期间经济增长迅速，就业机会增多，但扩招还是导致大学新毕业生的失业率上升、劳动参与率下降以及小时工资下降。

（二）国内外研究简要述评

首先，纵观国内外文献，关于高等教育扩张对大学教育溢价问题影响的研究，大多从供给角度研究大学溢价的变化。关于供给作用的现有研究结论是值得商榷的，因为它依赖于人口统计学中年龄参与率的变化，而这在人口统计时认为是相对光滑的，同时需求面也存在光滑的假设，即通常假设有一个外生的固定的技能偏态性技术变迁速度，这会线性地增加对大学生的相对需求。高等教育扩张一般要经历十几年或几十年的历程，在此期间需求面上的变化可能会混淆供给的作用。因而在供给—需求框架下解析高等教育扩张对大学教育溢价的影响将会产生偏误。

其次，尽管部分学者意识到遗漏能力变量所带来的偏误，但大多数估计因没有考虑能力问题而产生了偏误，这一偏误通常被认为会使学校教育回报的系数向上偏误。事实上在传统的能力偏误文献中，假设工资和学校教育由下列方程所决定：

$$w = \beta S + \alpha A + \varepsilon, S = \gamma A + \zeta \tag{2.23}$$

w 是对数工资率，S 是学校教育年限，A 是能力，ε 和 S、A 都不相关，ζ 和 ε 不相关，ζ 和 w 相关仅仅因为它们共同依赖于 A，然而，A 是不可观测的，因而在方程 $w = \beta S + \varepsilon$ 中 β 的 OLS 估计将是有偏的，因为

$$plim(\beta_{ols}) = \beta + \alpha(\sigma_{AS}/\sigma_S^2) \tag{2.24}$$

如果 $\gamma > 0$，$\sigma_{AS} > 0$，$\alpha > 0$，则 $\beta_{ols} > \beta$，也就是 β 捕捉的是与 S 以及与 S、w 都相关的、不可观测变量 A 的联合效应。

高等教育扩张可能导致 σ_{AS} 下降，因为高等教育机构接受了低能力的个体。这又会导致 β_{ols} 下降，即使 β 是不变的，也就是说，我们估计随着大学生供给的增加，大学溢价的 OLS 估计（β_{ols}）将比其真实效应 β 下降得更大。要想使大学供给增长不产生大学溢价的 OLS 估计下降的唯一办法是 α 也在增长。当然，α 作为不可观测能力回报率是不可能不变的。大量文献表明它和 β 一样也是增长的。尽管格里利克斯（Griliches，1977）认为，能力偏差问题的影响较小，其影响甚至小于由测量误差所带来的对教育溢价的低估；贝克尔（Becker，1964）也得出了同样的结论，认为能力偏差问题被过分强调了。但经济学界仍存在这样一种观点：教育和收入之间所测量到的相关关系夸大了教育对收入的因果效应，能力偏差在估计教育回报率问题时应予以考虑。

最后，关于中国的高等教育扩张效应，尽管许多学者研究了中国高等教育扩张所带来的就业和收入问题，然而对高等教育扩张后大学工资溢价问题的研究较少。现有文献大多只是估计了中国高等教育收益率的变化，

没有将高等教育扩张所引致的溢价效应分离出来，未能对高等教育扩张所产生的影响进行全面、具体、深入的考察。而且现有的研究大都是对中国高等教育快速扩张之前的教育收益率进行分析，并不能揭示近年来，中国高等教育收益率随教育扩张而发生的变化。另外，正如前文所述对于高等教育收益率的研究，由于受制于数据的质量，缺乏对能力偏误的校正，未能揭示出教育对工资收入的相对真实的影响。数据本身的质量将直接影响研究结论的质量及可信度。大多数情形下都会高估高等教育的收益率。再者，高等教育扩张对各个年龄段人群的影响是不同的，一般而言，年龄越大的人群受扩张影响程度越小，刚毕业或毕业不久的大学生是直接受到教育扩张影响的群体，因而，评价高等教育扩张的大学工资溢价应该按不同的同生群加以比较研究。最后，由于教育变量的内生性以及微观数据所特有的样本选择偏误的存在，可能会使普通 OLS 估计发生偏误和非一致性。在评价高等教育扩张对大学教育溢价的影响时，国内学者至今没有考虑到微观数据的样本选择偏误问题。上述这些问题同时为本书提供了研究空间和切入点，本书将在干预—控制框架下，尽可能控制能力所带来的偏误以及微观数据的样本选择偏差，以期准确地评价高等教育扩张对大学教育溢价的影响效应。

三　关于技能偏态与大学教育溢价关系研究的文献综述

（一）国内外研究现状

技能偏态性技术进步概念最早由格里利克斯（Griliches，1969）正式提出。他利用美国制造业数据证明了在技术积累达到一定程度后，要素配置将表现为物质资本与高技能劳动力相对于低技能劳动力的互补。Griliches 把这一发现称为"资本—技术互补"（capital-skill-complementary）。资本技术互补假说提出之初，最先在美国等发达国家得到高度关注。绝大多数学者利用企业微观层面以及劳动力市场上宏观层面的横截面数据对其存在性进行检验。例如，卡塞利和科勒曼（Caselli & Coleman，2000）；克鲁塞尔等（Krusell et al.，2000）；霍兰德斯和巴斯特维尔（Hollanders & Basterweel，2002）；约翰·达菲和克里斯·帕帕乔吉奥（John Duffy & Chris Papageorgiou，2004）等。尽管他们得出的结论有异，但对于 20 世纪 80 年代以来美国等发达国家的劳动力市场中，高技能、高教育水平劳动力所占的就业比重大幅提升，高低技能劳动力间收入不均等现象日益加剧的解释已达成共识。到 21 世纪初期，这一假设再一次受到关注，因为美国和其他发达国家已经大量投资于技能偏态信息技术，并且这一发展与高低技能劳动力的工资结构相一致。实际上，相信资本技术互补的存在是国外研究者们一致的观点。

自 20 世纪 80 年代以来，美国等发达国家劳动力市场结构与薪酬结构发生了深刻变化，从 70 年代中期"增长的共同体"演变为"增长的分裂体"。不同素质劳动力的薪酬差异被逐渐放大，目前较为一致的观点认为，这一现象直接源自教育回报的差异。克劳蒂亚·戈丁和劳伦斯·卡茨（Claudia Goldin & Lawrence F. Katz, 2007）基于 Mincer 方程估算了 1980 年、2005 年两年的教育回报，表明高中回报率在这两年间从 0.063 增长到 0.072，增长了 0.9%；大学回报率从 0.076 增长到 0.129，增长了 5.3%。这一研究强化了托马斯·勒米厄（Thomas Lemieux）的结论，即大学教育工资溢价增长[1]是导致 80 年代美国工资结构发散的最重要原因。当然引致教育溢价的因素很多，[2] 而且各要素的作用机制相对复杂。不过奥特·卡茨和科鲁格（Autor Katz & Krueger, 1998）基于技能偏态型技术进步视角对在高等教育持续扩张时期或者说高素质劳动力供给持续增加的前提下大学教育溢价的上升提供了令人信服的解释。

其他学者如韦尔奇（Welch, 1970），廷伯格（Tinbergen, 1975），邦德和约翰逊（Bound & Johnson, 1992），戈丁和卡茨（Goldin & Katz, 1995），约翰孙（Johnson, 1997），伯曼、邦德和梅钦（Berman, Bound & Machin, 1998）的一系列研究则进一步明确了，要素微观配置层面的资本技术互补趋势可以成为解释教育回报提高和高低技能员工收入差距的最有说服力的证据之一。以致特科（Tokey, 1996）、克鲁塞尔等（Krusell et al., 2000）认为，应就此重构标准新古典生产函数，使之包含资本技术互补这一因素，从而将贸易不平等、教育溢价等重要问题纳入增长模型研

---

① 大学教育溢价即为接受大学教育劳动力与只接受高中教育劳动力的工资收入差异。

② 例如，Feenstra & Hanson（1996）认为，国际外包模式会加大不同技能劳动力之间的收入差异。邢春冰（2006）研究表明，部分差异是形成教育回报差异的重要因素。杨涛、盛柳刚（2007）认为，劳动力市场分割的制度因素是中国教育收益率低的重要原因。任强、傅强、朱宇姝（2008）认为，户籍制度是影响教育回报的关键因素。

究框架中。

此后，技术的技能偏态性实证检验方法开始逐渐深化。法伦和雷亚（Fallon & Layard，1975）基于 1963 年 9 个发达国家 13 个欠发达国家的横截面数据，使用二级固定替代弹性生产函数（CES）进行了相关研究。由于当时二级 CES 函数非线性估计的困难，法伦和雷亚德（Fallon & Layard）将其作了线性化处理，并且发现了资本技术互补的"温和的"（尽管统计上不显著）证据。

约翰·达菲和克里斯·帕帕乔吉奥（John Duffy & Chris Papageorgiou，2004）进一步考虑面板数据非线性估计技术，采用相同的二级 CES 模型用 73 个发达与欠发达国家 25 年的面板数据来验证这一假设。并且用蒙特卡洛模拟技术支持了他们的研究结论：在总量生产函数层面几乎没有证据支持资本技术互补。尽管可能在一个分散层面例如制造业或者个别经济体中存在资本技术互补，但在总量生产函数和跨国间这种互补并不存在明显的证据。一种可能的解释是资本技术是互补还是替代的程度随着经济体的发展阶段而变化。应用总量生产函数验证资本技术互补假设的还有卡塞利和科勒曼（Caselli & Coleman，2000）以及克鲁塞尔等（Krusell et al.，2000）。

另一种检验资本技术互补的常用方法不是选择总量生产函数而是基于微观行业或企业数据进行。例如，伯曼等（Berman et al.，1998）基于 7 个 OECD 国家制造业数据在假设技术和要素价格外生决定前提下利用成本函数法，将技术进步因子直接纳入成本函数，检验了资本技术互补的存在。尼娜（Nina，2000）也利用这一方法验证了智利制造业资本技术互补的存在性。霍兰德斯和巴斯持维尔（Hollanders & Basterweel，2002），运用成本函数法验证了荷兰制造业的技能偏态性的存在。就目前看，基于非总量生产函数验证资本技术互补假设，相关研究几乎得到了一致的证据。

不过戈丁和卡茨（Goldin and Katz，1998）的研究强调了该问题的产业积累背景和阶段特征：物质资本和高技能劳动力并不总是互补的，早期从一个技能工具店到工厂的转换涉及物质资本和低技能劳动力互补而不是和高技能劳动力互补，但现在的情况正好相反。因此资本技术互补在某种程度上随着生产过程的变化而变化，随着一个经济体经历不同的发展阶段，高技能劳动力可能与物质资本以及低技能劳动力相互替代，也可能与这两种生产要素互补。因此，考虑资本技术互补问题时应充分考虑经济体发展的不同阶段。也正因如此，由于发展阶段和技术进步特征的差异，技能偏态的研究并没有大范围地拓展到发展中国家样本中，伯曼和梅钦（Berman & Machin，1994）、帕维克内科（Pavcnik，2003）认为，技能偏态型技术进步已经从发达国家扩散到中等收入国家，一些发展中国家也开始表现出技术进步的技能偏态特质。

随后国内一些学者开始将相似的研究框架应用到中国样本中。姚先国、周礼等（2005）基于浙江省制造业企业层面数据采取与伯曼等（Berman et al.，1994）以及曼钦（Machin，1998）类似的成本函数法验证了中国资本技术互补的存在性。他们认为，中国企业的技术进步在一定程度上呈现出技能偏态性特征，因而导致了企业对高技能劳动力需求的增加，高技能劳动力所占的就业比重以及收入比重增加。盛欣等（2011）利用中国2003—2007年29个地区的面板数据，验证了中国资本技术互补的存在性。宋冬林等（2010）利用1978—2007年的时间序列数据验证了中国技能偏向型技术进步的存在性，并且分析了不同类型技术进步技能偏向性的差异。结果显示，中国技术进步所引致的技能型劳动需求增加，进而导致劳动力市场收入结构变化，出现技能溢价。不同类型的技术进步都呈现出技能偏态特征。

（二）国内外研究述评

目前关注于中国技能偏态型技术变迁的研究，均是以线性齐次生产函数为基础框架的，也就是在规模报酬不变的假定下，检验中国资本技术互补的存在性。而王军辉（2008）则强调规模报酬不变的假设并不适用于中国经济，在经济增长过程中报酬递增机制是普遍存在的。因而在一个更宽泛的生产函数框架下检验技术的技能偏态性才能对现实经济提供更合理的逼近。

此外，国内学者基本上是基于伯曼等（1994）的成本函数法思想、采取线性对数计量模型，直接检验技术进步对技能、非技能劳动力工资比或者需求比的影响。然而，该方法的一个关键假定是市场是完全竞争的，并且企业以利润最大化为决策目标，在一个完全竞争市场上劳动力的工资等于其边际产量。尽管在发达国家这一条件是合理的，但是在发展中国家由于要素的较少流动和市场的不完整，完全竞争条件可能并不合理。

最后，中国各类统计年鉴、经济普查数据以及经济数据库中没有按教育程度分类的工资数据，也没有按职业划分的工资统计。不同技能劳动力的工资数据是检验技术进步技能偏态性的关键。由于数据的缺乏，国内学者大多采取近似代替的做法。例如，宋冬林（2011）采用制造业职工平均工资和农林牧渔业职工平均工资的比值，反映高低技能劳动力的工资溢价。根据《2000 年人口普查劳动力数据资料》，2000 年中国制造业中受教育程度低于高中以下的劳动力人数为 7372380 人，占整个制造业劳动力总数的 88%。与此同时，农林牧副渔业具有大专以上教育程度的劳动力总数为 251062 人，仅由大学以上劳动力从事行业比重高低而笼统地将行业间工资比作为高低技能劳动力技能溢价的做法实在值得商榷，但这也是基于成本函数验证技能偏态存在性的无奈之举。另外，对关键变量技术进步的度量，国内学者也没有统一的标准。宋冬林（2011）用 DEA 方法测算的 Malmquist 得出，盛欣（2011）用专利数、研发经费投入以及进出口贸易总额代替，姚先国（2005）则用进口机器总价值与总机器设备的价值比来代替。

鉴于以上考虑，本书尝试在一个更为宽松的约束条件下，借鉴法伦和雷亚德（Fallon & Layard，1975）、约翰·达菲和克里斯·帕帕乔吉奥（John Duffy & Chris Papageorgiou，2004）的方法，基于总量生产函数，利用中国地区面板数据检验中国资本技术互补的存在性，并且对地区间的空间自相关性加以处理，其价值在于不必像成本函数法那样假设完全竞争的劳动力市场以及企业的利润最大化决策，而这种假设在发展中国家往往并不成立。另外，地区特定效应及时期效应允许我们产生一个更清楚、更令人信服的评价，即在中国不同地区、不同发展阶段资本技术特征是否是一样的？如果不是这样，我们可以朝着资本技术互补方向改变我们的技术而获得更大的利润。最后，我们的研究结论对于评价和解释中国地区间工资收入差距特别是大学教育溢价具有重要的导向作用，因为这些都与地区特征紧密相连。

四　关于农村教育回报的研究综述

相对于城镇居民的教育回报率，由于数据的缺乏以及变量处理的困难，对农村教育回报率的研究相对较少，特别是像中国这样农村教育发展滞后、教育发展富有历史性和曲折性的发展中国家。关于中国农村教育回报的研究始于 20 世纪 80 年代，由于中国农业生产活动大多以家庭为基本单位进行，有时个体教育无论对个人工资还是对家庭收入都会产生影响，此时很难在家庭成员中合理分割家庭农业收入，因此国内外学者对中国农村教育回报的研究大致沿以下思路进行：教育对农业收入的贡献，教育对非农收入的贡献，教育的个人回报率，教育的家庭回报率。

（一）国外文献综述

杰米森和加格（Jamison & Gaag, 1987）较早基于中国西北地区贫困县住户调查数据，估算了教育对家庭农业总收入的影响。研究表明，农户中成人受教育水平对家庭农业总收入有显著影响。相比于农业收入、家庭收入，研究教育对非农收入以及个体收入影响的文献较多。例如格雷戈瑞和孟（Gregory & Meng, 1995）利用中国社会科学院经济研究所和世界银行 1986—1987 年的调查数据，估计出中国乡镇企业从业人员的教育个人收益率为 1.1%，且在 10% 水平下显著。约翰逊和邹（Johnson & Chow, 1997）基于中国社会科学院经济研究所收入分配课题组 1994 年中国家庭收入项目调查（CHIPS）数据，估计出教育非农收益率为 4%。维等（Wei et al., 1999）利用中国 6 省 23 个县的农村住户调查数据，得出中国 1991 年的农村个人教育非农收益率为 4.8%。

卡内特和宋（Knight and Song, 2001）研究发现，与文盲相比，高中文化程度的农村居民，获得非农就业机会的概率在 1988 年和 1995 年分别要高出近 10 个百分点和 20 个百分点。然而，帕里什等（Parish et el., 1995）的估算结果是农村教育的非农回报率并不高。马瑞尔—法西奥和蒂诺（Maurer-Fazio and Dinh, 2004）利用 1999—2000 年 6 城市调查数据进行研究，也给出了较低的教育收益率估计结果（0.015）。

张等（Zhang et al., 2002）利用江苏省 1988 年、1992 年和 1996 年的调查数据，发现 1988—1992 年教育收益率没有什么变化，但 1996 年的教育收益率得到了显著提高。德·布劳等（De Brauw et al., 2002）的研究表明，与国际上平均教育回报率 10.1% 相比，中国农村教育回报率明显偏低，一般只在 0—6% 之间。

还有一部分国外学者对农村职业教育与普通教育的回报进行比较研究。例如，莫安托克和沃斯维克（Moenjak & Worswick, 2003）借用

Mincer 收入方程，建立了两阶段 Probit 模型，在消除了自我选择、工作经历、配偶收入等方面的影响后，发现在泰国职业教育劳动力的收入要明显高于同等普通教育劳动力。胡、李和斯特罗姆斯多费（Hu, Lee & Stroms-dorfer, 1971）比较了中等职业教育（未上大学）和高中毕业生（未上大学）工作 6 年后的收入，认为前者要高于后者，但随着工作年限的增加，这种收入差距可能会消失。梅特卡夫（Metcalf, 1985）研究认为，在发展中国家开展职业培训，企业回报率和个人回报率都很高。纽曼和齐德曼（Neuman & Ziderman, 1991）的研究指出，中等职业教育的毕业生只有在其未来的工作岗位与其在校期间所学的课程较为匹配时，职业教育劳动力才体现出比普通教育劳动力在收入上的优势。关于发达国家的研究也有类似的结论。霍伦贝克（Hollenbeck, 1993）发现，1972 年美国女性中等职业教育的回报率明显高于普通教育，但对男性并没有得出相似的结论。特罗斯塔德·李（Trostand Lee, 1984）发现 1973 年美国男性中高等职业教育的回报率较之同等学历普通教育的回报率要高，但没有对女性给出结论。

卡亚汝厄和蒂尔（Kahyarara & Teal, 2008）基于坦桑尼亚的研究认为，收入函数的结构与劳动力所服务的厂商类型对于收入的影响较大。接受职业教育前的初始学历水平直接影响接受职业教育后的回报率。研究认为，接受普通教育的人学历越高，其回报率越高，并且要高于职业教育的回报率；在学历水平普遍较低的情况下，职业教育的回报率可能超过普通教育。德·布劳和罗泽尔（de Brauw & Rozelle, 2006）认为，教育收益率是非线性变动的，因此采用针对较为年轻人群进行估计等处理方法，纠正了非农就业的样本选择偏差，从而得出了相对较高的教育收益率估计结果。

（二）国内文献综述

王海港等（2009）利用异质性工具变量模型，计算了在珠江三角洲各地农村普遍实施的职业技能培训的各项处理效应。研究发现，参加者的处理效应低于平均处理效益，而后者又低于未参加者的处理效应，这也就是说，参加者的收益不如从村民中随机挑选的村民的平均收益，而随机挑选的不如未参加者。因此，目前的这种培训没有充分发挥效率和应有的作用。实证结果所隐含的政策建议是政府应该吸引和动员那些不参加职业培训就难以提高工资收入的村民参加培训。

宋华明（2004）利用丹尼森的经济增长因素分解法测算了1990—2000年中国高等教育对农业经济增长率的贡献，得出结论认为，高等教育对农业经济增长率的贡献很低。

王广慧等（2008）利用吉林省的微观数据，应用微观经济计量方法分析了教育对农村劳动力流动和收入的影响。研究表明，农村劳动力受教育程度与其收入水平正相关；农村劳动力在城镇劳动力市场上的教育收益率明显高于在农村务农的教育收益率，具有初中和大专学历的进城务工人员的教育收益率分别是相应学历农村务农人员教育收益率的4倍和2倍。

郭凤鸣（2011）基于自然实验的工资差异分解方法所进行的研究表明，镇工工资率和农民工工资率差异的14.01%归因于农民工进入市场前受到的教育歧视。王德文等（2008）基于Heckman选择模型在矫正了样本选择偏差之后，基于拓展的Mincer工资方程估算农村工资收入者的教育回报率在5.3%—6.8%之间。李实和李文彬（1994）利用1988年CHIP的农村调查数据，在0.01的显著性水平下估计出非农工资的教育收益率为2%。

邓曲恒（2007）利用2002年的CHIPS调查数据，估计得出的教育收益率为5.9%。国务院发展研究中心农村经济研究部"公共财政支持农村义务教育问题研究"课题组（2007）使用2004年开展的百村教育状况调查数据提供了最近的估计结果（7.5%）。孙志军（2004）还利用Heckman模型纠正了样本选择偏差，估计得出的育收益率为4.3%，小于没有修正的0.7个百分点。邓曲恒（2007）用MRA（meta-regression analysis）方法对文献进行分析，控制了上面二个技术因素影响后的回归结果表明，自80年代后期以来，中国农村个人教育收益率确实存在逐年上升的趋势。

姚先国和张海峰（2004）运用2004年有关企业和农村劳动力流动的调查数据，估计出农村出教育回报率约为4%。高梦滔、和云（2006）利用山西的农户数据检验了妇女教育投资的农户收入回报问题，发现不同收入层次的女性教育回报差异是导致农户收入差距的原因之一。

杜育红和孙志军（2003）的研究表明，落后地区的学校教育投资的回报有限，教育不足以解释收入差距。周亚虹、许玲丽、夏正青（2010）

利用处理效应模型实证了农村职业教育对农户家庭收入的影响。研究结论表明，基于个体是否接受职业教育存在自选性的事实，农村职业教育对于农村家庭收入有着显著的作用，平均回报率约为27%。

蒋义（2010）先计算出教育对经济增长的贡献，再进一步分解各层次教育的贡献，结果显示，中国1993—2007年职业教育对GDP增长率的贡献十分突出，明显超过同级普通教育。魏立萍和肖利宏（2008）利用厦门市城镇调查失业登记的样本数据，从失业持续时间和再就业机会的角度讨论了中等职业教育与普通高中失业者的差异。研究结论是中等职业教育失业者的平均失业持续时间比普通高中少4.4个月，其再就业机会是普通高中的3.29倍。丁小浩和李莹（2008）利用北京大学教育经济研究所调查数据《2004年中国城镇居民教育与就业情况调查报告》，通过实证研究得出以下结论：与普通高中毕业生相比，中等职业教育毕业生具有较短的待业时间，但在就业市场上，不同教育类型的中等教育毕业生的收入和职业层次均没有显著的差异。

（三）国内外文献述评

通过以上文献综述我们可以发现以下事实：

1. 绝大多数学者研究的是农村平均教育回报，很少区分不同教育层次特别是农村具有中等教育水平的主体从业人员的教育回报，而接受不同教育类别即使教育年限相同其回报往往也不同。

2. 由于时期、样本、估计方法以及模型设定的差异，得出的结论相差很大。例如，李海峥和厄曼贝特瓦（Li & Urmanbetova，2002）使用1995年的CHIPS数据研究表明，估计方法的不同会导致教育收益率估计结果出现较大差异，而且度量偏差所引起的偏误要远远高于能力偏误。

3. 在研究方法上，绝大多数学者基于传统的Mincer工资方程估计教育回报，但教育回报的异质性、微观数据的样本选择偏差以及教育变量的内生性等都会引起教育回报估计偏误。尽管很多学者已经注意到基于微观数据估计教育回报的"样本选择"问题以及教育变量的内生性问题，但还没有学者同时考虑到二者进而在控制样本选择偏差以及内生性后相对准确地估算农村教育回报。

4. 在研究内容上，对中国农村职业、中专教育等中等教育回报研究的很少，特别是对不同类型中等教育回报的差异研究甚少，即使有的几篇文献也大多从宏观数据上进行定性描述，缺乏严密的实证支撑。正如前文所述，目前中国农村从业人员中等教育程度的最多，绝大多数农民可能接受到的较高的教育正是诸如职业高中、技校、中专以及普通高等中等教育，高中教育、职业技能教育将成为中国农村未来教育发展的关键因素，农业科技发展、农村进步依赖于那些接受过技能教育、高中教育的个体的积极参与。农户家庭也需要根据其回报的差异而做出相应的教育选择。

　　鉴于以上考虑，本书在同时考虑到教育变量的内生性基础上应用Heckman 样本选择模型分别估计中国农村职业高中和普通高中的教育回报，以期回答以下问题：是什么因素决定农村个体的劳动参与选择？控制了内生性和样本自选择后相对于初中生、职业教育和普通高中的教育溢价有多大？二者差异如何？农村家庭该做出怎样的教育选择？政府在农村教育、农业科技进步中该扮演怎样的角色？

第 三 章

高等教育对中国工资
收入差距的贡献

——基于泰尔指数测算及分解分析

依据人力资本理论，教育投资所形成的教育资本是人力资本的主要部分，教育资本可以增加受教育者的预期收入，增强劳动者职业流动和职业选择的适应能力，因而，受教育程度不同，必然会引起工资收入的不同，也必然会影响到社会的收入分配。人力资本理论的创始人之一——美国芝加哥大学教授舒尔茨（Theodore W. Schultz, 1960）在其《论人力资本投资》一文中论证了"教育—劳动生产率—工资"的连锁关系，指出教育对提高劳动生产率、增加个人工资收入的作用，同时进一步指出，工资差距反映了教育水平的差距，发展教育、缩小国民教育水平的差距可以缩小人们的工资收入差距，促进社会公平。对人力资本理论做出重要贡献的另一个经济学家——美国哥伦比亚大学教授明瑟（Jacob Mincer, 1957）在他的博士论文《个人收入分配研究》一文中指出，美国个人收入差距与增长率水平有着密切的关系。他从人们的后天质量差异及其变化入手，提出人的受教育水平的提高是个人收入增长和收入差距存在的根本原因。[①] 首都经济贸易大学副校长、人大代表、全国政协委员郝如玉（2005）认为：缩小收入差距的手段是"教育"，不

---

① 摘自中华人民共和国教育部门户网（http://www.moe.edu.cn/publicfiles/business/html-files/moe/moe_ 502/200503/6186. html）。

是税收。国外学者的研究表明,[①] 不论对发达国家还是发展中国家而言,受教育程度不同、受教育机会的不均衡都是收入差距扩大的根本原因。

在中国高等教育发展大众化的今天,高等教育规模持续扩大,从业人员中拥有大学学位的比例逐渐增多,与之相伴的中国个体工资收入差距却持续扩大,高等教育扩招在缩小工资收入差距方面的作用有多大? 接受大学教育的人是否具有明显的工资收入优势? 深层剖析这一问题需要理清中国高等教育扩张政策出台的背景。高等教育扩招政策是1999年6月时任总理的朱镕基在全国教育工作会议上宣布的。当时中国经济正遭受1997年亚洲金融危机的影响,增长速度大幅减缓,出口需求降低,通货紧缩现象日益严重。在当时的情况下,寻找消费热点,拉动内需成为政府需要解决的首要问题。当加快商品化改革,启动住房、汽车消费的效果仍然甚微的情况下,经济学家把目标瞄准了教育。高校扩招的目的是:满足中国经济持续发展的需要,培养更多的高素质人才;满足广大群众渴望接受高等教育的愿望;推迟学生就业,增加教育消费,拉动内需,带动相关产业的发展;减轻基础教育的应试压力,促进素质教育全面发展。因而,当时扩大高等教育规模的直接目的不是大力发展高等教育,积累高素质的劳动力资源,从而促进经济更快更好的发展,而是拉动内需以维持经济的稳定增长。在高校扩招的同时,中国高等教育物质资源、师资力量难以满足大规模扩招的需求,即便国家财政能够提供充足的基本建设经费,满足校舍等资源设备需求,师资水平也难以得到保证。大学教师是一种特殊人才,需具备某些特定的职业偏好、意愿和能力,大学教师的培训需要相当长的时期,如果短时间内增加大量低水平的教师,势必会降低高等教育的质量。另外,扩大高等教育规模必然会产生大批毕业生冲向市场,这种突进式或跳跃式的高等教育扩张规模必然与稳定的经济发展水平对人才的需求产生剧烈矛盾,从而造成文凭贬值现象。[②]

①　如 Coleman（1979）分析了美国各人种的教育程度和收入的关系,强调了教育机会的平等。Barro 等（1993）利用 129 个国家的总计数据,测算了不同教育水平的男性、女性的受教育程度和工资水平的关系。Cao 等（2005）和 Okushima 等（2006）也指出,教育水平的差距是中国城市收入差距的最主要原因。中国学者刘纯阳、高启杰（2004）,白菊红（2005）,张克俊（2005）,王姮、汪三贵（2006）等分析了人力资本对中国地区收入差距的影响。万广华、张藕香（2006）分析了人力资本对中国农村收入差距的影响。

②　闵维方、文东升等:《学术的力量——教育研究和政策制定》,北京大学出版社 2010 年版。

　　在这样一种特殊意义下的高等教育扩招，扩招后的高等教育在个体收入差距中的贡献有多大？扩招后的大学生具备真正意义上的工资收入优势吗？在不同职业之间、地区之间、同生群之间以及不同所有制之间，其差异如何？存在明显的性别歧视吗？

　　为回答上述问题，本章基于中国经济、人口、营养健康数据库 CHNS（China Economic, Populaton, Nutrition and Heath Survey）中 1989 年、1991 年、1993 年、1997 年、2000 年、2004 年、2006 年、2009 年等年份的具有高中以上学历的劳动力的相关数据，力争翔实、准确、全面测度中国改革开放以来个体工资收入差异的演变趋势，进而基于泰尔指数分解法将总工资差异进行地带、性别、同生群、职业以及部门群组间的分解，以期考察收入不平等的来源；进一步进行从上述群组到大学学位两阶段分解及多阶段分解，力争准确测度大学教育在个体工资差异中的贡献。

第一节　收入不平等的相关指标述评

　　纵观国内外文献，测度工资不平等的指标大致可以分为绝对指标和相对指标两大类。绝对指标一般指工资收入标准差，体现的是各个个体收入与平均收入的偏离程度，其计算公式为：

$$\sigma = SDS = \sqrt{\sum_{i=1}^{n} p_i \left(y_i - \bar{y} \right)^2} \tag{3.1}$$

　　其中 SDS 为收入标准差；p_i 表示一定收入的人口比例；y_i 表示不同收入程度的工资收入；n 为收入的分组数。国外有很多学者使用 SDS 来测算收入的不平等。伯德萨厄和隆多尼奥（Birdsall and Londoño, 1997）使用跨国数据发现 SDS 与穷人的收入增长之间有很明显的负相关关系。拉姆（Ram, 1990）使用 SDS 指标发现了收入不平等与平均受教育年限之间存在 Kuznuts 曲线。美州开发银行（1999）对拉丁美洲国家收入不平等情况进行的研究也使用了 SDS 指标，通过回归分析发现，拉丁美洲国家受教育年限标准差与收入基尼系数正相关，较高的教育不平等程度对应着较高的收入不平等程度。尽管标准差在一定程度上能够测度收入不平等，但标准差的无规律变化不因地域和经济发展水平的不同而存在规律性。托马斯等（Thomas et al., 2002）对比了标准差和其他反映收入不平等程度的指标，并指出用标准差比较国家或地区的收入不平等程度有时甚至是误导。

反映工资不平等的相对指标包括变异系数、基尼系数以及广义熵指数。其中变异系数计算公式为：

$$C_V = \frac{\sqrt{\frac{1}{n} \sum_{i=1}^{n} (y_i - \bar{y})^2}}{\bar{y}} \tag{3.2}$$

相对于标准差，变异系数能消除不同平均收入组对收入不平等的影响。

基尼系数计算公式为：

$$gini = \frac{1}{\mu} \sum_{i=2}^{n} \sum_{j=i}^{n} p_i \mid y_i - y_j \mid p_j \tag{3.3}$$

n 为按收入不同的分组数，μ 为总体的平均收入，y_i, y_j 为不同组的收入值，p_i, p_j 为对应的不同收入的人口份额。从基尼系数表达式可见，只有每一组中的个体观测值相等所得到的不平等的测量指标才是一个精确结果，但在实际中由于计算的繁琐，往往将观测值按递增的顺序分成若干组，从而公式中的 y_i, y_j 便是每一组的平均值。这样势必会产生误差，而且分组越少，误差越大。在实际中也有学者根据具体观测值拟合洛伦兹曲线，则基尼系数为洛伦兹曲线下面曲边三角形面积与三角形 *OPI* 面积的比（如图 3—1 所示）。然而这种做法的难点在于如何确定洛伦兹曲线的具体形式，哪一种形式更为精确，没有一个统计的标准，因而不可避免地存在着误差。

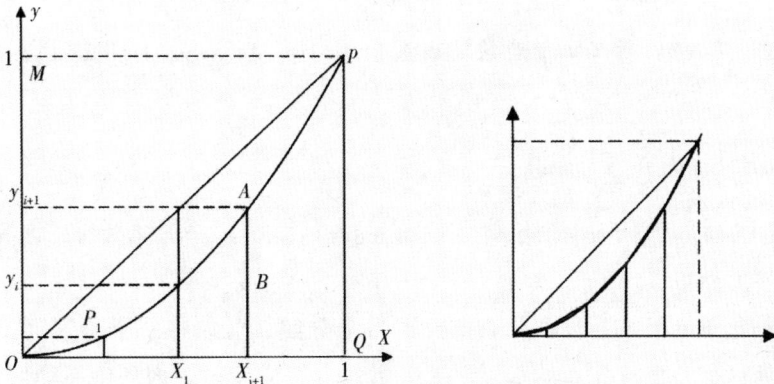

图 3—1　工资不平等基尼系数与洛仑兹曲线演示

　　另外，有学者指出，当各个组之间的观测值存在重叠时，基尼系数不适宜分解。

　　相对于变异系数、基尼系数，国外一些学者更多地使用了广义熵指数研究收入差距问题、地区经济差距问题等，并且最近几年此类文献越来越多。广义熵指数测度不平等指标得到很多学者的推崇，安东尼·索洛克斯（Shorrocks，Anthony F.，1982）比较了测度工资不平等性的多类指标，并指出广义熵指数最适合测度不平等。世界银行米莉·A. 利奇菲尔德（Julie A. Litchfield，1999）对广义熵系数也作了详细的介绍。

　　一般地，广义熵指数的定义为：

$$GE(\alpha) = \frac{1}{\alpha(\alpha-1)}\left(\frac{1}{n}\sum_{i=1}^{n}\left(\frac{y_i}{\bar{y}}\right)^{\alpha} - 1\right) \tag{3.4}$$

　　其中 $GE(\alpha)$ 为广义熵系数，n 为样本中个体的数量，y_i 为个体 i 的水平指标，$\bar{y} = (1/n)\sum_{i=1}^{n}y_i$。参数 α 用于调节不同个体占总体份额权重的大小，可以取任意值。最常用的取值为 0，1，2。$\alpha > 0$ 且越大，取值较大的样本（或者说，收入分配当中较高的收入的样本）对 $GE(\alpha)$ 的影响就越大；若 $\alpha < 0$ 且越小，取值较小的样本（或者说，收入分配当中较低收入的样本）对 $GE(\alpha)$ 的影响就越大。$GE(\alpha)$ 的取值范围从 0 到正无穷，0 代表绝对平均，而 GE 系数越大，分配越不平均。α 趋于 0 时，

$$GE(0) = \frac{1}{n}\sum_{i=1}^{n}\log\frac{\bar{y}_1}{y_i} \tag{3.5}$$

　　即 GE（0）等于均值对数偏离系数 MLD（Mean Log Deviation），α 趋于 1 时，

$$GE(1) = \frac{1}{n}\sum_{i=1}^{n}\frac{y_i}{\bar{y}}\log\frac{y_i}{\bar{y}} \tag{3.6}$$

　　GE（1）即称为泰尔指数（Theil index），$\alpha = 2$，GE 系数等于变异系数的平方除以 2。

　　相比于基尼系数，广义熵指数更易于分解，可以将一个国家（或者一个地区、一个省等）的工资不平等指数分解成该国家内各个不同区域、不同省或者不同产业内不平等和各个不同区域、不同省、不同部门间的不平等，将组内或组间的差距或不平等综合成总体的不平等，从而便于考察

和揭示组间差异和组内差异各自的变动方向和变动幅度，以及各自在总差异中的重要性及其影响程度。

事实上，如果观测总体 y_i 能被分成 K 个互斥的组，则任何一种广义熵指数从代数上都能分解成组内不平等指数和组间不平等指数的和，即有：

$$GE(\alpha) = \frac{1}{(\alpha-1)\alpha}\left[\frac{1}{n}\sum_{i=1}^{n}\left(\frac{y_i}{\bar{y}}\right)^{\alpha} - 1\right]$$

$$= \frac{1}{(\alpha-1)\alpha}\left[\sum_{k=1}^{K}\frac{n_k}{n}\left(\frac{\bar{y}_k}{\bar{y}}\right)^{\alpha}\frac{1}{n_k}\sum_{i=1}^{n_k}\left(\frac{y_i}{\bar{y}_k}\right)^{\alpha} - \sum_{k=1}^{K}\frac{n_k}{n}\left(\frac{\bar{y}_k}{\bar{y}}\right)^{\alpha} + \right.$$

$$\left. \sum_{k=1}^{K}\frac{n_k}{n}\left(\frac{\bar{y}_k}{\bar{y}}\right)^{\alpha} - 1\right]$$

$$= \sum_{k=1}^{K}\frac{n_k}{n}\left(\frac{\bar{y}_k}{\bar{y}}\right)^{\alpha}GE(\alpha)_k + GE(\alpha)_B = GE(\alpha)_W + GE(\alpha)_B \qquad (3.7)$$

其中，$GE(\alpha)_k$ 代表第 k 组的广义熵指数，$\bar{y}_k$ 和 n_k 分别代表第 k 组的均值和人口数，$\bar{y}$ 表示总体均值，n 是个体总数，K 代表总的分组数，所以 $GE(\alpha)_k$ 是每个组广义熵指数的加权平均，因此称为组内不平等分解指数。而

$$GE(\alpha)_B = \frac{1}{\alpha(\alpha-1)}\left[\sum_{k=1}^{K}\frac{n_k}{n}\left(\frac{\bar{y}_k}{\bar{y}}\right)^{\alpha} - 1\right] \qquad (3.8)$$

为组间不平等指数。因而 $\dfrac{GE(\alpha)_W}{GE(\alpha)}$ 和 $\dfrac{GE(\alpha)_B}{GE(\alpha)}$ 分别为组内不平等和组间不平等的贡献额。特别地，当 $\alpha = 0$ 时，

$$\lim_{\alpha\to0}GE(\alpha) = \lim_{\alpha\to0}\frac{1}{(\alpha-1)\alpha}\left[\frac{1}{n}\sum_{i=1}^{n}\left(\frac{y_i}{\bar{y}}\right)^{\alpha} - 1\right]$$

$$= \lim_{\alpha\to0}\frac{\frac{1}{n}\sum_{i=1}^{n}\left(\frac{y_i}{\bar{y}}\right)^{\alpha}\ln\left(\frac{y_i}{\bar{y}}\right)}{2\alpha - 1}$$

$$= \frac{1}{n}\sum_{i=1}^{n}\ln\frac{\bar{y}}{y_i} = \sum_{i=1}^{k}\frac{n_i}{n}GE_i(0) + \sum_{i=1}^{k}\frac{n_i}{n}\ln\frac{\bar{y}}{y_i}$$

$$= GE(0)_W + GE(0)_B \qquad (3.9)$$

容易看到 $GE(0)_W$ 是组内不平等指数的加权平均，权数是每个组的相

对人口份额，$GE(0)_B$ 由每个个体值由其所在组的均值计算得到。

当 $\alpha = 1$ 时，

$$GE(1) = \lim_{\alpha \to 1} GE(\alpha) = \lim_{\alpha \to 1} \frac{1}{(\alpha-1)\alpha} \left[\frac{1}{n} \sum_{i=1}^{n} \left(\frac{y_i}{\bar{y}} \right)^{\alpha} - 1 \right]$$

$$= \lim_{\alpha \to 1} \frac{\frac{1}{n} \sum_{i=1}^{n} \left(\frac{y_i}{\bar{y}} \right)^{\alpha} \ln\left(\frac{y_i}{\bar{y}} \right)}{2\alpha - 1} = \frac{1}{n} \sum_{i=1}^{n} \frac{y_i}{\bar{y}} \ln \frac{y_i}{\bar{y}}$$

$$= \sum_{i=1}^{m} \frac{n_i}{n} \frac{\bar{y}_i}{\bar{y}} GE_i(1) + \sum_{i=1}^{m} \frac{n_i}{n} \frac{\bar{y}_i}{\bar{y}} \ln\left(\frac{\bar{y}_i}{\bar{y}} \right) = GE(1)_W + GE(1)_B$$

$$(3.10)$$

此时由 $GE(1)_W$ 代表的组内不平等指标是由以各个组收入份额为权的各个组泰尔指数的加权平均。当需要讨论组内差异来源时，可以按同样的方法将每一组的广义熵指数继续分解，称为二阶段分解。

因为人口权重会加重人口数量多的组别份额，减少人口数量少的组别份额。以北京和河南两个地区为例，北京市的农村居民人均纯收入远高于河南省，然而其人口权重却大大低于河南省，如果以人口权重计算泰尔指数，那么二者之间的区域人均差异就会被大大缩小。

第二节　中国工资不平等的长期演变

一　数据说明

本章的目的是揭示拥有大学学位对个体工资收入差距的贡献。在此选择 CHNS 数据，是因为 CHNS 数据调查的样本时期比较长，提供了从 20 世纪 80 年代末期一直到 2009 年的劳动力数据资料，可以考察工资收入的纵向变化轨迹。该数据采用多阶段分层随机抽样方法，依据经济发展程度、地理位置、公共资源的丰裕和健康指数，覆盖了中国东、中和西部包括辽宁、黑龙江、江苏、山东、河南、湖北、湖南、广西、贵州 9 个省份，涵盖了东、中、西三大地带中城市和乡村，而且在抽样时兼顾了不同大小和收入水平的城市或县城，数据具有一定的随机性和代表性，包括受教育程度、年龄、性别、工作状况、职业特征、单位类型及单位规模等指标以及工资性收入等详细信息，为我们深入分析中国工资收入地区差异、城乡差异、性别差异、学位差异、职业差异以及同生群差异提供了强有力的证据。本章的目的是解析大学教育对收入差异的贡献，即接受大学教育对工资收入差异的影响，因而首先将 CHNS 数据进行了筛选，我们首先选择了具有高中以上学位的劳动力，剔除了具有初中及初中以下学位的个体。另外，选择了正在工作且有正的工作收入的群体，中国劳动力大多在18—60岁之间，60岁进入退休年龄。一般而言，上大学的年龄应在18岁，大学毕业年龄应在23岁左右，为了比较上过大学与没接受过大学教育二者的工资差异，因而我们选择了22—60岁之间的个体，剔除了退休返聘以及22岁以下具有工资收入的群体。具体包括的变量有受教育程度、月工资收入（由于一些样本数据的缺失，这里的月工资收入不包括奖金及其他福利）、年龄、性别、地区、城乡、职业类型以及工作单位类型变量，其中1989年的样本为1123个，1991年的样本为1055个，1993年的样本为970个，1997年的样本为1194个，2000年的样本为1361个，2004年的样本为1095个，2006年的样本为1182个，2009年的样本为1210个。

（元，1978年不变价）

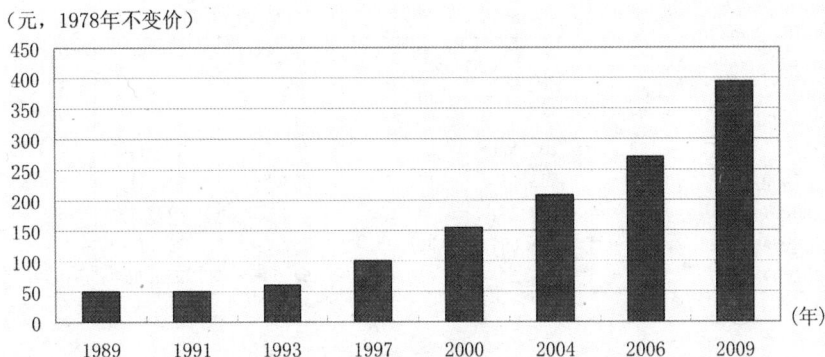

图 3—2　1989—2009 年高中以上学历劳动力平均工资的变动趋势

二　中国高中以上学历劳动力工资总体结构的统计分析

图 3—2 描述了 1989—2009 年中国具有高中以上学历劳动力平均工资的变化路径。随着改革开放以来中国经济的快速发展，中国劳动力工资增速也突飞猛进。从 1989 年开始，平均工资一路攀升，特别是进入 21 世纪以后，经历了迅猛增长阶段。1989 年中国高中以上学历劳动力的平均工资按当年价计算是 103.01 元，一直增长到 2009 年的 2046.982 元，21 年

增长了近 20 倍。剔除价格因素，折算成 1978 年的不变价计算，2009 年是 1989 年的 8 倍多，年均增长率达 36.25%。

　　然而，在中国个体工资收入平均水平迅猛提升的同时，工资收入各个分位组内部分布差异很大，工资分布的各个不同分位组在这 21 年间的增长态势不是趋同而是趋于两极分化。表 3—1 比较了 1989—2009 年工资收入低分位数组、中分位数组以及高分位数组的变化轨迹。

表 3—1　　　工资收入各个分位组按 1978 年不变价计算的工资变动　　　（单位：元）

年份 ＼ 分位组	5%	10%	20%	30%	40%	50%
1989	14.27	18.39	25.62	29.88	32.84	36.65
1991	22.72	25.30	31.97	35.72	38.38	41.63
1993	20.79	23.78	30.84	34.81	39.96	44.64
1997	30.75	36.45	50.24	63.77	70.19	83.02
2000	41.95	53.76	74.79	91.69	105.06	115.57
2004	54.67	70.06	108.05	131.44	160.80	175.92
2006	68.58	85.60	127.91	160.32	178.81	207.05
2009	92.58	113.28	169.29	201.79	242.46	289.61

年份 ＼ 分位组	60%	70%	80%	90%	最高 10%	最高 5%
1989	40.02	44.95	50.82	61.83	148.90	216.69
1991	45.18	51.17	57.26	66.76	102.76	121.98
1993	51.35	59.29	71.58	86.21	157.56	207.11
1997	91.73	105.67	116.48	141.79	238.40	295.19
2000	133.63	148.63	175.32	202.84	447.11	648.98
2004	198.65	219.24	239.63	290.63	498.82	637.11
2006	220.37	254.80	301.33	352.59	825.15	1212.32
2009	329.71	379.21	410.02	525.96	1282.76	1939.92

　　从表 3—1 可见，以 1978 年不变价计算，1989 年工资最低 5% 分位组平均工资为 14.27 元，缓慢增长到 2009 年的 92.58 元，20 年增长近 6.5 倍，年均增长率为 32%。其他 10%、20%、30% 分位组呈现出大致相同的变化规律。这一规律随着工资收入分位数的提高而逐渐被打破，到了中位数组，1989 年平均工资为 36.65 元，2009 年增长到 289.61 元，20 年增长 7.9 倍，年均增长率为 36.54%，平均工资及其增长速度明显高于低分位组。工资收入的高分位组则呈现出大相径庭的变动规律，工资最高 10% 分位组 1989 年工资为 148.90 元，2009 年增长到 1282.76 元，20 年增长了 8.62 倍，年均增长率为 42%，而工资最高的 5% 分位组 1989 年工

资为 216.69 元，2009 年为 1939.92 元，20 年增长近 9 倍，年均增长率为 48.14%。

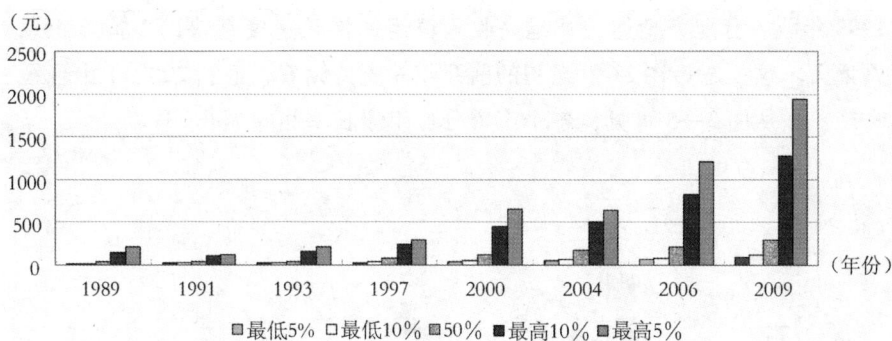

图3—3　工资收入的不同分位数组绝对工资增长趋势图

图 3—3 清晰地描绘了工资收入最低、最高以及中分位组 20 年来的增长态势，2000 年以后高分位组的工资增长更快，低分位组相对增长较慢。也就是说，自 1989 年以来，中国个体工资收入呈现出两极分化现象，收入不平等加剧。但由图 3—4、3—5 可见，尽管随着分位组的提高，平均工资年均增长率增高，但有减缓的趋势。特别是到了 2009 年，各分位组增长速度相差不是太大。

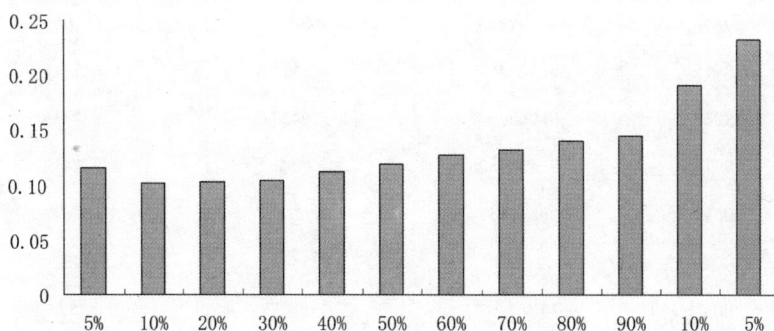

图3—4　1989—2009 年不同工资分位组平均工资的年均增长率

由图 3—5 可见，1991 年中国工资分配格局是工资越高的群组，工资增长率越慢，最高工资收入组的工资增长率竟然是负的。究其原因是当时计划经济向市场转化以及国有企业改革刚刚起步，公平与低效率共存。随着国有企业改革的深入以及 1993 年党中央若干经济体制改革措施的出台，1993 年收入分配完全逆转，越高收入群组的增长速度越快，工资差距急剧增大。这一态势在 21 世纪初的前几年一直持续着，但到 2009 年出现缓和现象，从图 3—5 可见，各个工资分位组增长率相差无几。

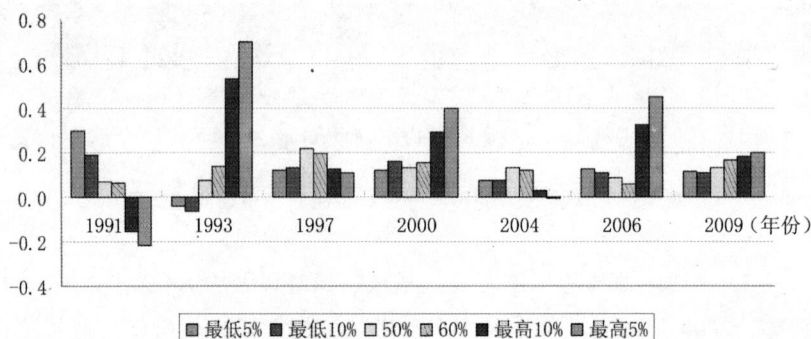

图 3—5　　不同工资分位组平均工资年均增长率趋势

表 3—2　　　　　　　　　　　不同分位组工资比值变动

年份	最高 5%/最低 5%	最高 10%/50%	50%/最低 10%
1989	15.17965	4.062775	1.992956
1991	5.368467	2.468554	1.645011
1993	9.962257	3.529427	1.877441
1997	9.600782	2.87157	2.277413
2000	15.46938	3.86874	2.149673
2004	11.6547	2.835542	2.510918
2006	17.67807	3.985305	2.41872
2009	20.95391	4.429318	2.556508

　　为了更清楚地看出工资收入结构的两极分化，表 3—2 比较了最高分位组、中位数与最低分位组比值的变动情况，第一列是工资最高 5%

分位组与最低 5% 分位组的比值，这一比值在 1989 年为 15.18，1990 年降至不到 10 倍，2000 年开始增长到 15.47 倍，2006 年为 17.68 倍，2009 年增长到将近 21 倍。贫富差距近几年来持续扩大。第二列是最高 10% 与中位数的比值，这一比值呈现出与前者大致相同的变化规律，中间收入阶层与低收入阶层的工资比始终维持在 3 倍左右，近几年来同样呈现扩大的趋势。最后一列是中位数工资与最低工资的比值，这一比值维持在 2 倍左右，尽管也在扩大，但扩大的倍数明显小于最高收入与中位数的比值倍数。上述数据显示，从 90 年代开始，中国工资收入结构不平等逐渐加大，并且一直持续看。即使进入 21 世纪以后，随着经济全球化的深入，中国经济保持了年均 10% 以上的增长速度，经济增长的好处也主要集中在收入分配中高收入组。如果将改革开放前中国的经济发展称为"发展的共同体"的话，改革开放以后中国高速经济增长则可称为"增长的分裂体"。

那么，是什么因素导致中国高中以上学历劳动力群体工资结构的两极分化？是劳动力自身禀赋差距还是劳动力市场供需规律的扭曲？抑或是劳动力的职业、行业、地区、性别等客观机制特征起到了关键的作用？接下来，本书将利用泰尔指数及其分解技术进一步解析中国工资结构在职业、地区间、部门、性别间以及学位间的差异及演变历程。

三　中国工资结构的演变基于不同分组数据的泰尔指数及其分解分析

1. 中国工资结构地区差异分析

CHNS 包括了辽宁、黑龙江、江苏、山东、河南、湖北、湖南、广西、贵州 9 个地区的相关数据，但各个年度不尽相同，其中 1989 年、1991 年、1993 年没有黑龙江，1997 年没有辽宁，每个地区数据样本较少。为了比较考察工资结构的时间变化趋势以及结果的可比性与准确性，在此将地区样本按传统东、中、西划分方式分成三个地带，其中东部地带包括辽宁、江苏、山东三个省份；中部地带包括黑龙江、河南、湖北、湖南四个省份；西部地带包括广西、贵州两个省区。三大地带相关指标统计描述见表 3—3。

表 3—3　　　　　　　　中国工资结构三大地带统计描述　　　　　（单位：元）

地带年份	东部人数	中部人数	西部人数	东部平均工资	中部平均工资	西部平均工资	东：中：西
1989	436	403	191	92.20	94.08	87.46	1.05:1.08:1
1991	441	390	160	109.10	112.42	94.69	1.15:1.19:1
1993	365	379	167	162.17	152.32	149.17	1.09:1.02:1
1997	296	603	206	458.98	405.39	371.23	1.24:1.09:1
2000	511	544	217	646.56	568.68	522.36	1.24:1.09:1
2004	390	473	174	957.43	892.60	782.36	1.22:1.14:1
2006	412	502	181	1167.38	1108.58	968.94	1.20:1.14:1
2009	456	487	180	1758.29	1799.69	1582.05	1.11:1.14:1

　　从表3—3可见，基于CHNS数据东、中部地带人数相对较多，西部较少；东、中部平均工资历年高于西部平均工资，2000年以前差距尤为明显；1991年东部平均工资是西部的1.15倍，而中部是西部的1.19倍；1997—2000年这一差距进一步拉大，1997年东部平均月工资为458.98元，中部平均月工资为405.39元，分别是西部平均月工资的1.24倍和1.09倍；2000年东部平均月工资为646.56元，中部为568.68元，而西部仅为522.36元；2000年以后，东、中、西这一格局开始扭转，东部工资与西部工资的差距逐渐缩小，2004年东部是西部的1.22倍，2006年减小到1.20倍；到了2009年，这一比例进一步减小到1.11倍，中部则保持稳定的比例关系，一直是西部的1.14倍。尽管从绝对值来看，西部工资一直处于最低水平，但从1993年开始其增长速度开始加大，一跃超过了东部和中部；1991年西部工资年增长率最低仅为4%，到了1993年增长速度高达29%，超过了东部的24%和中部18%；1997年稍有下降。从2000年开始，西部地带一直保持了最高的年增长速度，到2009年增长速度达到21%。这说明随着西部大开发以及中部崛起政策的深化，中国地带间工资收入差距在逐渐改善。接下来，基于泰尔指数及其分解技术进一步解析中国地带间的工资差异。

表 3—4　基于泰尔指数东、中、西三大地带工资不平等测算及分解结果

年份＼地带	东 GE	中 GE	西 GE	总 GE	地带间	地带内	地带间贡献（%）	地带内贡献（%）
1989	0.09	0.15	0.15	0.12	0.0003	0.12	0.26	99.74
1991	0.07	0.07	0.06	0.07	0.0016	0.07	2.26	97.74
1993	0.12	0.15	0.14	0.14	0.0006	0.14	0.44	99.56
1997	0.11	0.12	0.09	0.11	0.0027	0.11	2.42	97.58
2000	0.12	0.10	0.10	0.12	0.0032	0.12	2.72	97.28
2004	0.12	0.10	0.08	0.11	0.0023	0.11	2.07	97.93
2006	0.12	0.10	0.12	0.12	0.0019	0.12	1.60	98.40
2009	0.18	0.12	0.19	0.15	0.0009	0.15	0.24	99.76

从表 3—4 我们可以得出：

首先，全国具有高中以上学历劳动力的工资不平等经历了先上升，后下降，然后再上升的变化趋势。80 年代末期，工资不平等指数较高，达到 0.12；1991 年大幅下降到 0.07 后，1993 年又上升到 0.14；从 1997—2006 年一直稳定在 0.11、0.12 左右；2009 年大幅上升，创样本期最高，高达 0.15。中国工资不平等指数的这一变化与中国各项工资政策是密不可分的。改革开放以前，中国处于计划经济体制下，政府直接配给劳动力，对劳动力进行包括住房、医疗保险以及退休金在内的各种福利待遇的分配。这一时期尽管工资收入很低，但收入差距很小，即使在五六十年代进行工资等级区分后，政府的过度管制也没有使收入差距拉大。然而，吃大锅饭的现象必然导致效率的低下和资源的浪费，经济改革势在必行。1978 年开始实行经济体制改革，特别是 1984 年中国共产党十二届三中全会通过了关于工资制度的改革方案，劳动力市场形成。非国有企业迅速发展，以工资为主要表现形式的居民收入大幅提高。1993 年中共中央通过了《关于建立社会主义市场经济体制的决定》，国有企业改革进一步深入。这导致很多低效率国有企业破产倒闭，工人失业，居民工资收入差距逐渐拉大。中央政府一直以来都在为缩小收入差距而积极努力着，自 90年代以来中央政府积极推行以分税制为主体的税费改革，西部大开发、振兴东北老工业基地、建设社会主义新农村等都是这一政策的具体体现。这使得自 1997 年以来中国个体收入总差异的泰尔指数比 1993 年有所下降，

但 2009 年又呈增长的态势。

　　其次，三大地带工资结构呈现出不同的规律性，东、中部地区尽管平均工资最高，但地带内不平等指数较高。相反，西部地区尽管平均工资最低，但其内部不平等指数较低，近些年来东、西部地区呈现出增长的趋势，中部则趋于平缓。

　　最后，基于泰尔指数分解结果显示：三大地带内不平等解释了总体不平等的绝大部分，由于国家一系列收入分配政策，诸如西部大开发，中部崛起的实施，地带间不平等呈缩小的趋势。平均而言，地带间差异占总差异的 1.5% 左右，90 年代后期和 21 世纪初期最高，达 2.5% 左右。

　　虽然地带内差异解释了工资差异的主要部分，但导致地带内工资差异的因素很多，教育差异是其中重要的因素之一。特别是高等教育在中国三大地带内的分布极不均衡，从高等学校的地区分布和专业布局来看，高等教育资源在三大地带间的分布极不均衡。据《中国统计年鉴 2010》数据，截止到 2009 年，全国共有各类高等学校 2305 所，东部地区拥有 1022 所，中部地区 770 所，而西部地区只有 513 所。又据 2009 年全国人口变动情况抽样调查样本数据，东部、中部、西部人口占全国人口数据的比重分别为 39.95%、33.97%、26.75%，人口比例与高等学校分布极不相称。东部地区不仅高等学校分布密集，而且集中了大部分重点大学，西部地区不仅高等学校数少，而且规模较小。东部 11 个省区，拥有全国高校总数的 44.3%，重点高校总数的 60%，一般高校总数的 44%，民办高校总数的 55%。[①] 各地区高等学校分布的不均衡，使得各地区高考升学率差异很大，因为中国的招生政策一般向本地区倾斜，北京、上海高校云集的地区高考入学率超过了 70%，而中西部地区不到 50%。另外，高等教育生均教育经费也存在地区间差异。由《中国教育经费统计年鉴》统计数据，高等教育生均预算内教育事业费 2010 年东部地区远远高于中西部地区，国家财政性教育经费对东部的支持力度也远远高于中西部地区，分别是中部的 1.94 倍，西部的 1.78 倍，东部地区远远高于国家平均水平。生均预算内教育事业费北京为 17036.50 元，而中西部大部分地区只有不到 3000

---

①　邱均平、温芳芳：《我国高等教育资源区域分布问题研究——基于 2010 年中国大学及学科专业评价结果的实证分析》，《中国高教研究》2010 年第 7 期。

元，地区间高等教育投入以及入学率差异势必造成人力资本积累的差异，人力资本的数量和质量是影响个体工资的重要因素。那么高等教育发展的不均衡在地带工资差异中的贡献如何？演变路径如何？接下来基于泰尔指数将中国工资不平等从三大地带到学位进行两阶段分解，分解公式如式（3.11），分解结果见表 3—5。

$$GE(1) = \frac{1}{n}\sum_{i=1}^{n}(\frac{y_i}{\bar{Y}})\ln(\frac{y_i}{\bar{Y}})$$

$$= \sum_{k=1}^{3}\frac{n_k}{n}\frac{\bar{Y}_k}{\bar{Y}}(\frac{1}{n_k}\sum_{k=1}^{n_k}\frac{y_i}{\bar{Y}_k}\ln\frac{y_i}{\bar{Y}_k}) + \sum_{k=1}^{3}\frac{n_k}{n}\frac{\bar{Y}_k}{\bar{Y}}\ln\frac{\bar{Y}_k}{\bar{Y}}$$

$$= \sum_{k=1}^{3}\frac{n_k}{n}\frac{\bar{Y}_k}{\bar{Y}}[\sum_{j=1}^{2}\frac{n_{kj}}{n_k}\frac{\bar{Y}_{kj}}{\bar{Y}_k}(\frac{1}{n_{kj}}\sum_{i=1}^{n_{kj}}\frac{y_i}{\bar{Y}_{kj}}\ln\frac{y_i}{\bar{Y}_{kj}}) + \sum_{j=1}^{3}\frac{n_{kj}}{n_k}\frac{\bar{Y}_{kj}}{\bar{Y}_k}\ln\frac{\bar{Y}_{kj}}{\bar{Y}_k}] +$$

$$\sum_{k=1}^{2}\frac{n_k}{n}\frac{\bar{Y}_k}{\bar{Y}}\ln\frac{\bar{Y}_k}{\bar{Y}} \tag{3.11}$$

$n_k, \bar{Y}_k (k = 1,2,3)$ 分别代表第 k 组的人口数和平均月工资，其中 $k = 1$ 代表东部，$k = 2$ 代表中部，$k = 3$ 代表西部，$n_{k_j}, \bar{Y}_{kj}(k = 1,2,3;j = 1,2)$ 分别代表不同地带组中大学学位和高中学位的人口数和平均月工资，$n, \bar{Y}$ 分别代表总体人口数和总体平均月工资。

表 3—5　基于泰尔指数中国个体工资差异从地带到大学学位两阶段分解结果

年份	东大学工资	东高中工资	中大学工资	中高中工资	西大学工资	西高中工资	大学学位在地带内差异的贡献(%)
1989	94.35	91.76	98.89	93.22	83.05	88.06	0.12
1991	115.22	107.68	122.21	110.91	95.50	94.56	0.56
1993	149.49	163.69	165.79	150.42	141.67	150.07	0.29
1997	454.93	459.44	445.83	396.26	428.30	360.34	0.61
2000	694.90	632.68	643.02	546.27	521.90	522.51	1.19
2004	1158.90	891.64	1100.18	824.46	887.23	760.51	4.38
2006	1331.95	1100.54	1345.89	1000.59	1236.04	866.99	7.03
2009	2153.84	1591.93	2150.53	1640.51	1879.42	1457.95	5.85

　　从表3—5可见,三大地带间大学溢价效应不同,中部历年呈现出明显的大学教育溢价,而东、西部个别年份出现脑体倒挂现象,特别是西部地区。但自2000年以后,各个地带大学溢价逐渐增强,到2009年东部地区平均大学溢价为561.91元,中部地区为510.02元,西部地区最低,为421.47元。大学教育在地带内工资收入差异中的贡献也逐年增加,即使高等教育迅猛扩张期,大学教育也是地带内工资差异的重要原因。具体地,2000年三大地带工资收入差异中的1.19%归因于大学教育,2004年这一比例增长到4.38%,2006年地带内工资差异中的7.03%归因于大学教育。随着中国高等教育的进一步发展,2009年三大地带工资收入差异中大学教育的贡献稍微降低到5.85%。

　　2. 中国工资结构性别差异分析

　　休斯等(Hughes et al.,2002)认为女性的工资歧视无论在发达国家还是在发展中国家都是工资收入不平等中的一个重要现象。自20世纪90年代中期以来,研究中国的性别工资不平等的文献层出不穷,研究角度和所持有的观点各异。蒙(Meng,1998)认为,职业分离是造成中国劳动力转移中性别工资不平等的最根本原因,也是工资差异和工资歧视的主要因素。根据中国官方统计数据,阿齐泽尔雷曼·卡恩(Azizur Rahman Khan,1996)研究指出,从80年代后期,中国女性收入只占男性收入的80%。国内许多学者的大量研究表明,中国由于性别差异,教育会对男女工资产生不同的影响,也就是说,男女的教育回报率是不同的,例如,李春玲(2003)、孙志军(2004)、于学军(2000)等的研究均表明,20世纪80年代以来中国性别工资回报率有拉大的趋势。接下来,我们将基于CHNS数据,利用泰尔指数解析中国工资结构中的性别差异以及不同性别内部工资结构的演变,具体测算结果见表3—6。

　　由表3—6第二、三列可见,尽管男性与女性工资都在逐年上涨,但中国目前存在明显的性别工资差异。首先,从绝对差异来看,1989年男性平均月工资比女性多17.27元,之后渐进性上升到2006年男女工资平均绝对差距高达348元;到2009年,二者的差异稍微放缓,为271.35元,21年绝对差异增长了15倍。从增长的速度来看,平均而言,女性的工资增长速度稍快,在1989—2009年的21年间,男性月工资年均增长速度为11.5%,而女性年均增长速度为11.6%。整个样本期内男性工资平均为女性的 1.16 倍左右。换言之，平均而言，女性工资仅为男性平均工资的 0.86 左右。从 1989 年开始曲折上升后，2004 年达到最高，为 0.92。之后缓慢下降，女性与男性工资比呈现出"倒 U"形曲线。从从业人员比例看，在具有高中以上学位的从业人员中，女性与男性的比例为 0.75 左右，但近年来有所增长，这与宏观数据大体是一致的。

表 3—6　　　　　　　　基于泰尔指数中国个体工资结构性别差异

	男工资	女工资	男 GE	女 GE	男女间	男女内	男人数	女人数	男女间贡献（%）	男女内贡献（%）
1989	99.33	82.06	0.14	0.09	0.004342	0.120071	596	434	3.49	96.51
1991	115.12	98.31	0.08	0.06	0.00297	0.069117	576	415	4.12	95.88
1993	164.22	143.44	0.15	0.12	0.00203	0.136065	536	375	1.47	98.53
1997	439.29	379.76	0.11	0.10	0.002566	0.108037	624	481	2.32	97.68
2000	630.39	543.03	0.15	0.11	0.000833	0.129323	678	558	0.64	99.36
2004	963.15	918.79	0.10	0.11	0.000637	0.109191	590	454	0.58	99.42
2006	1426.93	1078.85	0.402	0.21	0.0091	0.40081	649	460	2.22	97.78
2009	1870.50	1599.15	0.15	0.16	0.003002	0.154998	616	507	1.90	98.10

表 3—6 中第四、五列是基于泰尔指数分别测算的男性、女性内部的工资差异，二者的变动轨迹大致相同，都在曲折性上升，但 2000 年以前男性工资不平等更高，在此期间女性工资增长得更快。可能的解释是女性更快的工资增长速度降低了女性内部的工资不平等。但 2000 年以后，伴随着女性工资增长速度的放慢，女性内部工资不平等指数增高，一路高过男性工资不平等指数。与此同时，女性参与劳动的比例也在增加，高学历女性劳动参与率的提高是否是造成女性内部工资不平等上升的原因是我们下一步将要探讨的问题。

表 3—6 中第六、七列是总的工资不平等按性别分解的结果，第十、十一列分别给出的是性别间与性别内差异对整个工资不平等所做的贡献，性别内差异解释了总差异的绝大多数。也就是说，除了性别以外的大量其他因素是影响工资不平等的主要原因。性别差异在整个工资总差异中解释了大约 2.1%，其中，90 年代初期最高，在 4% 左右；21 世纪初期最低，在 0.6% 左右；近年来有所增长，在 2% 左右。

    以上分析表明，中国具有高中以上学历的从业人员中，工资的性别歧视一直存在，伴随着时间的推移和女性参与劳动力比例的增高，并未呈现出明显下降的趋势。但性别内差异一直占工资差异的主导地位，那么具有大学学位在性别内工资差异中的贡献有多大？具有不同学位不同性别从业人员的工资差异如何？接下来，我们同样基于泰尔指数将总的工资不平等按性别再到学位进行两阶段分解，两阶段分解公式如式（3.12），结果见表 3—7。

$$GE(1) = \frac{1}{n}\sum_{i=1}^{n}\left(\frac{y_i}{\bar{Y}}\right)\ln\left(\frac{y_i}{\bar{Y}}\right)$$

$$= \sum_{k=1}^{2}\frac{n_k}{n}\frac{\bar{Y}_k}{\bar{Y}}\left[\frac{1}{n_k}\sum_{k=1}^{n_k}\frac{y_i}{\bar{Y}_k}\ln\frac{y_i}{\bar{Y}_k}\right] + \sum_{k=1}^{2}\frac{n_k}{n}\frac{\bar{Y}_k}{\bar{Y}}\ln\frac{\bar{Y}_k}{\bar{Y}}$$

$$= \sum_{k=1}^{2}\frac{n_k}{n}\frac{\bar{Y}_k}{\bar{Y}}\left\{\sum_{j=1}^{2}\frac{n_{kj}}{n_k}\frac{\bar{Y}_{kj}}{\bar{Y}_k}\left[\frac{1}{n_{kj}}\sum_{i=1}^{n_{kj}}\frac{y_i}{\bar{Y}_{kj}}\ln\frac{y_i}{\bar{Y}_{kj}}\right] + \sum_{j=1}^{2}\frac{n_{kj}}{n_k}\frac{\bar{Y}_{kj}}{\bar{Y}_k}\ln\frac{\bar{Y}_{kj}}{\bar{Y}_k}\right\} +$$

$$\sum_{k=1}^{2}\frac{n_k}{n}\frac{\bar{Y}_k}{\bar{Y}}\ln\frac{\bar{Y}_k}{\bar{Y}} \qquad (3.12)$$

$n_k, \bar{Y}_k(k=1,2)$ 分别代表第 k 组的人口数和平均月工资，其中 $k=1$ 代表男性，$k=2$ 代表女性，$n, \bar{Y}$ 分别代表总体人口数和总体平均月工资，$n_{k_j}, \bar{Y}_{kj}(k=1,2;j=1,2)$ 分别代表不同性别组中大学学位和高中学位的人口数和平均月工资。

表 3—7   基于泰尔指数中国个体工资差异从性别到大学学位两阶段分解结果

	男大学	男高中	女大学	女高中	男大学人数	男高中人数	女大学人数	女高中人数	大学学位在性别差异中的贡献（%）
1989	97.20	99.82	87.97	81.34	111	485	47	387	0.12
1991	118.27	114.40	107.28	97.08	107	469	50	365	0.38
1993	154.63	165.71	149.53	141.99	72	465	32	342	−1.41
1997	466.37	433.30	402.77	376.42	113	511	61	420	0.23
2000	675.38	616.33	594.78	528.54	170	544	122	436	0.84
2004	1130.92	910.46	1198.28	841.85	141	449	98	356	4.45
2006	1974.69	1215.08	1372.48	932.51	182	468	153	307	7.04
2009	2230.22	1730.02	1984.61	1409.82	173	443	167	340	6.48

从表3—7中我们看到：80年代后期到90年代，大学学位在解释性别工资差异中的贡献较低，具有大学学位的工资并没有表现出明显的优势，甚至部分年份还出现了"脑体倒挂现象"。比如1989年、1993年男性大学学位平均工资均低于高中学位平均工资。值得注意的是1993年大学学位竟然对性别工资不平等的贡献值为负，究其原因是女性高中学位占了绝大部分，女性大学学位的比例甚低，因而尽管女性存在大学溢价，但相对于总体而言，溢价总和很小。而占了绝大多数的女性高中学位的平均工资又低于整体平均工资。与此同时，尽管男性中大学学位的比例相对较高，但工资出现"脑体倒挂"现象。这一现象产生的原因与当时的社会、政治环境有一定的关系，1993年获得大学学位的从业人员在1989年入学，1989年的"政治动乱"在一定程度上影响了该批大学生的就业工资。另外，中国分别在1985年和1993年进行了两次较大范围的工资制度改革。1985年的工资制度改革，将国有企业与机关事业单位工资制度脱钩，使国有企业的工资分配逐步与市场机制相衔接。1993年的工资制度改革重新设定了国家机关和事业单位的工资制度，实行政事分开，同时实施公务员工资制度改革以及1993—1994年启动实施财税改革一系列工资制度改革，但当时高等教育发展规模还处于较低阶段，劳动力中具有大学学位的并不多，这使得90年代初期大学教育在工资结构中的贡献并不明显。

自1999年中国高等教育大幅扩招以后，无论男性还是女从业人员中具有大学学位的比例都逐渐增多，平均大学溢价效应明显。2000年男性具有大学学位的平均工资高出高中学位平均工资近60元，大学学位平均工资是高中学位工资的1.09倍；对女性而言大学溢价更高，达66元，大学学位工资是高中学位工资的1.12倍。2004年这组数据进一步扩大，男性大学学位平均工资高出高中学位平均工资220.5元，是高中学位工资的1.24倍；女性大学学位工资高出高中学位356.4元，是高中学位工资的1.42倍。2006年大学溢价继续增长，男性大学学位高出高中学位工资759.6元，大学工资是高中工资的1.63倍；女性大学工资高出高中工资440元，是高中工资的1.47倍。2009年稍有下降，男性大学工资高出高中工资500元，是高中工资的1.29倍；女性大学工资高出高中工资574.8元，是高中工资的1.41倍。

总之，2000年以后，伴随着中国高等教育的扩张，无论男性还是女性大学教育溢价明显，而女性在大多数年份的溢价效应更强。基于泰尔指数二阶段分解结果显示，21世纪以后是否拥有大学学位是中国性别内工资差异的重要影响因素，大学学位在性别内差异中的贡献逐年增强。2000年性别内差异中仅有0.84%归因于是否拥有大学学位，2004年这一贡献值增长到4.45%，2006年继续增长到7.04%。即使到2009年，性别内工资差异中的6.48%可以由是否拥有学位来解释。

3. 中国工资结构不同经验组差异分析

依据人力资本理论（Mincer，1974），工作经验是普通与特殊工作培训的代理变量。由于很难得到普通与特殊工作培训的数据，工作经验一般用参加工作的时间来代替，甚至绝大多数用年龄－6－学校教育时间来代替。由于失业以及其他诸如求学时间差异等因素，这一代理变量经常产生误差，致使经验回报率产生偏误。

内斯特洛娃和萨伯汝洛娃（Nesterova & Sabirianova，1998）研究认为，俄罗斯1992年收入最高的年龄组为40—45岁，到1995年转移到30—35岁。鲁科沃斯奇（Rutkowski，1997）研究得出大致相似的结论：工作经验在决定工资水平的重要程度上是递减的，每增加一年工作经验的回报率从20世纪80年代后期的超过3%下降到90年代初的不到2%。这与发达国家美国的平均收入将一直增长到45—50岁，并在随后的10年保持不变具有显著的差别。按效率工资理论以及边际生产力理论，工人工作的效率及其边际产量价值与工人的工资有很大的相关性。高工资使工人效率更高，反之，高效率应该获得更高的工资。随着年龄的增长，个体在掌握先进技术、技能方面相对于年轻人会下降，拥有的人力资本含量和质量也会下降，因而，工资会下降。那么，基于中国的微观数据看，中国的工资结构经验组差异如何？中国的经验工资在何时达到最高？不同年龄组之间的差异到底有多大？由于中国教育事业的大力发展，具有高学历从业人员的比重越来越大，更多的高学历年轻人参与就业，这将如何影响其他年龄组的工资？表3—8和表3—9分别报告了不同年龄组的工资差异及其随时间的变动情况，以及基于泰尔指数测算与分解的结果。其中，年龄组的划分与内斯特洛娃和萨伯汝洛娃（Nesterova & Sabirianova，1998）以及鲁科沃斯奇（Rutkowski，1997）的划分相同，将5年划分为一组。样本中有55岁以上的劳动力，但样本数很少。对于很多女性而言，55岁进入中国法定的退休年龄，她们绝大多数是返聘，因而其工资与其他正常在编职工工资不具有可比性。另外，这部分群体中的大多数只具有高中学位，不便于我们后续分析学位在工资决定中的作用。综合以上考虑，我们将样本年龄限制在 20—55 岁之间，分别以 5 年为一组划分为：20—25 岁；26—31 岁；32—37 岁；38—43 岁；44—49 岁；50—55 岁，共 6 组。

表 3—8　　　　　　　　　各个年龄组平均工资比较及其变动趋势

	20—25	26—31	32—37	38—43	44—49	50—55
1989	73.74	101.34	116.71	103.57	99.67	140.87
1991	84.66	107.19	114.13	118.53	131.17	143.41
1993	135.21	147.64	176.55	172.01	188.11	196.22
1997	384.59	385.90	447.60	457.97	454.03	539.65
2000	597.11	662.55	713.91	692.76	632.16	790.09
2004	753.90	864.83	998.40	1020.14	855.67	1105.53
2006	1118.02	1053.04	1209.97	1157.75	1375.43	1738.87
2009	1500.85	1832.31	1718.56	2648.70	2000.36	2133.44

从表 3—8 中我们看到：首先，从横向看，相同年份各个不同经验组的平均工资水平相差较大，最年轻的年龄组工资始终是最低的。随着年龄的增长，工作经验的丰富，工资随之增长，各年龄组都大致经历了先上升后下降的路径，最高点大致在 32—37 岁或 38—43 岁组出现。这些年龄组既具备的丰富的工作经验，又有能力接受新事物新技术，平均工资最高。随后开始下降，但到最大年龄组 50—55 岁时，工资普遍又会突然升高，只是在近年来才相对有所下降。这从一定程度上说明中国年龄工资在工资决定中占有很大的比重。近些年来绩效工资制度的实施，又使得这个年龄组的工资相对下降。这说明中国个体工资结构大致呈现了倒"U"形变动态势。从纵向看，尽管最年轻的组别 20—25 岁年龄组的工资相对其他组最低，但其增长速度较快，1989—2009 年，平均月工资从 73.74 元增长到 2009 年的 1500.85 元，按可比价格计算，增长了 6.76 倍，年均增长速度为 21%。这将放缓中国工资不平等的趋势，与有学者研究的美国年轻工人的情况非常不同。历年工资较高的组 38—43 岁，32—37 岁也保持了

较高的增长速度，其中 38—43 岁年龄组的增长速度最高，21 年年均增长速度为 21.4%。这部分群体大多是各行各业的中坚力量，无论从技术到经验都相对成熟，按照边际生产力理论，他们的工资应该是最高的，但如果仍然具有最高的增长速度，势必会造成工资结构更加不平等。表 3—9 基于泰尔指数测算了各个年龄组内部不平等状况以及组间、组内不平等指数。

表 3—9　　　　基于泰尔指数中国不同年龄组的工资结构及其分解分析

	20—25	26—31	32—37	38—43	44—49	50—55	组内	组间
1989	0.325438	0.125368	0.349639	0.577504	0.073938	0.034522	0.311514	0.013924
1991	0.09224	0.074603	0.099553	0.119684	0.035199	0.041788	0.082314	0.009926
1993	0.208871	0.178324	0.167987	0.232975	0.165992	0.315372	0.201803	0.006392
1997	0.151827	0.151967	0.138826	0.188463	0.14916	0.083845	0.147173	0.004654
2000	0.276074	0.339237	0.30197	0.329113	0.259927	0.087844	0.273317	0.002952
2004	0.173467	0.090299	0.173988	0.211056	0.18848	0.103562	0.166681	0.005042
2006	0.344327	0.306246	0.112076	0.250217	0.189054	0.46319	0.330309	0.014018
2009	0.419975	0.285404	0.204368	0.207857	0.761828	0.323173	0.405153	0.014823

　　由表 3—9 数据我们可以得出：首先，各个年龄组不平等的排序从 80 年代后期到近些年来发生了很大的变化。1989 年，年龄最大的组别不平等指数最低，38—43 岁是不平等指数最大的组，最年轻的 20—25 岁组也具有很高的不平等，1991 年呈现了大致相同的规律，这两组间的不平等在解释总的工资不平等中的贡献相对于其他年份要大。其中 1989 年组间不平等在总的不平等方面的贡献为 5% 左右，而 1991 年组间不平等的贡献高达 11%，对应表 3—9 的工资数据，可以解释成该阶段年龄工资在总工资结构中起了重要的作用。到 2009 年，各个组别的不平等指数都经历了迅猛的增长，年龄较大的不平等指数相对于其他组别最高，最年轻的组别同样具有很高的不平等指数，此时中坚力量组尽管他们的工资相对最高，但不平等指数反而很低。这说明近些年来实施了效率工资或绩效工资制度后，年龄以外的因素在决定工资结构中起了重要的作用。由图 3—6 可见，1993 年以后，在总的工资不平等中组间不平等的贡献大约维持在

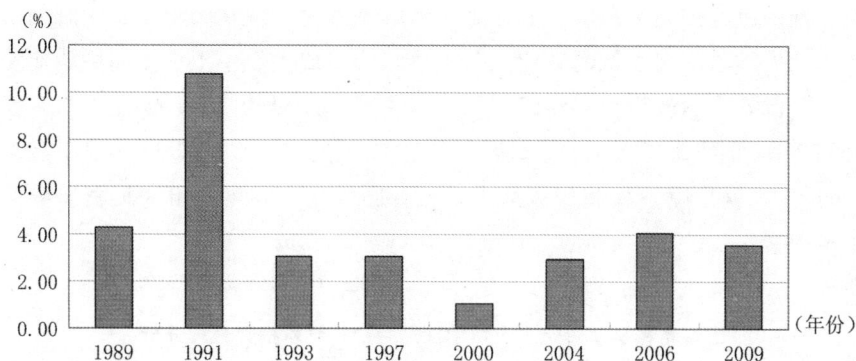

图3—6　基于泰尔指数不同同生群组间不平等变动情况

3%—4%左右，组内部不平等解释了绝大多数平等的原因。那么各个年龄组内不平等中大学学位的贡献如何？即大学教育溢价在同生群中如何变化？这种变动随时间趋势如何演变？为此，我们将工资不平等从年龄组到大学学位进行两阶段分解，结果如表3—10所示。

首先从纵向看，1989年以及90年代早期，具有大学学位并不具有工资优势，甚至大多数出生群出现"脑体倒挂"现象，那个时候的知识不值钱，从事脑力劳动的知识分子的收入曾经远远低于从事体力劳动的贩夫走卒。1989年除了20—25岁出生群大学工资略高于高中学位的平均工资以外，其余出生群的大学工资均低于高中学位的平均工资。1991年、1993年、1997年情况稍好，年龄稍大的出生群呈现出少许的大学溢价，这可能与当时一系列国有企业工资以及公务员工资改革有关，但总体而言大学溢价效应不明显，拥有大学学位并没有明显的工资优势，年龄或者理解成工作经验对工资起着重要的作用。但在21世纪以后，大学学位工资表现出明显的优势，特别是32—49岁中间年龄组。对于32—37岁年龄组而言，2000年大学学位劳动力平均工资高出高中学位171.5元，2004年增加到536元，2006年增加到592元，2009年稍有下降，为372.1元；38—43岁以及44—49岁年龄组都呈现了大学溢价逐年增长的趋势。同时，我们发现了一个奇怪的现象，在其他同生群大学溢价逐年增长的同时，最年轻的同生群近些年来大学教育溢价为负。难道上了大学比没上大学的工资还低？高等教育迅猛扩张，导致供给增多，致使大学溢价下降，但数据的统计描述为负值,实在令人费解,不过,现在大学生就业难的事实以及大学生眼高手低的就业状态也可能会造成大学生工资比高中毕业生的工资低。大学教育在年龄组内部工资差异的贡献由 2000 年的 0.71% 跃升到 2004 年的 5.8%,进一步跃升到 2006 年的 15.1%,2009 年又下降到4.6%。也就是说,21 世纪以来大学教育同样是不同年龄组内工资差异的重要因素。

表 3—10　　工资结构从年龄组到大学学位的两阶段泰尔指数分解分析

		1989	1991	1993	1997	2000	2004	2006	2009
20—25	大学	74.9	84.8	116.1	335.3	597.9	837.6	1015.5	1424.6
	高中	73.6	84.6	136.1	392.4	596.9	715.6	1196.5	1549.6
	大学溢价	1.3	0.1	−20.0	−57.0	1.0	122.0	−181.0	−125.0
26—31	大学	87.0	93.2	133.5	376.6	656.2	1003.2	1207.5	2071.1
	高中	103.4	109.4	149.5	387.9	665.2	819.4	975.8	1659.3
	大学溢价	−16.3	−16.3	−16.0	−11.3	−9.0	183.8	231.7	411.8
32—37	大学	90.4	114.0	176.7	461.5	841.0	1403.2	1584.4	1986.0
	高中	120.6	114.1	176.5	445.7	669.5	867.1	992.4	1613.8
	大学溢价	−30.2	−0.1	0.2	15.8	171.5	536.1	592.0	372.1
38—43	大学	102.2	122.9	161.2	479.6	736.6	1116.7	1260.8	2900
	高中	103.9	117.2	173.8	455.2	682.3	995.5	1111.0	2138.7
	大学溢价	−1.7	5.7	−12.5	24.4	54.3	121.2	149.8	761.5
44—49	大学	99.7	140.9	151.2	533.1	744.1	1256.8	2701.8	2921.0
	高中	99.7	128.7	195.6	426.5	604.8	788.0	1072.5	1699.3
	大学溢价	0.1	12.2	−44.4	106.6	139.4	468.8	1629.3	1221.7
50—55	大学	122.9	153.7	310.0	514.1	698.0	1263.6	2781.6	3389.5
	高中	151.2	137.6	176.4	548.2	815.9	1043.5	1491.3	1804.3
	大学溢价	−28.3	16.1	133.6	−34.1	−117.9	220.1	1290.3	1585.2
大学学位的贡献(%)		0.62	0.72	1.24	0.6	0.71	5.8	15.1	4.6

4. 中国工资结构中的职业差异

英国古典经济学家亚当·斯密(Adam Smith)以及大卫·李嘉图

（David Ricardo）的工资差别理论认为，不同的职业由于劳动者的心理感受、难易程度、风险、承担的责任以及使劳动力获得成功的可能性不同，理应产生职业工资差异。然而，合理的职业工资收入差距将有利于激励劳动者提高劳动效率，不合理的差距则会激化社会矛盾。那么中国不同职业间工资差异如何？大学学位在不同职业工资差异中的贡献如何？表3—11、3—12分别基于泰尔指数测算了历年不同职业内以及职业间的工资结构指数并将工资结构从职业再到学位进行两阶段分解，以解析大学教育对职业工资差异的贡献。

CHNS数据提供了被访问者主要职业的详细信息，但部分职业样本较少。为了结果的可信性，在此将这些职业个体剔除，最终职业样本包括高级专业技术工作者（医生、教授、律师、建筑师、工程师等）、一般专业技术工作者（助产士、护士、教师、编辑、摄影师等）、管理者/行政官员/经理（厂长、政府官员、处长、司局长、行政干部及村干部等）、办公室一般工作人员（秘书、办事员）、技术工人或熟练工人（工段长、班组长、工艺工人等）、非技术工人或熟练工人（普通工人、伐木工等）、服务行业人员7种职业，各种职业平均工资演变以及基于泰尔指数测算的不平等指数及其分解在表3—11中列出。

由表3—11我们可以得出以下结论：首先，由第二列，不同职业工资差异较大，而且有逐渐增长的趋势。历年高级专业技术工作者、管理者/行政官员/经理都是高收入的职业，而服务行业人员、非技术工人或熟练工人历年是最低收入职业，最高收入与最低收入职业间的差距呈现逐渐扩大的趋势。1989年最高收入的管理者/行政官员/经理平均工资为133.49元，最低服务行业人员工资为87.40元，二者的比值为1.5。这个比值到了90年代略有下降为1.12倍。但从2000年开始逐年递增，到2009年管理者/行政官员/经理的平均工资为2544.80元，而服务员行业人员的平均工资为1277.68元，这两个职业平均工资相差近两倍。各个职业工资尽管都在逐年增长，但增长的速度不同，大致呈现出越高工资的职业增速越快的现象，这样势必造成不同职业间工资收入差距逐渐扩大的局面。表3—12最后一列基于泰尔指数分解结果显示，职业间的不平等在解释总的工资不平等中的贡献越来越大，从90年代的2%—3%持续上升到2004年的6%，到2009年一跃上升到11%。

表 3—11　　　　　　　中国工资结构中的职业差异

年份 职业	1989			1991		
	工资	GE	人数	工资	GE	人数
高级专业技术工作者	115.17	0.20	154	121.83	0.05	134
一般专业技术工作者	83.76	0.08	189	103.98	0.06	180
管理者/行政官员/经理	133.48	0.55	106	121.72	0.06	148
办公室一般工作人员	100.87	0.48	142	101.48	0.05	132
技术工人或熟练工人	89.89	0.12	149	107.19	0.11	185
非技术工人或熟练工人	103.84	0.54	169	100.84	0.10	133
服务行业人员	87.40	0.17	80	83.52	0.04	61

年份 职业	1993			1997		
	工资	GE	人数	工资	GE	人数
高级专业技术工作者	158.35	0.14	132	471.04	0.16	135
一般专业技术工作者	130.17	0.11	139	397.06	0.13	177
管理者/行政官员/经理	169.82	0.10	148	470.19	0.11	180
办公室一般工作人员	148.86	0.16	127	386.22	0.10	205
技术工人或熟练工人	159.24	0.13	138	451.19	0.19	163
非技术工人或熟练工人	156.97	0.15	139	394.90	0.12	145
服务行业人员	137.18	0.11	72	419.99	0.12	81

年份 职业	2000			2004		
	工资	GE	人数	工资	GE	人数
高级专业技术工作者	706.36	0.17	195	1149.03	0.13	181
一般专业技术工作者	724.08	0.31	216	982.18	0.18	160
管理者/行政官员/经理	739.97	0.26	190	1082.18	0.19	166
办公室一般工作人员	620.18	0.25	224	935.81	0.15	170
技术工人或熟练工人	666.74	0.30	176	820.81	0.16	124
非技术工人或熟练工人	542.33	0.21	128	708.44	0.10	105
服务行业人员	564.37	0.22	101	786.90	0.26	84

年份 职业	2006			2009		
	工资	GE	人数	工资	GE	人数
高级专业技术工作者	1578.73	0.28	184	2537.37	0.23	203
一般专业技术工作者	1234.74	0.23	179	1809.99	0.09	178
管理者/行政官员/经理	1563.15	0.41	143	2544.80	0.48	154
办公室一般工作人员	1105.56	0.15	218	1826.94	0.24	214
技术工人或熟练工人	1425.08	0.55	126	1548.17	0.11	120
非技术工人或熟练工人	1042.17	0.45	105	1467.17	0.31	98
服务行业人员	904.94	0.20	107	1277.68	0.26	125

表 3—12 基于泰尔指数不同职业内工资不平等中大学学位的贡献测度

		1989	1991	1993	1997	2000	2004	2006	2009
高级专业技术者	大学	106.5	129.2	172.4	587.02	818.9	1189.97	2033.41	2933.93
	高中	124.0	113.02	148.6	404.97	607.8	1124.40	1272.85	2136.88
	大学溢价	-17.52	16.18	23.82	182.06	211.16	65.57	760.55	797.05
一般专业技术者	大学	84.19	110.67	138.9	371.33	847.3	1316.0	1389.96	2120.27
	高中	83.66	101.8	128.6	402.31	676.6	867.15	1112.11	1604.11
	大学溢价	0.53	8.79	10.29	-30.98	170.6	448.90	277.85	516.16
管理者/行政官员/经理	大学	92.77	116.74	168.5	486.55	651.8	1153.55	1785.45	2579.32
	高中	145.4	122.8	170.11	467.92	783.7	1045.8	1402.46	2522.77
	大学溢价	-52.63	-6.09	-1.55	18.63	-131.8	107.71	382.99	56.55
办公室一般工作人员	大学	85.21	89.62	158.4	364.75	582.4	1038.6	1183.48	1968.06
	高中	102.5	102.8	148.1	391.42	632.4	901.01	1059.48	1755.38
	大学溢价	-17.37	-13.16	10.32	-26.67	-50.06	137.60	124.00	212.67
		1989	1991	1993	1997	2000	2004	2006	2009
技术或熟练工人	大学	120.1	86.29	——	264.88	834.7	1050.9	4550.00	1400.00
	高中	88.84	108.0	—	460.81	648.8	798.42	1096.14	1566.17
	大学溢价	31.24	-21.73	—	-195.93	185.9	252.49	3453.86	-166.17
非技术或熟练工	大学	69.60	—	272.5	—	567.5	—	5040.00	1375.00
	高中	104.5	—	153.5	—	541.5	—	842.28	1470.96
	大学溢价	-34.86	—	118.96	—	25.98	—	4197.72	-95.96
服务行业人员	大学		—	—	675.00	4463	1200.0	1078.75	1466.67
	高中	87.4			406.74	574.5	731.08	874.38	1257.61
	大学溢价	-87.40			268.26	-128.3	468.92	204.37	209.06
大学学位在职业内部工资不平等中的贡献（%）		1.43	2.08	0.63	4.25	2.07	2.36	14.99	10.94

另外，从各个职业的泰尔指数测算结果可见，职业内部不平等差异较大，而且随时间变动趋势不同。1989 年不平等指数最高的是管理者/行政官员/经理职业，泰尔指数达 0.55；办公室一般工作人员、非技术职业次之，也接近 50%；一般专业技术人员最低仅为 0.08。90 年代初期各个职业不平等指数都在下降，不平等排序也发生了改变，服务行业人员不平等

最低，办公室一般工作人员以及专业技术职业不平等仍然很高，管理、行政官员经理职业的不平等下降很大。1997 年绝大多数职业的不平等开始呈现上升趋势，上升最为明显的是管理者/行政官员/经理职业，办公室一般工作人员和服务行业人员次之，而技术、熟练工人职业以及非技术职业在上升后又出现近期下降的趋势。

总之，各个职业内部不平等指数差异较大，而且并未呈现出明显的规律性。随着时间的推移，大多数职业内不平等加剧，管理、行政官员、经理职业历年不平等指数较高，并且有进一步扩大的趋势。

从表 3—12 结果可见：不仅各个职业内大学溢价存在很大差异，在不同时期大学溢价变动趋势也不同。高级专业技术工作人员（包括律师、医生、教授、建筑师、工程师等）以及一般专业技术工作者（包括助产士、护士、教师、编辑、摄影师等）大学学位劳动力比重相对较大，大学溢价效应明显，而且逐年递增。管理者、行政官员、经理（厂长、政府官员、处长、司局长、行政干部及村干部等）、办公室一般工作人员、服务行业人员在 80 年代后期以及 90 年代大学学位的比重很低，而且大学工资不但没有优势，反而经常低于高中学位的工资。但在 2000 年以后，随着劳动力市场的发展，效率工资制度的完善，大学学位劳动力具有明显的工资优势，但管理者、行政官员、经理尽管平均工资很高，但大学溢价效应并不明显。技术工人或熟练工人（工段长、班组长、工艺工人等）、非技术工人或熟练工人（普通工人、伐木工等）绝大多数年份没有大学工资溢价，即使是在近些年来高等教育扩招致使职业中大学学位比重加大的年份，情况也是如此。究其原因，这些职业更注重实际操作技能、工作经验，而只具有中等学位特别是职业教育学位的劳动者，他们不仅具有理论和管理方面的综合素质，而且实际动手操作能力更强。相对于大学毕业生，他们具有丰富的实际操作经验。另外，由于这些职业大多在室外进行，工作环境较差而且具有一定的危险性，因而高工资可能由于补偿了较差的工作环境和岗位的高风险。

从大学溢价的时序趋势来看，在 80 年代以及 90 年代早期，即使对于那些知识密集型高级技术行业而言大学溢价也不明显，这应该与当时的劳动力市场与工资决定机制有关。21 世纪以后，随着劳动力市场的完善以及效率工资体制的实行，劳动者工资更加真实地体现了其生产能力和边际产量价值，大学工资优势明显。大学学位在职业内工资差异的贡献近些年来居高不下，具体而言，1997 年大学学位解释了职业内工资差异的 4.25%，21 世纪初比较平稳，2006 年大学学位在职业内工资差异中的贡献创历史新高，高达 15%，2009 年稍稍下降到 11% 左右。不难看出，大学教育在职业内工资差异中起到了重要作用。

5. 国有部门内部工资差异测度与分解

我们本应探讨不同所有制部门工资差异的演变情况，但由于 CHNS 数据中所提供的小集体（如乡镇所属）、大集体（县、市、省所属）、家庭联产承包农业、私营、个体企业、三资企业（属于外商、华侨和合资）等所有制的样本数据较少，私营、个体以及三资企业数据 2004 年以后才逐渐增多，因而，为了数据的可比性以及结果的可靠性，我们将这些所有制类型的样本删除，只剩下政府机关、国有事业单位和研究所、国有企业三个国有部门的样本。我们在此只考察国有部门内部工资结构的演变情况。表 3—13 分别测算了不同国有部门工资结构以及部门内部、部门间的工资结构，我们将国有部门工资差异按部门和大学学位进行二阶段分解，以解析大学教育在部门工资差异中的贡献变动（见表 3—14）。

表 3—13　　　　　　　　国有部门内部工资差异的比较和分解

	工资			工资不平等			基于泰尔指数分解		
	总 GE	政府	国有事业研究所	国企	政府	国有事业研究所	国企	组间	组内
1989	100.19	107.80	92.51	0.30	0.18	0.50	0.00076	0.31	0.31
1991	106.03	128.45	96.23	0.06	0.15	0.06	0.002715	0.07	0.08
1993	145.08	181.41	167.12	0.11	0.14	0.34	0.003551	0.15	0.16
1997	397.86	451.07	436.19	0.10	0.15	0.10	0.001053	0.10	0.11
2000	655.56	750.94	575.68	0.23	0.39	0.19	0.0018	0.24	0.24
2004	957.56	1089.33	835.09	0.12	0.15	0.13	0.006628	0.14	0.15
2006	1377.70	1305.59	1318.30	0.28	0.28	0.46	0.000185	0.27	0.27
2009	2089.56	2121.65	1614.97	0.28	0.18	0.10	0.005305	0.19	0.19

从表 3—13 中我们观察到：国有企业内部不同单位类型工资差异较

大，历年国有事业研究所工资最高，其次是政府部门的公务员，最低的是
国企，差距最大的年份，国有事业单位要高出国企平均工资的 30% 多，
政府部门高出的比例也接近 30%，而且这种差距并未呈现减小的趋势。
国有部门内部工资不平等指数一直较高，而且各种不同类型单位内部不平
等状况不同，工资最高的国有事业单位绝大多数年份不平等现象也最高。
国企尽管工资相对较低，但不平等指数也较高。相比而言，政府内部的不
平等指数较低。将国有部门工资不平等按单位类型分解结果显示，单位内
部不平等解释了绝大多数的国有部门的不平等，但不同类型单位之间不平
等的贡献呈上升趋势。既然国有部门内部不平等解释了工资不平等的绝大
多数，那么在不同单位内部是否拥有大学学位是工资不平等的主要影响因
素？大学学位在解释单位内部工资不平等的贡献有多大？表 3—14 描述了
各个不同国有单位内部大学溢价的变动情况以及基于泰尔指数测算的大学
学位在工资不平等中的贡献。

表 3—14　工资机构基于泰尔指数从部门到大学学位的两阶段分解分析

		1991	1997	2000	2004	2006	2009
政府	大学	129.2	587.02	818.9	1189.97	2033.41	2933.93
	高中	113.02	404.97	607.8	1124.40	1272.85	2136.88
	大学溢价	16.18	182.06	211.16	65.57	760.55	797.05
国有事业单位研究所	大学	110.67	371.33	847.3	1316.0	1389.96	2120.27
	高中	101.8	402.31	676.6	867.15	1112.11	1604.11
	大学溢价	8.79	-30.98	170.6	448.90	277.85	516.16
国有企业	大学	116.74	486.55	651.8	1153.55	1785.45	2579.32
	高中	122.8	467.92	783.7	1045.8	1402.46	2522.77
	大学溢价	-6.09	18.63	-131.8	107.71	382.99	56.55
大学学位在国有部门内部工资不平等中的贡献（%）		1.93	0.70	0.97	6.09	7.97	8.05

　　注：1989 年以及 1993 年 CHNS 调查数据中国有企业以及国有事业单位从业人员中没有大学
学位的，因而我们没有讨论这两年国有部门内部大学溢价情况。

　　从表 3—14 可见，政府机关从业人员中历年存在明显的正向大学溢

价，相对于其他国有单位溢价的绝对效应和相对效应都大，但各年溢价幅度不同，90 年代早期的溢价幅度较低，1991 年大学学位劳动力平均工资比高中学位劳动力平均工资高出 16.18 元，相对于高中学位工资，大学学位高出 14.3%；1997 年大学溢价绝对值增加到 182.06 元，大学工资高出高中工资 44% 多；到了 2006 年，大学工资平均高出高中工资 760.55 元，高出幅度增长到 60%。相对于政府机关，国有事业部门研究所大学溢价相对较小，特别在 90 年代大学溢价很弱，而且 1997 年竟存在负的溢价效应。但 2000 年以后大学溢价逐渐增强，2000 年平均大学工资高出平均高中工资 170.6 元，相对高出 25%；2004 年平均大学工资高出平均高中工资 449 元，相对高出 52%；2006 年、2009 年尽管大学溢价相对于 2004 年有所降低，但大致稳定在 30% 左右。相对于国有事业以及政府机关，国有企业大学工资溢价最小，溢价最高年份为 2006 年，平均大学工资只高出平均高中工资 382.99 元，相对高出 27%；2004 年大学工资平均高出高中工资 108 元，相对溢价 10%；其余年份包括 90 年代以及 2009 年大学溢价甚微，相对溢价仅仅 2% 左右，1991 年、2000 年甚至出现负的大学溢价现象。即国有部门之间大学溢价随时间呈现出不同的变动规律，溢价大小以及方向有一定的差异。从最后一行基于泰尔指数关于国有部门和学位两阶段分解结果可见，21 世纪以来大学学位在解释国有部门内部工资不平等中的贡献逐渐增强，从 2000 年的不到 1%，2004 年一跃上升到 6.09%，2006 年继续增长到 7.97%，一直增长到 2009 年的 8.05%。由此看来，近些年来学位差异是国有部门工资差的主要影响因素之一。伴随着中国高等教育的大幅扩招，从业人员中大学学位比重的增大，国有部门工资差异将逐渐减小。

6. 中国工资结构学位差异分析

大学教育是一种重要的人力资本投资，直接影响到劳动生产率。伴随着中国劳动力市场化的完善，劳动者生产效率之间的差异将表现为工资的差异，因而是否拥有大学学位将成为工资收入差异的重要影响因素。美国经济学家舒尔茨对教育投资与收入分配关系的研究认为：教育在缩小个体收入差距方面起了重要的作用，因为通过教育可以提高人的知识和技能，从而增加个人收入，使个人工资和薪金结构发生变化。提高教育能够提高个体获得更高收入的能力。全体劳动者受教育水平的提高会减少因教育水平差异而产生的工资收入差异，因而会减少收入分配的不平衡状态；教育是缓解、降低贫困的有效手段。由于教育具有比物质资本更高的收益率，可以使贫困家庭的子女通过个体的努力而获得市场回报，以改善收入状况。伴随着中国市场化的深入，竞争机制的完善，教育作为最重要的决定收入分配的因素，正逐步取代权力和特权因素，成为调节收入分配不均的重要手段之一。

　　从以上几个方面的分析我们可以看到：中国个体工资在地区间、性别间、年龄组间、职业间、不同单位类型间存在不同程度的差异，而大学学位又是各个不同组内工资差异的重要影响因素。那么抛开地区、性别、经验、职业以及工作单位类型，大学教育在中国总的工资差异中的贡献有多大？在中国高等教育迅速发展的当代，从业人员中具有大学学位人员的比例逐渐提高，更多的人接受大学教育将对中国个体工资不平等产生怎样的影响？关于教育扩张与工资收入差异问题的研究已经受到国内外学者的广泛关注。格雷戈里奥和李（Gregorio, J. D. & Lee, J. W., 2002）研究证明了教育分配的均等化有助于降低收入不平等，帕克（Park, K. H., 1996）证明了教育扩张降低了工资不平等，赛尔维斯特（Sylwester, K., 2002）研究表明教育规模扩张未能改善工资不平等。中国学者赖德胜（1997）研究认为，二者呈现倒"U"形关系。即工资不平等随着教育扩张先上升后下降，同时也有大量学者针对中国数据表明，中国的工资不平等与教育扩张之间不存在倒"U"形关系。白雪梅（2004），杜鹏（2005），杨俊、黄潇、李晓羽（2009），孙百才（2005）等的研究也得出了同样的结论。

　　上述研究大多使用中国宏观数据，针对的是全体劳动力分析二者之间的关系，笔者认为，中国已基本普及了初等教育，教育扩张主要体现在高等教育扩张，个体接受高等教育与否对其工资的影响应该与那些未接受高等教育的但具有高中学位的个体相比较。因而，我们选择了中国个体微观工资数据，只研究具有高中以上学位的个体间工资的差异，以期准确识别出大学学位在解释具有高中以上学历的劳动力工资不平等中的作用，进而验证中国高等教育扩张与工资不平等之间的真实关系。表3—15列出了基于 CHNS 数据 1989—2009 年具有高中以上学历的劳动力中按学位分组，即大学学位组和高中学位组的工资、各自内部工资不平等以及之间的不平等。

表 3—15　　　　　　　中国工资结构中的学位差异及其分解分析

	大学人数	高中人数	大学GE	高中GE	学位间	学位内	大学工资	高中工资	学位间贡献（%）	学位内贡献（%）
1989	158	872	0.05	0.14	$6.13E-05$	0.12	94.46	91.62	0.05	99.95
1991	157	834	0.05	0.08	0.000355	0.07	114.77	106.82	0.49	99.51
1993	104	807	0.10	0.14	$9.53E-08$	0.14	155.50	155.71	0.00	100.00
1997	174	931	0.11	0.11	0.000505	0.11	444.07	407.64	0.46	99.54
2000	292	980	0.12	0.12	0.001028	0.12	641.71	577.27	0.87	99.13
2004	237	800	0.09	0.11	0.007217	0.10	1101.65	838.30	6.60	93.40
2006	326	770	0.09	0.12	0.007941	0.11	1326.18	1015.37	6.72	93.28
2009	340	783	0.11	0.16	0.008973	0.14	2109.58	1590.98	5.83	94.17

由表 3—15 数据我们可以看到：首先，从业人员中大学生比例逐年增长，从 1989 年 15.3% 平稳上升到 2009 年 30.3%，但 1993 年相比往年有所下降，所对应的大学生工资也低于高中生工资，这种情况可能是因 1989 年"政治风波"所致。1989 年入学的大学生大多数于 1993 年毕业，政治因素是当时就业选择以及工资决定的重要影响因素，这导致了 1993 年大学生从业人员比例下降以及大学生平均工资下降。除了 1993 年以外的其他年份，大学从业人员比例呈递增趋势，尽管所对应的大学生工资明显高于高中生工资，然而二者都呈现了迅速上涨的趋势。大学工资与高中工资比由 1997 年的 1.08 倍增长到 2009 年的 1.33 倍，但二者的增长幅度不同。2004 年以前，大学生工资增长率历年高于高中生工资的增长率。在 2004 年以后，出现了转折，高中生工资的增长率高于大学生工资的年均增长率。按可比价格计算，2004 年以前大学生月工资年均增长率为 12.65%，高中生月工资年均增长率为 10.84%，大学生工资年均增长率平均高出高中生 1.8 个百分点。此时工资不平等与高等教育扩展规模呈现同方向变化趋势，但 2006 年以后出现逆转，高中生工资的增长率高于大

学生工资的增长率。中国高等教育扩张发生在 1999 年，最新一批扩张后的大学生在 2003 年进入劳动力市场，因而，随着中国高等教育的扩招，大学生群体的工资出现先增幅加快，然后增幅减缓的态势，说明高等教育扩张带来了一定程度上的中国工资结构的变化。

其次，由表 3—15 的第三、四列可见，两组内部工资不平等都在平稳上涨，相对于大学生组，高中组工资不平等指数更高，上涨的态势更明显。由第九、十列可见，学位内部差异解释了总的工资不平等的绝大多数，但学位间差异近些年来解释了越来越多的工资不平等。2004 年、2006 年，学位间差异解释了总差异的 6.7% 左右，2009 年有所下降，为5.83%。图 3—7 更清晰地显示了大学学位在高中以上学位劳动力工资不平等中的贡献变动。2004 年以来大学学位的贡献一直居高不下，成为解释工资差异的重要因素之一。

总之，伴随着中国高等教育的持续扩张，调查数据初步显示，大学学位在工资结构中起到了重要作用，但随着高中组工资增长率的加快，这种差距将缩小。

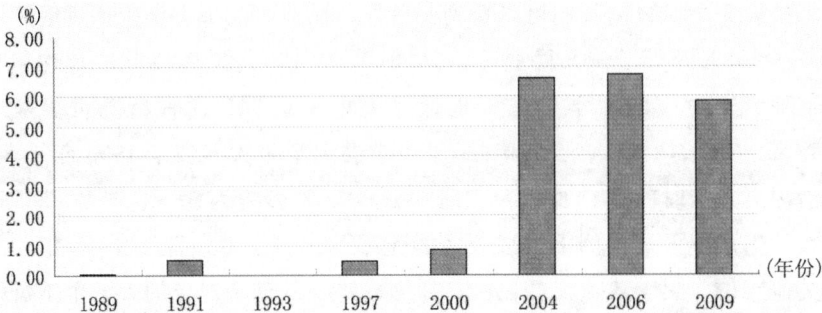

图 3—7　基于泰尔指数大学学位在工资不平等中的贡献变动

为了控制其他可观测因素对工资差距的影响，更准确地测度大学学位在中国总的工资差异中的贡献，我们基于 CHNS 2009 年的数据，利用泰尔指数实施了从地区—性别—年龄组—学位多阶段分解。由于工作单位类型以及部分职业数据不全，有些单位类型、职业数据很少甚至没有，我们在此没有分离单位类型以及职业对工资差异的贡献。分解公式如式（3.13）所示，分解结果如图 3—8 所示：

$$GE(1) = \frac{1}{n}\sum_{i=1}^{n}\left(\frac{y_i}{\bar{Y}}\right)\ln\left(\frac{y_i}{\bar{Y}}\right)$$

$$= \sum_{k=1}^{3}\frac{n_k}{n}\frac{\bar{Y}_k}{\bar{Y}}\left[\frac{1}{n_k}\sum_{k=1}^{n_k}\frac{y_i}{\bar{Y}_k}\ln\frac{y_i}{\bar{Y}_k}\right] + \sum_{k=1}^{3}\frac{n_k}{n}\frac{\bar{Y}_k}{\bar{Y}}\ln\frac{\bar{Y}_k}{\bar{Y}}$$

$$= \sum_{k=1}^{3}\frac{n_k}{n}\frac{\bar{Y}_k}{\bar{Y}}\left\{\sum_{j=1}^{2}\frac{n_{kj}}{n_k}\frac{\bar{Y}_{kj}}{\bar{Y}_k}\left[\frac{1}{n_{kj}}\sum_{i=1}^{n_{kj}}\frac{y_i}{\bar{Y}_{kj}}\ln\frac{y_i}{\bar{Y}_{kj}}\right] + \sum_{j=1}^{2}\frac{n_{kj}}{n_k}\frac{\bar{Y}_{kj}}{\bar{Y}_k}\ln\frac{\bar{Y}_{kj}}{\bar{Y}_k}\right\} +$$

$$\sum_{k=1}^{3}\frac{n_k}{n}\frac{\bar{Y}_k}{\bar{Y}}\ln\frac{\bar{Y}_k}{\bar{Y}}$$

$$= \sum_{k=1}^{3}\frac{n_k}{n}\frac{\bar{Y}_k}{\bar{Y}}\left(\sum_{j=1}^{2}\frac{n_{kj}}{n_k}\frac{\bar{Y}_{kj}}{\bar{Y}_k}\left[\frac{1}{n_{kj}}\sum_{i=1}^{n_{kj}}\frac{y_i}{\bar{Y}_{kj}}\ln\frac{y_i}{\bar{Y}_{kj}}\right]\right) +$$

$$\sum_{k=1}^{3}\frac{n_k}{n}\frac{\bar{Y}_k}{\bar{Y}}\left(\sum_{j=1}^{2}\frac{n_{kj}}{n_k}\frac{\bar{Y}_{kj}}{\bar{Y}_k}\ln\frac{\bar{Y}_{kj}}{\bar{Y}_k}\right) + \sum_{k=1}^{3}\frac{n_k}{n}\frac{\bar{Y}_k}{\bar{Y}}\ln\frac{\bar{Y}_k}{\bar{Y}}$$

$$= \sum_{k=1}^{3}\frac{n_k}{n}\frac{\bar{Y}_k}{\bar{Y}}\left(\sum_{j=1}^{2}\frac{n_{kj}}{n_k}\frac{\bar{Y}_{kj}}{\bar{Y}_k}\left\{\sum_{p=1}^{6}\frac{n_{kjp}}{n_{kj}}\frac{\bar{Y}_{kjp}}{\bar{Y}_{kj}}\left[\frac{1}{n_{kjp}}\sum_{i=1}^{n_{kjp}}\frac{y_i}{\bar{Y}_{kjp}}\ln\frac{y_i}{\bar{Y}_{kjp}}\right] +\right.\right.$$

$$\left.\left.\sum_{p=1}^{6}\frac{n_{kjp}}{n_{kj}}\frac{\bar{Y}_{kjp}}{\bar{Y}_{kj}}\ln\frac{\bar{Y}_{kjp}}{\bar{Y}_{kj}}\right\}\right) + \sum_{k=1}^{3}\frac{n_k}{n}\frac{\bar{Y}_k}{\bar{Y}}\left(\sum_{j=1}^{2}\frac{n_{kj}}{n_k}\frac{\bar{Y}_{kj}}{\bar{Y}_k}\ln\frac{\bar{Y}_{kj}}{\bar{Y}_k}\right) +$$

$$\sum_{k=1}^{3}\frac{n_k}{n}\frac{\bar{Y}_k}{\bar{Y}}\ln\frac{\bar{Y}_k}{\bar{Y}}$$

$$= \sum_{k=1}^{3}\frac{n_k}{n}\frac{\bar{Y}_k}{\bar{Y}}\sum_{j=1}^{2}\frac{n_{kj}}{n_k}\frac{\bar{Y}_{kj}}{\bar{Y}_k}\left\{\sum_{p=1}^{6}\frac{n_{kjp}}{n_{kj}}\frac{\bar{Y}_{kjp}}{\bar{Y}_{kj}}\left[\frac{1}{n_{kjp}}\sum_{i=1}^{n_{kjp}}\frac{y_i}{\bar{Y}_{kjp}}\ln\frac{y_i}{\bar{Y}_{kjp}}\right] +\right.$$

$$\left.\sum_{k=1}^{3}\frac{n_k}{n}\frac{\bar{Y}_k}{\bar{Y}}\sum_{j=1}^{2}\frac{n_{kj}}{n_k}\frac{\bar{Y}_{kj}}{\bar{Y}_k}\sum_{p=1}^{6}\frac{n_{kjp}}{n_{kj}}\frac{\bar{Y}_{kjp}}{\bar{Y}_{kj}}\ln\frac{\bar{Y}_{kjp}}{\bar{Y}_{kj}}\right\}\right) +$$

$$\sum_{k=1}^{3}\frac{n_k}{n}\frac{\bar{Y}_k}{\bar{Y}}\left(\sum_{j=1}^{2}\frac{n_{kj}}{n_k}\frac{\bar{Y}_{kj}}{\bar{Y}_k}\ln\frac{\bar{Y}_{kj}}{\bar{Y}_k}\right) + \sum_{k=1}^{3}\frac{n_k}{n}\frac{\bar{Y}_k}{\bar{Y}}\ln\frac{\bar{Y}_k}{\bar{Y}}$$

$$= \sum_{k=1}^{3}\frac{n_k}{n}\frac{\bar{Y}_k}{\bar{Y}}\sum_{j=1}^{2}\frac{n_{kj}}{n_k}\frac{\bar{Y}_{kj}}{\bar{Y}_k}\left\{\sum_{p=1}^{6}\frac{n_{kjp}}{n_{kj}}\frac{\bar{Y}_{kjp}}{\bar{Y}_{kj}}\sum_{q=1}^{2}\frac{n_{kjpq}}{n_{kjp}}\frac{\bar{Y}_{kjpq}}{\bar{Y}_{kjp}}\left[\frac{1}{n_{kjpq}}\sum_{i=1}^{n_{kjpq}}\frac{y_i}{\bar{Y}_{kjpq}}\ln\frac{y_i}{\bar{Y}_{kjpq}}\right] +\right.$$

$$\sum_{k=1}^{3}\frac{n_k}{n}\frac{\bar{Y}_k}{\bar{Y}}\sum_{j=1}^{2}\frac{n_{kj}}{n_k}\frac{\bar{Y}_{kj}}{\bar{Y}_k}\sum_{p=1}^{6}\frac{n_{kjp}}{n_{kj}}\frac{\bar{Y}_{kjp}}{\bar{Y}_{kj}}\sum_{q=1}^{2}\frac{n_{kjpq}}{n_{kjp}}\frac{\bar{Y}_{kjpq}}{\bar{Y}_{kjp}}\ln\frac{\bar{Y}_{kjpq}}{\bar{Y}_{kjp}} +$$

$$\sum_{k=1}^{3} \frac{n_k}{n} \frac{\bar{Y}_k}{\bar{Y}} \sum_{j=1}^{2} \frac{n_{kj}}{n_k} \frac{\bar{Y}_{kj}}{\bar{Y}_k} \sum_{p=1}^{6} \frac{n_{kjp}}{n_{kj}} \frac{\bar{Y}_{kjp}}{\bar{Y}_{kj}} \ln \frac{\bar{Y}_{kjp}}{\bar{Y}_{kj}} \}) +$$

$$\sum_{k=1}^{3} \frac{n_k}{n} \frac{\bar{Y}_k}{\bar{Y}} (\sum_{j=1}^{2} \frac{n_{kj}}{n_k} \frac{\bar{Y}_{kj}}{\bar{Y}_k} \ln \frac{\bar{Y}_{kj}}{\bar{Y}_k}) + \sum_{k=1}^{3} \frac{n_k}{n} \frac{\bar{Y}_k}{\bar{Y}} \ln \frac{\bar{Y}_k}{\bar{Y}} \qquad (3.13)$$

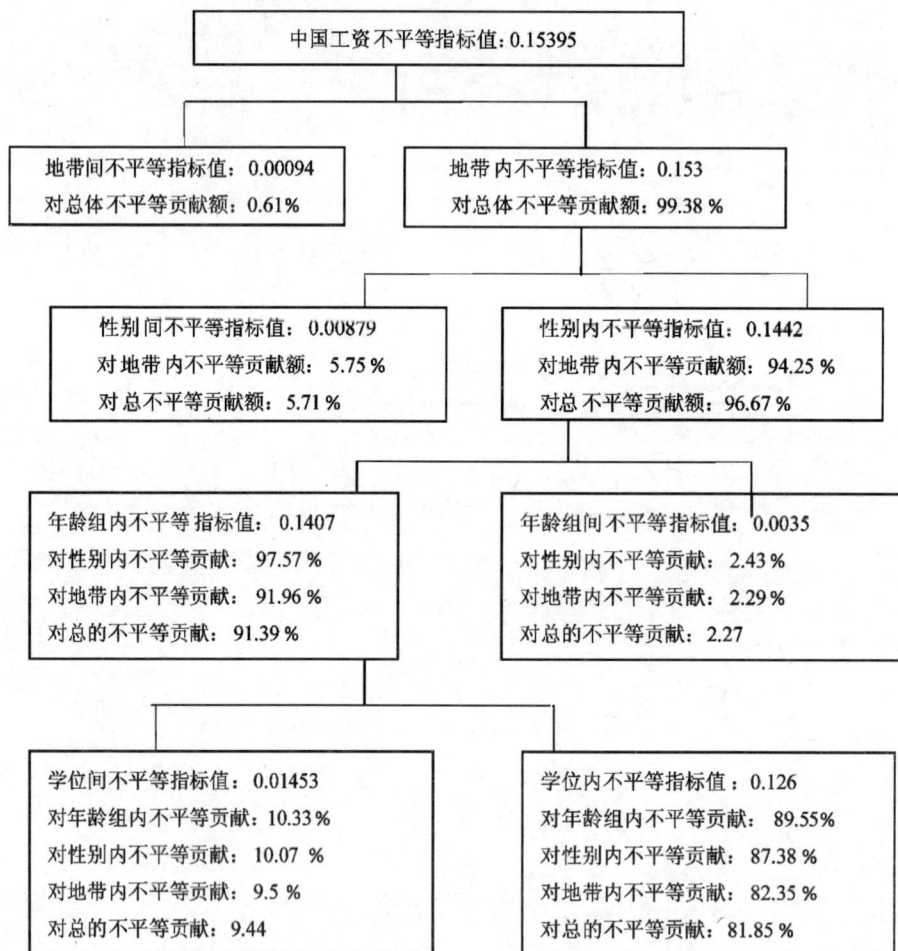

中国工资不平等指标值：0.15395

地带间不平等指标值：0.00094	地带内不平等指标值：0.153
对总体不平等贡献额：0.61%	对总体不平等贡献额：99.38%

性别间不平等指标值：0.00879	性别内不平等指标值：0.1442
对地带内不平等贡献额：5.75%	对地带内不平等贡献额：94.25%
对总不平等贡献额：5.71%	对总不平等贡献额：96.67%

年龄组内不平等指标值：0.1407	年龄组间不平等指标值：0.0035
对性别内不平等贡献：97.57%	对性别内不平等贡献：2.43%
对地带内不平等贡献：91.96%	对地带内不平等贡献：2.29%
对总的不平等贡献：91.39%	对总的不平等贡献：2.27

学位间不平等指标值：0.01453	学位内不平等指标值：0.126
对年龄组内不平等贡献：10.33%	对年龄组内不平等贡献：89.55%
对性别内不平等贡献：10.07%	对性别内不平等贡献：87.38%
对地带内不平等贡献：9.5%	对地带内不平等贡献：82.35%
对总的不平等贡献：9.44	对总的不平等贡献：81.85%

图 3—8　中国个体工资差异基于泰尔指数的五阶段分解结果

（基于 2009 年数据）

从图 3—8 的分解示意可以看出，在控制了地区、性别、年龄组之后，大学学位解释了总体工资不平等的 10.33%，在控制了地带和性别之后大学学位解释了年龄组内部工资差异的 10.07%，在控制了地带之后解释了性别内工资差异的 9.5%，大学学位差异解释了总的工资不平等的 9.44%，学位内部不平等是工资差异的主要部分，尽管还有其他诸如职业、单位类型以及不可观测能力等因素影响着工资差距，但大学学位对不同学位组之间的工资收入差距的影响是不言而喻的。

第三节　本章小结

本章将样本聚焦于 CHNS 中从 1989—2009 年具有高中以上学位的劳动力，首先系统测算了中国具有高中以上学历劳动力个体总的工资结构的变动以及工资收入不同分位数组的变动趋势；在得出中国现阶段工资收入差距逐渐增大甚至呈现两极分化的态势，进而具体测算了中国不同地带、不同性别、不同年龄组、不同职业以及国有部门不同单位类型的工资差异；然后基于泰尔指数将总的工资差距实施了从一阶段、二阶段到多阶段分解。分解结果显示：大学学位无论在总的工资差异中还是在不同地带内部、性别内部、年龄组内部、职业以及不同单位类型内部工资差异中具有重要的贡献，而且大学学位在解释各个工资差距中的贡献随着时间而逐渐增强，但不同组别的大学学位对工资差异的影响程度以及影响方向不同。由于泰尔指数本身分解技术的缺陷，我们无法考察那些不可观测因素对大学教育溢价的影响，而且由于分解的复杂性以及数据的限制，很难控制所有的可观测因素进而相对准确地测度大学教育对个体工资差异的贡献。另外，由于微观数据本身存在样本选择偏差，我们只能观察到有工资的个体，对那些不工作的，无法考证其大学学位的影响，因而本书接下来将运用先进的微观计量方法探求真实的大学教育溢价。

第 四 章

基于反事实框架对中国城镇
大学教育溢价的测度

在国家大力发展高等教育，城镇高中教育基本普及，劳动力中大学生比例大幅上升的情形下，一个显而易见的问题是：具有大学学位的劳动力与只具有高中学位的劳动力的工资差异，也就是大学教育溢价如何？显然，对这个问题的正确回答不仅影响着个人、家庭的教育选择，而且也是政府制定教育政策的重要依据。

尽管很多学者尝试用各种方法估算大学教育溢价，但由于使用的模型、估计方法以及样本数据不同，关于中国高等教育回报率的估计结果并不具有可比性。而且大多数研究均基于明瑟收入模型测算大学教育溢价。随着计量研究方法的进一步发展，近些年来关于能力偏差、测量误差、样本选择性偏差以及异质性等前沿处理方法的出现，为我们相对准确地测度大学教育溢价及其变化奠定了坚实的基础。同时中国微观数据可及性的增强，数据质量以及信息丰富度的增强，为本书提供了扎实的数据支持。接下来，本书将利用翔实可靠的微观数据集，基于反事实框架，在充分考虑能力偏误、大学教育回报的质性，并于近年来发展的倾向得分匹配模型测度中国城镇大学教育溢价。本文细分不同职业、不同行业以及不同劳动力市场，分别测度政府、企业、研究所等不同职业，三大产业以及一级、二级劳动力市场的大学教育溢价，以清晰地看出大学教育对城镇工资收入差异的作用。

第一节　数据来源及变量描述

一　数据来源

本部分数据来源于中国社会科学院经济研究所收入分配课题组分别于

1988 年、1995 年、1999 年、2002 年等组织调查的中国家庭收入项目调查数据（CHIPS，Chinese Household Income Project Survey）。其中包括了北京、辽宁、江苏、山西、安徽、河南、湖北、广东、重庆、四川、云南、甘肃等 12 个省（市），分城镇、农村就业、收入、教育消费等方面的个人与家庭特征信息。

之所以使用 CHIPS 数据集，是因为它提供了丰富的个人和家庭特征信息，包括个人的性别、教育程度、户口、就业或失业情况、收入、第一次参加工作时间、就业性质、企业规模、所有制、职业、行业特征；还包括家庭中父母的受教育程度、父母的职业特征、家庭成分以及父母的社会地位等。本研究的目的是估算大学教育溢价，也就是受过高等教育的个体的工资与假设其没有接受高等教育的工资之间的差异，或者一个只受过高中教育的个体的工资与假设其受过高等教育工资的差异，现实中这两个假设工资都无法观测到，这就产生了样本选择偏差问题。如果个人接受大学教育是完全随机的，那么大学教育者与高中教育者的工资差异就是大学教育溢价。但是现实中并非如此！这样我们如何用可以观测到的数据代替无法观测到的数据，或者在什么条件下我们才可以用现实可观测到的大学教育者的工资来代替无法观测到的高中教育者如果接受大学教育时的工资呢？我们必须知道哪些因素决定了一个人的教育选择。CHIPS 数据集为我们所提供的相对丰富的家庭背景信息描述了个人的教育选择，这些家庭背景信息决定着一个人的教育选择和能力。控制了这些因素后，我们认为一个人的教育选择是随机的，因而可以构造一个更准确的工资的反事实。进而我们可以估算出哪些诸如"天生能力"等不可观测变量所导致的 OLS 估计偏误。另外，它提供了个人工作经历的较详细的信息，包括第一次参加工作的时间以及参加当前工作的时间，这使我们在估计教育回报率时可以准确地控制工作经验，而不是像大多数文献那样使用代理变量：年龄 – 6 – 受教育年限。

二　变量描述

由于本研究旨在测算大学教育溢价，在此我们将研究对象限制在 23—65 岁之间正在工作且有正的工资收入的城镇就业人员，因为一般而言，中国儿童入学年龄是 6 岁，大学毕业 22 岁，也即正常情形下年龄大于 22 岁的个体才有可能获得大学学位。考虑到找工作需要一定的时间，而且刚毕业时工作具有不稳定性，所以我们选择 23—65 岁之间具有高中以上学位的有工作且有正的收入的人口，所涉及的变量包括个人的年龄（age）、性别（gender）、教育水平（education）、第一次参加工作的时间（year）和受雇佣时间（experience）（这两个指标具有几乎完全的相关性，我们最终只选用受雇佣时间（experience），其部分年份缺失我们用第一次参加工作时间（year）补齐）、个人工资收入（wage）、所在行业（hangye）、地区（diqu）、企业所有制（suoyouzhi）、职业（occupation）；家庭特征变量有：父母的教育程度、父母的职业类型、父母的社会地位包括贫农、贫下中农、富农、富中农、农场主、体力劳动力者、企业经营者、军人等。最终有效样本为 5952 个，男为 3252 个，女为 2700 个。具体变量的描述性统计如表 4—1 所示。

表 4—1　　　　　　　　　　工资变量的描述性统计

	年工资	男年工资	女年工资	男/女	月工资	男月工资
高中	12031	13194	10882.82	1.21237	1033.481	1130
大学	16181	17282	14461.71	1.195018	1377.905	1470
总体	13871	15214	12249.35	1.242025	1186.155	1298
大学/高中	1.35	1.31	1.33	0.984	1.33	1.30

	女月工资	男/女	日工资	日男工资	日女工资	男/女	小时工资
高中	937.9591	1.204743	45.95412	50	42.33999	1.180917	5.810062
大学	1234.814	1.190463	63.88333	67	58.57998	1.143735	8.114005
总体	1051.308	1.234652	53.90166	58	48.54093	1.194868	6.831338
大学/高中	1.32	0.984848	1.39	1.36	1.38	0.985507	1.4

	男小时工资	女小时工资	男/女	人数	男人数	女人数	
高中	6	5.483038	1.094284	3327	1653	1674	
大学	9	7.504593	1.199266	2649	1615	1034	
总体	7	6.254932	1.119117	5976	3268	2708	
大学/高中	1.385	1.37	1.010949	0.796213	0.977011	0.617682	

　　表 4—1 总结了基于 CHIPS 2002 年数据整理的劳动力中具有高中以上学历的分性别工资及人口构成，其中高中学位包括普通高中和职业高中，

大学学位包括大专、大学以及研究生，关于工资数据，CHIPS 数据库详细调查了个体的年工资收入、一年工作的月数、一个月工作的天数以及一天工作的小时数。因而，为了更准确地测度工资的学位效应，我们分别计算了男、女分大学、高中学位的年平均工资、月平均工资以及日平均工资。从表 4—1 可见，无论以哪一种方式度量工资，大学学位工资都高于高中学位工资。其中，就年度平均工资和月度平均工资而言，大学学位劳动力的工资是高中学位工资的 1.3 倍左右，而日平均工资大学学位的是高中学位的 1.4 倍左右，也就是说，由于日工作小时数的相对减少，大学教育溢价更加明显。男性工资明显高于女性，其中就年平均工资和月平均工资而言，男性平均高于女性 1.2 倍，而日平均工资男性是女性的 1.1 倍左右。就大学教育溢价而言，女性平均略高于男性，也就是说，尽管女性工资无论哪个学位层次上都低于男性，但如果女性接受了高等教育的话，女性内部的工资差异将拉大。

从表 4—1 中后三列给出的人口构成来看，高等教育扩张前，中国劳动力学位构成中，具有大学学位的劳动力比重偏低。在具有高中以上学历的劳动力中，大学劳动力数量平均而言仅为高中的 79%，占高中以上学历劳动力中的比例仅为 44%，男性略高，达到 49%，女性更低，不及 38%。这说明，就我们的样本而言，男性的高等教育参与率更高。这在某种程度上可以通过学位工资的性别差异而得到更好的理解。

尽管无论男女，一个大学毕业生年工资远远高于高中毕业生年平均工资，对女性来说这个差额高达 3570 元，然而这些差额工资能认为是真实大学教育溢价吗？大学学位在解释两组工资差异上的贡献有多大？换句话说，拥有大学学位劳动力的工资是拥有高中学位劳动力工资的 1.3—1.4 倍中有多大比例是由学位解释的？如何准确地评估大学教育溢价？我们首先面临的一个困难是基于微观数据的异质性、选择偏差和缺少反事实的特征。真正意义上的大学溢价应该是一个接受大学教育的劳动者的工资（ Y_{1D} ）与假设其没有接受大学教育只具有高中学历的工资（ Y_{0D} ）的差异，或者一个高中学历的劳动者的工资（ Y_{0U} ）与假设其接受了大学教育的工资差额（ Y_{1U} ）。然而现实中 Y_{0D} 、 Y_{1U} 是不可观测的，我们可以用可观测的 Y_{0U} 、 Y_{1D} 代替不可观测的 Y_{0D} 、 Y_{1U} 吗？显然不可以！因为现实中即使控制了其他就业特征变量后，很多没有接受大学教育的劳动力可能年收入比接受大学教育者的还高，而这样的劳动者如果接受了大学教育的话其收入将更高。这是因为个体特征和背景可能存在明显的差异。如果让那些未接受大学教育的人也接受高等教育，其回报可能与现已接受过高等教育的人回报是不一样的。比较直观的理解是，接受高等教育的人与未接受高等教育的人的天生能力不一样，而这些天生的能力又直接影响着他们的收入状况。所以忽略能力因素往往会对大学教育溢价评价产生偏差。也就是说，货币收入并不是一个人高等教育选择的唯一决定因素，一个人的高等教育选择也不是随机的，因为，如果是那样的话，每个人都会选择去上大学，因为上大学会带给他们比不上大学更高的货币收入、更高的社会地位和精神满足。那么什么因素决定了一个人的高等教育选择？本书的目的是揭示决定高等教育选择的各种因素，进而在控制了不可观测能力基础上准确测度大学教育溢价。

第二节　估计方法

一　倾向得分匹配估计思想

基于可观测变量的选择校正，本书用现在广泛使用的倾向得分匹配模型（propensity score matching model，简称 PSM）估计中国大学教育溢价及能力偏差，下面将 PSM 估计思想做一介绍：

假设 D_i 是二元选择变量，将劳动力分成两组：一组具有大学学位，称为处理组（treatment），此时 $D_i = 1$；另一组只有高中学位，称为控制组（control），$D_i = 0$。潜在的结果收入变量为 $Y_i(D_i)$，$i = 1, 2, \cdots, N$，N 是劳动力总数。对于每一个个体真正的大学溢价为：$\tau_i = Y_i(1) - Y_i(0)$，然而对于每一个个体 i，$Y_i(1)$，$Y_i(0)$ 中只有一个潜在工资可被观测到，不可观测的工资为工资的反事实。一般的多元 OLS 回归分析，是一种平均大学溢价效应的估计，其假设是控制了足够多的协变量后可以消除基准线的差异（即接受大学教育者的工资与只具有高中学位者假设其接受大学教育的工资差异）；并假定接受大学教育者的学位效应是同质的，这显然是不合理的，因为 OLS 回归无法克服大学教育的自我选择问题。另外，OLS 回归分析可能将接受大学教育与未接受大学教育中无法比较的两组人纳入一起分析，这将导致严重的偏误。事实上，对于大学教育者，平均处理效应（average treatment effect on the treated，ATT）即平均大学教育溢价应该为：

$$\tau_{ATT} = E(\tau \mid D = 1) = E[Y(1) \mid D = 1] - E[Y(0) \mid D = 1]$$

$$(4.1)$$

其中，接受大学教育者的工资的反事实均值——$E[Y(0) \mid D = 1]$是无法观测的。用非大学组平均工资$E[Y(0) \mid D = 0]$代替并不是完美选择，因为可能影响参与大学教育的因素同时也影响了工资。也就是说，即使在没有大学教育这一因素下，两组的工资也是不同的，这就产生了"自选择偏误"（self-selection bias）。因为，

$$E[Y(1) \mid D = 1] - E[Y(0) \mid D = 0] = \tau_{ATT} + E[Y(0) \mid D = 1] -$$
$$E[Y(0) \mid D = 0]$$
$$(4.2)$$

其中选择性偏误为：

$$E[Y(0) \mid D = 1] - E[Y(0) \mid D = 0]$$
$$(4.3)$$

只有在大学教育选择是随机时，其值等于0，ATT才能被识别。如果大学教育不是随机的，我们必须寻找一些识别假设解决这种自选择问题。倾向得分匹配法的思想正是基于反事实框架下，对于每一个接受大学教育者寻找一个和其具有相似个人禀赋特征的高中学位者，进行工资水平的比较，从而得到准确的大学教育溢价。

二　倾向得分匹配估计前提假设

实施倾向得分匹配估计需做如下假设：

1. 条件独立假设（conditional independence assumption，简称 CIA）

假设可以找到一组协变量 X，X 既和教育获得又和能力相关，并且完全解释了高等教育选择，控制了这组协变量后，高等教育选择是随机的，这也称为基于可观测变量的选择（selection on observables）。然后我们可以用这些协变量进行分层配对，使得每层内有两种人：大学学位者和高中学位者，并且这些人中唯一的差别是他们是否接受了大学教育。在 CIA 假设下，我们就可以识别出那些不可观测的反事实，即有下式成立：

$$Y(0) \perp D \mid X \Rightarrow E(Y(0) \mid X, D = 1) = E(Y(0) \mid X, D = 0) \quad (4.4)$$

$$Y(1) \perp D \mid X \Rightarrow E(Y(1) \mid X, D = 1) = E(Y(1) \mid X, D = 0) \quad (4.5)$$

换言之，控制了这些协变量 X 后，接受大学教育组与未接受大学教

育组工资差别就归因于学位的差异。然而，当协变量 X 很多时，基于所有相关协变量的条件很难实施。比如，如果我们要控制 S 个协变量，即使每个变量有 2 个取值的话，我们也需要划分 2^S 个小组。很快我们的数据样本量就不够保证每一组都有个体。为了处理维数问题，罗森鲍姆和罗宾（Rosenbaum & Rubin, 1983）建议用倾向得分，即他们证明了：

$$Y(1),Y(0) \perp D \mid X \Rightarrow Y(1),Y(0) \perp D \mid P(X), \quad \forall X \qquad (4.6)$$

其中 $P(X) = P(D = 1 \mid X)$ 为基于条件 X 的个体隶属于大学组的概率。只要保证倾向得分匹配，这些所有需要控制的协变量就都被考虑了。这样做实际上是将对多个协变量的控制转为对倾向得分值的控制从而达到"降维"（dimension reduction）的目的。换句话说，无论有多少需要控制的协变量，我们都能够通过倾向得分值匹配的方法将它们控制，倾向得分匹配模型因而得名。

2. 共同支撑假设（common support）

假设具有相同个人特征的个体（X 相同）具有参与大学教育与不参与大学教育的正向概率，也就是接受大学教育者与未接受大学教育者的倾向得分须有重叠的部分，即

对于接受大学教育者：$P(D = 1 \mid X) < 1$ $\qquad (4.7)$

对于高中学位者：$P(D = 1 \mid X) > 0$ $\qquad (4.8)$

对于任意具有高中以上学位者：$0 < P(D = 1 \mid X) < 1$ $\qquad (4.9)$

赫克曼（1997）指出，倾向得分匹配仅仅应用于共同支撑区域才有意义，因为对于 $P(X) = 0, P(X) = 1$，个体总是不接受或者接受大学教育，此时匹配无法执行。只有在那些更具可比性的个体间进行比较，才能提高匹配的质量，当然同时也会造成一定样本的损失。

基于以上两个假设，我们可以得到：

对于接受大学教育者的大学教育溢价（average treatment effect on the treated ATT）：

$$E(Y(1) \mid X,D = 1) - E(Y(0) \mid X,D = 0) \qquad (4.10)$$

对于未接受大学教育者（average treatment effect on the untreated, ATU）

$$E(Y(0) \mid X,D = 1) - E(Y(0) \mid X,D = 0) \qquad (4.11)$$

总体平均学位效应（Average treatment effect ATE）：

$$E(Y(1) - Y(0)) = E(Y(1)) - E(Y(0))$$

$$= \{\pi E[Y_1 \mid D = 1] + (1 - \pi)E[Y_1 \mid D = 0]\} - \{\pi E[Y_0 \mid D = 1] +$$

$$(1 - \pi)E[Y_0 \mid D = 0]\}$$

$$= \pi\{E[Y_1 \mid D = 1] - E[Y_0 \mid D = 1]\} + (1 - \pi)\{E[Y_1 \mid D = 0] -$$

$$E[Y_0 \mid D = 0]\} \tag{4.12}$$

其中 π 是总体中接受大学教育的比例。

相对于其他估计方法，倾向得分匹配法是一种非参数或半参数估计，对结果方程、决定过程以及不可观测扰动项没有特定的形式要求，因而避免了任何对于 $E(Y_0 \mid X)$ 错误设定所带来的偏误，并且允许 X 对 $E(Y_1 - Y_0 \mid X)$ 影响的异质性。

三　倾向得分匹配估计程序

倾向得分匹配方法的实施步骤，可见贝克和市野（Becker and Ichino，2002），大致分为六步：（1）决定用于 PSM 估计的协变量 X；（2）用 probit 或 logit 模型求的倾向得分 $P(X)$，实施倾向得分估计；（3）然后选择各种匹配方法对每一个已经接受高等教育的个体找到"可匹配"的没有接受高等教育的个体，获得匹配估计量；（4）检查共同支撑假设；（5）匹配质量检测；（6）敏感性分析。目前使用最广泛的匹配方法有 Nearest Neighbor Matching；Kernel Matching；Caliper & Radius Matching；Kernel Matching。

设 Y_{1i}，Y_{0i} 分别是大学教育的劳动力与高中教育的劳动力相对应的工资收入，D_1 是接受大学教育的劳动力集合，所有参与大学教育的劳动力总数 n_1，D_0 是未接受大学教育的劳动力集合，$C(i)$ 表示接受大学教育的劳动力 i 与之匹配的未接受大学教育的个体集合，P 为倾向得分，最近距离匹配法的匹配原则是：

$$C(i) = \min_j \| P(i) - P(j) \| \tag{4.13}$$

半径匹配法（Caliper & Radius Matching）是在最近距离匹配法基础上加入一个公差水平，具体半径匹配法的匹配原则是：

$$C(i) = \{p_j \| P(i) - P(j) \| < r\} \tag{4.14}$$

$C(i)$ 中的个体总数为 N_i，一般地，倾向得分匹配估计量为：

$$ATT = \frac{1}{n_1} \sum_{i \in D_1} \left[Y_{1i} - \sum_{j \in C(i)} w(i,j) Y_{0j} \right] \tag{4.15}$$

$w(i,j)$ 是对第 i 个大学教育接受者进行反事实匹配的第 j 个未接受大学教育的权数。半径匹配法和最近距离法对匹配个体设定的权数相同。大学溢价效应匹配估计量为:

$$ATT = \frac{1}{n_1} \sum_i \left[Y_{1i} - \sum_{j \in C(i)} \frac{1}{N_i} Y_{0j} \right] , \tag{4.16}$$

最近距离法 (nearest neighbor Matching) 是最常用的匹配方法, 该法将控制组中找到的与处理组倾向得分最近个体作为匹配对象, 所有的处理个体都能找到匹配对象, 所有处理个体的信息都会被利用。但由于不舍弃任何一个处理组, 可能会使匹配成功两组的倾向得分差距较大, 从而影响总体匹配质量和精度。半径匹配法也面临公差大小的两难问题。公差大, 精度低; 公差小, 损失样本多。而核匹配法 (kernel matching) 是每一个参与大学教育的劳动者不是仅仅与一些最近距离的控制组中的个体匹配, 而是与整个控制组中的个体匹配, 权数根据与匹配者的倾向得分距离计算, 距离最近的赋予最大的权数。一般地, 核匹配估计量为:

$$ATT = \frac{1}{n_1} \sum_{i \in D_1} \left\{ Y_{1i} - \frac{\sum_{j \in C} Y_{0j} G((p_j - p_i)/h_n)}{\sum_{k \in C} G((p_k - p_i)/h_n)} \right\} \tag{4.17}$$

G_{ik} 是窗宽 (bandwidth) 为 h_n 的核函数 (kernel function)。选择不同的匹配方法会产生不同数量的个体被匹配, 因而运行不同算法会产生两难问题, 如果想达到最精确的匹配, 可能会导致更多的样本被排斥在分析之外。如果想扩大匹配的范围, 则又会降低匹配精度。本书选择不同匹配法进行匹配以检验估计的稳健性。

若假设权重不变, 且大学组和高中组两组工资独立, 贝克和市野 (2002) 给出了基于最近距离法和半径匹配法的 ATT 的方差估计式:

$$var(ATT) = \frac{1}{n_1} var(Y_{1i}) + \frac{1}{n_1^2} \sum_{j \in C} w_{i,j}^2 var(Y_{0j}) \tag{4.18}$$

由于无法得出核批配估计量中标准误的具体表达式, 文献中通常采用自抽样法 (Bootstrap) 求取, 本书亦通过 500 次自抽样获得核估计的标准误。

本书通过比较匹配前后各协变量的标准差, t 检测值和 Pseudo – R^2 值来评估匹配的质量。

第三节　变量的确定

一　结果变量

本书中所关注的结果变量是拥有高中以上学历劳动力的工资。尽管现有研究大多数采取了个人年收入劳动报酬变量，然而对于不同类型的工作，其工作时间和方式可能不同。姚先国（2004）认为，脑力劳动者可能比体力劳动者倾向于更长的工作时间，小时工每年甚至每周的工作时间都不确定。因此对于不同类型的工作，其年收入没有可比性。使用小时工资得出的估计结果会更可信。为了识别结果的稳健性，本书不仅选择年收入为结果变量度量指标，而且将年收入分别除以一年中工作的月数、一个月工作的天数、一天工作的小时数，分别得到年收入、月收入、日收入、小时收入，分别用 $Y_{year}, Y_{month}, Y_{day}, Y_{hour}$ 表示，$\ln Y_{year}, \ln Y_{month}, \ln Y_{day}, \ln Y_{hour}$ 代表分别取自然对数工资。

二　处理变量

如前文所述设 D 表示学位虚拟变量，是本书实施倾向得分匹配的选择匹配变量，$D = 1$ 表示接受大学教育（treated），$D = 0$ 代表未接受大学教育的高中学位者（untreated）。

三　协变量

PSM 估计成功的关键是协变量的选择，协变量的意义在于控制了协变量后，结果变量与大学教育无关，即大学组与高中组中的工资差别唯一地归因于大学教育。赫克曼、一村和托德（Heckman, Ichimura, & Todd, 1997）研究表明，冗余的协变量以及遗漏重要的协变量都会导致估计结果的偏误。布莱森、德赛特和普厄顿（Bryson, Dorsett, & Purdon, 2002）表明，在不确定模型如何恰当设定时，包含更多的协变量将导致更大的偏误，过度参数化将恶化共同支撑假设并且会增大估计的方差。协变量的选择除了基于经济理论、已有的文献之外还可以借助统计检验来实现，计量文献中常提到的统计检验方法是：首先设定简单的模型，比如包括年龄、区位信息等，然后逐渐增加变量到模型中。如果增加的变量是统计显著的且增加了预测的概率则予以保留。基于以上考虑本书选择了以下决定大学教育选择和未来工资的协变量，并通过上述统计检验进行取舍。

1. gender 代表性别虚拟变量，其中男性取值为1，女性取值为0。

2. year 代表工作经验变量，CHIPS 数据提供了详细的个人工作经历调查，包括第一次参加工作的时间，到 2002 年底被雇佣的年限，当前工作被雇佣的年限。考虑到一个人自参加工作起就开始积累各种社会经验、专业技术经验，即使曾经换过工作，大多数前后工作的专业技术应该相差不大。即使有一定偏差，之前的工作也会积累很多社会经验。另外，第一次参加工作时间与到 2002 年底被雇佣时间二者基本一致，所以在此用到 2002 年底已经参加工作时间代表工作经验，部分个体数据缺少，用 2002 减去第一次参加工作时间来补全。

3. 家庭背景变量。CHIPS 数据库提供了很好的家庭背景特征信息，包括户主及其配偶父母的受教育程度，职业特征（一般专业技术人员、专业技术人员、军官、自己创业、政府部门经理、办公室服务人员、非技术人员、农民及其他职业），父母就业的行业，父母的社会地位或者家庭成分变量（包括贫农、中农、富农、地主、体力劳动、小业主、革命干部、军人等）。我们使用的劳动力数据大多数都是已婚的劳动力，都是家庭的户主或者配偶，占比很小的一部分和户主的关系是子女、兄弟姐妹、儿媳女婿、父母、岳父母，因而使用的只是家庭户主或其配偶的个体，这样户主或配偶父母的家庭背景变量就很好地揭示了个体参与高等教育的可能性以及未来工作特征。换句话说，在此我们寻找到一组个人能力的很好的代理变量，这些变量在很大程度上决定了一个人的高等教育选择，同时也与完成学业后的工资收入相关。在这些变量中，父母的受教育程度是一个重要的变量，因为正如梭伦（Solon，1999）、普拉格和维杰尔伯格（Plug and Vijverberg，2003）所阐述的那样，能力是代际间传递的，父母辈的能力会较大几率地遗传到子女身上。在我们的样本中也得到了一个很好的证据：父母的受教育程度和子女的受教育程度高度相关。父母的受教育程度包括从未上过学、上过扫盲班、小学、初中、高中、中专、大专、大学、研究生，在此，引入父母受教育程度虚拟变量：

$$F_1 = \begin{cases} 1, 父亲受过大专以上教育 \\ 0, \qquad\qquad 其他 \end{cases}$$

$$F_2 = \begin{cases} 1, 父亲只接受高中、中专教育 \\ 0, \qquad\qquad 其他 \end{cases}$$

$$M_1 = \begin{cases} 1, 母亲受过大专以上教育 \\ 0, \qquad\qquad 其他 \end{cases}$$

$$M_2 = \begin{cases} 1, 母亲只接受高中、中专教育 \\ 0, \qquad\qquad 其他 \end{cases}$$

这里的基础组为父亲、母亲受过高中以下教育。

在家庭背景控制变量集中，我们认为父母的家庭成分也是决定子女高等教育参与率的重要变量。因为父母的社会地位一方面决定了子女接受大学教育的经济能力，另一方面也决定了父母对于子女接受大学教育的意识和重视程度。父母的社会地位包括富中农、富农、地主、办公室工作人员、企业主、军队干部以及其他。在此将贫农、贫下中农、体力劳动者合并成经济地位较低下的群体，其他视为经济社会地位较高的群体，为此引入另外一组家庭虚拟变量：

$$P_1 = \begin{cases} 1, 父亲是贫农、贫下中农、体力劳动者 \\ 0, \qquad\qquad 其他 \end{cases}$$

$$P_2 = \begin{cases} 1, 母亲是贫农、贫下中农、体力劳动者 \\ 0, \qquad\qquad 其他 \end{cases}$$

另外，在此也考虑了父母的职业特征变量，职业特征包括私有企业的所有者、自己创业、专业技术人才、政府部门领导、办公室工作人员、技能工作者、无技能工作者、销售员、农民以及其他类型工作人员。借鉴何亦名（2009）的做法，将职业类别分为一级劳动力市场就业和二级劳动力市场就业。其中一级劳动力市场包括：专业技术工作者；一般专业技术工作者；管理者、行政官员或经理；办公室一般工作人员；技术工人或熟练工人；军官、警官、警察与士兵；演员、演奏员、运动员。二级劳动力市场包括：农民、渔民、猎人；司机、服务员、看门人、售货员、洗衣工、理发员、保育员、管家、厨师等一般生活服务业从业人员；非技术工人或非熟练工人。由于父母职业特征具有很强的相似性，因而只引入下列协变量：

$$
J_1 = \left\{
\begin{array}{ll}
1, & \text{母亲在一级劳动力市场就业} \\
0, & \text{其他}
\end{array}
\right.
$$

4. 时代特征变量。一个人的高等教育选择与工资收入与其所处的时代有很强的关系，特别是在中国这样一个高等教育发展更具历史特殊性和曲折性的国家。我们的样本是 2002 年 23—65 岁之间的劳动力，也就是1935—1979 年出生的人群，他们大致在 1953—1996 年面临高等教育选择，而这一时期中国正不断进行着高等教育的调整与改革。每一次调整与改革都与当时的政治、经济环境、政府的努力方向有着密切的关系，具有不同的方针政策和措施，体现了不同的时代特征。20 世纪 50 年代，鉴于新中国重建后的百废待兴，旧有高考体系的混乱和发展国民经济的迫切需要，中共中央本着发展内陆高等教育、限制沿海高等教育，重点发展专门学院，培养专门人才，特别是工业学院和师范学院，是在计划经济体制下的调整，尽管有照搬苏联高等教育模式之嫌，但仍为国民经济的发展奠定了基础。如果将这段时期称为"战后重建期"，那么到了 20 世纪 60 年代初期中国进入了国民经济"大跃进"时期，1966—1976 年中国历经"文化大革命"的重创期，"文化大革命"的结果是唤醒了亿万中国民众对知识的渴求，对教育的向往。1978 年中共十一届三中全会以及高考制度的恢复，中国陆续实施了一系列高等教育发展政策以及教育体制改革，恢复和发展了被"文化大革命"重创的高等教育事业。中国实施了"科教兴国"战略，高度重视人才的培养。1989 年的"政治风波"，使国家的经济社会发展进入了调整思考期，教育也在进一步深入思考培养什么人和如何培养人的问题。中共中央、国务院 1993 年、1994 年先后颁布了《中国教育改革和发展纲要》、《中国教育改革和发展纲要实施意见》，提出高等教育发展要适应加快改革和现代化建设的需要，努力拓宽发展的新路子，使高等教育无论从办学规模还是结构上有了较大的发展，质量明显提高，办学效益明显改善。1996 年，原国家教委发布的《全国教育事业"九五"计划和 2010 年发展规划》提出，在大力发展普通高等教育的同时，要加强职业技术教育，适当发展民办高校。全民参与高等教育的热情进一步提高。2002 年的样本数据，还没有包含中国高等教育扩招时期培养的大学劳动力情况。中国高等教育扩招开始于 1999 年，对于高等教育扩招对大学教育溢价的影响，我们将在下一章基于 CGSS 数据进行详细论证。

为了反映不同时代背景下高等教育的参与选择特征，我们将 23—65 岁劳动力样本分成 55—65 岁、44—54 岁、43—33 岁、32—23 岁几组，分别对应新中国重建期仿照苏联模式的高等教育体制、"文化大革命""读书无用论"的教育环境、改革开放后高考制度的迅速恢复期以及 20 世纪 80 年代末到 90 年代初高等教育体制逐步完善、各种高等教育并存发展期。我们有理由相信，即使在家庭背景完全相同的条件下，处于不同时代的群体对于高等教育的思考和选择是不同的。设 E_1, E_2, E_3 是三个时代特征虚拟变量，其取值分别为：

$$E_1 = \begin{cases} 1, & 年龄 23—32 岁 \\ 0, & 其他 \end{cases}$$

$$E_2 = \begin{cases} 1, & 年龄 33—43 岁 \\ 0, & 其他 \end{cases}$$

$$E_3 = \begin{cases} 1, & 年龄 44—54 岁 \\ 0, & 其他 \end{cases}$$

参考组选择年龄在 55—65 岁之间的群体。

5. 区位特征变量。中国地区差异一直以来都是学术界和政府部门关注的焦点。各地区社会经济发展水平差距很大，这使得高等教育地区间分布极不均衡。区位优势以及国家高考分省定额录取政策的不同，导致区域间高等教育参与率存在极大差异。CHIPS 数据库提供了北京、辽宁、山西、江苏、河南、湖北、安徽、四川、重庆、云南、甘肃、广东 12 个省（市）的相关数据，这 12 个省（市）从三大地带上看包括东、中、西三大地带的部分城市，从 8 大区域看包括华中、华北、华南、华东、东北、西南、西北区域的省市，但是，在此我们并不是按传统的方式将这几个省市分类，因为传统的分类方法并不能将区域间的高等教育政策以及入学机会区别开来。

　　我们选择2000年地区人均GDP水平、高校区域占有率、高等教育入学机会指数三个变量，实施层次聚类分析方法将上述12个省（市）分类，其中高校区域占有率是指该省区高校在全国高校中的比例与该省区人口在全国总人口中的比例之比，高等教育入学机会指数指该省区招生数占全国招生总数的比例与该省区高中毕业生数在全国高中毕业生总数中的比例之比，数据由《中国统计年鉴2001》整理而得。之所以选择2000年的数据，是因为2000年中国实行统一高考，分数具有可比性。自2001年以后实施分省命题考试政策，使省际之间的录取分数线不具可比性，具体数据如表4—2所示。

表4—2　　　　　　　　　各地区与高等教育相关的指标值

地区	高等教育入学机会指数	人均GDP（元）	高校区位占有率
北京	2.81	22460	5.222154
广东	0.92	12885	0.748719
江苏	1.03	11773	1.15431
辽宁	1.3	11226	1.879095
山西	0.86	5137	0.905778
安徽	0.83	4867	0.873056
河南	0.96	5444	0.699052
湖北	1.17	7188	1.11468
四川	0.96	4784	0.62746
重庆	1.32	5157	0.885919
云南	0.82	4637	0.696444
甘肃	0.82	3838	0.874225
平均值	1.15	8283	1.306741
标准差	0.528	5235.2	1.223

　　从表4—2可见，各地区高等教育入学机会差异很大，而这种差异并不以三大地带或八大区域而呈现。具体地，北京入学指数遥遥领先，高达2.81；作为直辖市的重庆排在第二，为1.32，尽管排名第二，但仅为北京的0.47倍；中西部省市普遍较低，其中最低的为云南、甘肃仅为

0.82；位于东南部沿海地带的广东、江苏也很低，广东仅为 0.92，江苏为 1.03；位于中部的湖北较高，仅次于辽宁，位居第四。从高校区位占有率来看，北京依然最高，达 5.22；辽宁次之，为 1.87，中西部省市依然较低，四川最低，为 0.62。但广东低于西部的甘肃和重庆。一个地区高等教育参与率除了与该地区的入学指数以及高等学校的区位占有率有关外，另一个关键的指标应该是该地区的经济发展水平，经济发展水平决定了高等教育的承担能力。一般来说，经济越发达的地区，高等教育参与率越高，因而我们选择了 2000 年的人均 GDP 指标，从表 4—2 可见，人均GDP 与高等教育入学机会指标以及高等学校参与率指标变化规律略有不同，显著的一点是东南沿海地区人均 GDP 很高，12 省份的人均 GDP 平均值是 8283 元，东部四个省份均高于平均值，中西部省份都低于平均值，最低的甘肃为 3838 元，比平均值低 5445 元。根据表 4—2 数据，我们对该 12 个省市做了聚类分析，具体分类结果如图 4—1 所示：如果将它们分成四类的话，北京由于具有最高的高等教育入学机会指数、最高的高等学校区位占有率以及最高的经济发展水平单独成为一类，辽宁作为东北地区的代表单独成为一类，江苏、广东属于东南沿海地区成为一类，湖北、重庆归一类，河南、四川归一类，其余合并成一类。

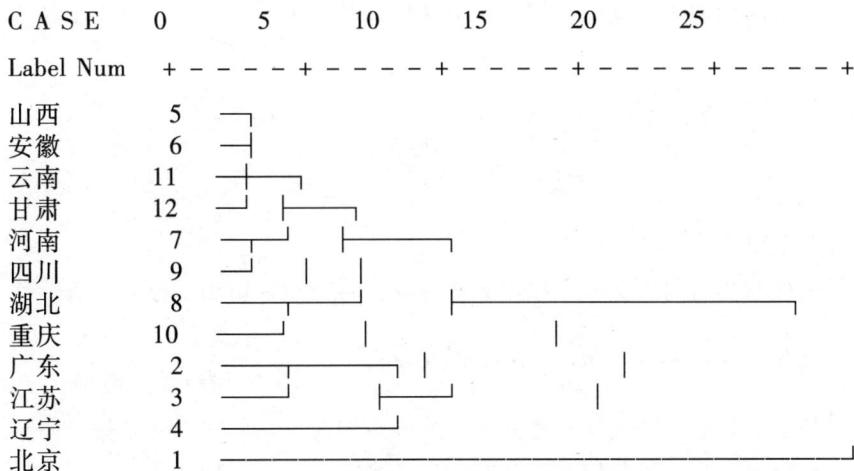

```
C A S E     0     5     10     15     20     25
Label Num   +  -  -  -  +  -  -  -  +  -  -  -  +  -  -  -  +  -  -  -  +
山西       5       ┐
安徽       6       ┤
云南      11     ─┤
甘肃      12       │
河南       7       │
四川       9     ─┘
湖北       8
重庆      10
广东       2
江苏       3
辽宁       4
北京       1
```

图4—1　基于 2000 年区位指标各省市层次聚类分析

基于上述分析，我们引入区位虚拟变量：

$$L_1 = \begin{cases} 1, 北京 \\ 0, 其他 \end{cases}, \quad L_2 = \begin{cases} 1, 辽宁 \\ 0, 其他 \end{cases}, \quad L_3 = \begin{cases} 1, 东南沿海 \\ 0, 其他 \end{cases}$$

$$L_4 = \begin{cases} 1, 湖北、四川 \\ 0, 其他 \end{cases}, \quad L_5 = \begin{cases} 1, 河南、重庆 \\ 0, 其他 \end{cases}$$

在此山西、安徽、云南、甘肃为基础组。

6. 就业特征变量。（1）企业类型。企业类型包括研究所、政府、企业以及其他，引入虚拟变量：

$$T_1 = \begin{cases} 1, 企业 \\ 0, 其他 \end{cases}, \quad T_2 = \begin{cases} 1, 政府 \\ 0, 其他 \end{cases}, \quad T_3 = \begin{cases} 1, 研究所 \\ 0, 其他 \end{cases}$$

（2）就业行业。包括第一产业的农林牧副渔行业；第二产业的矿业、制造业、水电煤气、建筑业、地质勘查、灌溉管理、运输、仓库、邮局和通信、批发、零售和食品服务、金融和保险业、房地产、社会服务、卫生、体育和社会福利、教育、文化、艺术、传媒和娱乐、科研和专业服务、政府的代理人，党的组织和社会团体，其余为第三产业。引入虚拟变量：

$$S_1 = \begin{cases} 1, 第一产业 \\ 0, 其他 \end{cases}, \quad S_2 = \begin{cases} 1, 第二产业 \\ 0, 其他 \end{cases}$$

基础组为第三产业。

另外，我们同上文一样根据职业特征，将劳动力市场划分为一级劳动力市场和二级劳动力市场，引入虚拟变量：$J_2 = \begin{cases} 1, 一级劳动力市场 \\ 0, 二级劳动力市场 \end{cases}$

为了更好地理解大学教育溢价中的能力偏误，在此我们使用基于明瑟方程的普通回归分析和倾向得分匹配估计模型分别进行估计。

第四节　大学教育溢价实证分析

一　中国城镇大学教育溢价 OLS 估计

基于明瑟方程建立大学教育溢价的理论模型如下：

$$\ln Y = \alpha + \beta_0 D + \beta_1 year + \beta_2 year^2 + \beta_3 S_1 + \beta_4 S_2 + \beta_5 L_1 + \beta_6 L_2 + \beta_7 L_3 +$$
$$\beta_8 L_4 + \beta_9 L_5 + \beta_{10} T_1 + \beta_{11} T_2 + \beta_{12} T_3 + \beta_{13} gender + \beta_{14} J_2 + \varepsilon$$

$$(4.19)$$

其中，$\ln Y$ 代表对数工资，在此分别对数年工资、对数月工资、对数日工资以及对数小时工资进行了回归；D 是学位虚拟变量，$D = 1$ 代表具有大学学位；β_0 是我们关注的大学教育溢价指标，代表具有大学学位比高中学位工资收入高出的百分比。模型中选择了经验 $year$，企业类型 $T_1, T_2,$ T_3，就业行业 S_1, S_2，职业特征 J_2，区位特征 L_1, L_2, L_3, L_4, L_5 以及性别 $gender$ 变量。具体回归结果如表 4—3 所示。

从表 4—3 估计结果，我们可以得出以下结论：

1. 大学教育溢价显著

无论被解释变量用收入的哪一种度量，在控制了经验、地区、职业类型、性别以及产业分布后，大学教育具有显著的正向溢价。模型拟合较好，P 值接近于 0，整体显著，并且具有很强的稳定性。平均而言，接受大学教育的劳动者比只接受高中教育的劳动者，年收入将增高 28%，月收入将高出 27%，日收入将高出 29%，小时收入大学溢价效应更强，达到 31%。也就是说，大学教育劳动者可能由于一个月工作的天数更少或者一天工作的时数更很少，而表现出更强的学位效应。如果大学教育平均按 4 年完成，则基于我们的样本，大学年均教育回报率在 7% 左右，这与以往的文献有一定差异。[①]

---

① 例如 Liu（1998）使用同样的数据所估计的结果是，大学教育回报率为 37.5%，Gustafsson and Li（2000）使用 CHIPS1988 年和 CHIPS1995 年两组数据得出结论：大学教育回报率从 1988 年的 8.9% 上升到 1995 年的 15.5%。陈晓宇等（2003）基于标准的明瑟收入模型，使用包含 30 个省市区 1991 年、1995 年和 2000 年的城调队数据，测算中国大学本科、大学专科教育回报率分别为 3.78%、2.72%。Knight & Ong（2002）测出大学教育相对于高中教育的回报从 1988 年的 4.9% 上升到 199 年的 15.0%。

表 4—3　　　　　　　　　大学教育溢价基于明瑟方程的 OLS 估计结果

解释变量	被解释变量							
	对数年工资		对数月工资		对数日工资		对数小时工资	
	系数	标准差	系数	标准差	系数	标准差	系数	标准差
D	0.235852 ***	14904	0.2313 ***	0.0147	0.2483 ***	0.015	0.2631 ***	0.0164
year	0.010041 ***	0.003	0.009 ***	0.0037	0.0126 ***	0.004073	0.0153 ***	0.004225
year^2	− 6.2E − 05 *	8.55E −	− 4.7E − 05	8.48E −	− 0.0001	9.11E − 05	− 0.0002	9.45E − 05
北京	0.517031 ***	0.0261	0.5029 ***	0.0259	0.5453 ***	0.027	0.5645 ***	0.0289
东南沿海	0.427035 ***	0.0197	0.4178 ***	0.0196	0.4135 ***	0.02105	0.4338 ***	0.0218
辽宁	0.064821 ***	0.0265	0.0486 ***	0.0263	0.0787 ***	0.02832	0.0795 ***	0.0293
河南、四川	− 0.09202 ***	0.0201	− 0.0944 ***	0.0200	− 0.1010 **	0.02150	− 0.1154 **	0.0223
湖北、重庆	− 0.00448	0.02053	0.0009	0.0203	0.0160	0.02186	0.0191	0.0226
gender	0.157999 ***	0.0139	0.1588 ***	0.0138	0.1336 ***	0.01487	0.1058 ***	0.0154
企业	0.195691 ***	0.0285	0.1806 ***	0.0283	0.2410 ***	0.03040	0.2908 **	0.0315
政府	0.28328 ***	0.0333	0.2480 ***	0.0330	0.3572 ***	0.03551	0.4224 ***	0.0368
研究所	0.349298 ***	0.0294	0.3381 ***	0.0292	0.4312 ***	0.03141	0.4952 ***	0.0325
一级市场	0.27423 ***	0.0198	0.2349 ***	0.0196	0.2565 ***	0.02	0.2624 ***	0.0219
第一产业	− 0.01373	0.0588	− 0.0303 ***	0.0584	− 0.0239	0.06	− 0.0328	0.0650
第二产业	− 0.06784 ***	0.0179	− 0.0792 ***	0.0178	− 0.05 ***	0.0191	− 0.0496 ***	0.0198
常数项	8.704851 ***	0.0485	6.27954 ***	0.0481	3.034 ***	0.0516	0.8670 ***	0.0536
F 统计量	165.27		156.34		152.71		155.82	
P 值	0.000000		0.00000		0.000000		0.000000	
R^2	0.3029		0.2913		0.2864		0.2906	

注：***，**，* 分别代表 1%，5%，10% 水平下显著。

2. 工资性别差异显著

平均而言，男性年工资、月工资要高出女性 18%，但日工资和小时工资差异相对减小，平均日工资男性高出女性 15%，平均小时工资男性高出女性 12.5%，这可以理解为一个月内男性平均而言要比女性工作更多的天数，一天内男性比女性工作的时数更长。

3. 工资的职业类别差异显著

企业人员、研究所以及政府部门工资要远远高于其他职业类型的工资，具体地，研究所里从业人员平均年工资要高出其他职业 43%，平均月工资高出其他职业 41%。而由于其较短的工作天数和小时数，因而平均日工资和小时工资溢价效应更加明显，分别高出其他职业近 51% 和 57%。政府工作人员相对于其他职业人员平均年工资高出 36%，平均月工资高出其他职业 31%。同样由于工作天数和时数的减少，平均日工资和平均小时工资分别高出其他职业人员 43%、50%。企业工作人员相对于其他职业人员平均年工资高出 23%，平均月工资高出其他职业人员 21%，平均日工资高出其他人员 27%，平均小时工资高出其他职业人员 32%。

4. 地区工资差异显著

相对于中西部地区，北京平均年工资高出 53%，月工资高出中西部地区 52%，平均日工资高出中西部地区 56%，平均小时工资高出中西部地区 58%。东南沿海地区平均年工资高出中西部地区 45%，平均月工资高出中西部地区 44%，平均日工资高出中西部地区 44%，平均小时工资高出中西部地区 46%。辽宁作为东北地区的代表，平均年工资高出中西部地区 7%，平均月工资高出中西部地区 6%，平均日工资高出中西部地区 8%，平均小时工资高出中西部地区 9%。工资的产业特征不明显，相对于第三产业，第一产业平均工资时而比第三产业高，时而比第三产业底，而且不显著，第二产业的平均工资都低于第三产业 3%，但显著性较低。

二　中国城镇大学教育溢价工具变量估计

考虑到忽略能力变量所导致的估计偏误，我们又实施了工具变量估计。好的工具变量应该是与大学教育高低相关，但与误差项不相关。考虑到工具变量识别问题，我们以大学学位为被解释变量，以父母受教育程度、父母的家庭成分、母亲的职业特征以及个体的时代特征、区位特征、性别为解释变量，实施 Probit 回归，得到各个个体参与大学教育的概率作为大学学位的工具变量，对模型（4.1）实施工具变量估计。此外，本书又试图选择能力的代理指标控制能力偏误，好的能力指标应该是与大学教育不相关，但与工资相关。本书选择母亲是否就业于一级劳动力市场作为能力的代理指标加入到模型（4.1）继续实施 OLS 估计。具体估计结果列于表4—4、4—5中。

表4—4　大学教育溢价 OLS 估计结果（母亲就业一级劳动力市场为能力代理变量）

解释变量	被解释变量							
	对数年工资		对数月工资		对数日工资		对数小时工资	
	系数	标准差	系数	标准差	系数	标准差	系数	标准差
D	0.2294 ***	0.01499	0.2245 ***	0.0148	0.2426 ***	0.01597	0.2572 ***	0.0165
year	0.009152 ***	0.00382	0.0082 ***	0.0037	0.0118 ***	0.00407	0.0145 ***	0.0042
year^2	−4E−05	8.56E−0	−2.8E−05	8.49E−	−8.7E−0	9.12E−05	−0.0001	9.46E−05
北京	0.51425 ***	0.02615	0.5005 ***	0.0259	0.5428 ***	0.02786	0.5620 ***	0.0289
东南沿海	0.4247 ***	0.01975	0.4159 ***	0.0196	0.4115 ***	0.02105	0.4317 ***	0.0218
辽宁	0.0601 ***	0.02659	0.0446 ***	0.0263	0.0746 ***	0.02833	0.0753 ***	0.0293
河南、四川	−0.09465 ***	0.02018	−0.09672 ***	0.0200	−0.1034 ***	0.02150	−0.1178 ***	0.0223
湖北、重庆	−0.008	0.02053	−0.00201	0.0203	0.0129	0.02187	0.015941	0.0226
性别	0.163 ***	0.01401	0.16307 **	0.0139	0.1380 ***	0.01	0.1104 ***	0.0154
企业	0.19388 ***	0.02851	0.1790 ***	0.0282	0.2394 ***	0.03038	0.2892 ***	0.0315
政府	0.28756 **	0.03332	0.2516 ***	0.0330	0.3610 ***	0.03551	0.4263 ***	0.036837
研究所	0.3495 ***	0.02946	0.3384 ***	0.0292	0.4314 ***	0.03139	0.4955 ***	0.032564
一级市场	0.27006 ***	0.01986	0.2314 ***	0.0197	0.2528 ***	0.02117	0.2586 ***	0.0219
第一产业	−0.01542 ***	0.05882	−0.03184 ***	0.0583	−0.0254 ***	0.06267	−0.0344 ***	0.065019
第二产业	−0.06765 ***	0.01797	−0.07907 ***	0.0178	−0.0570 ***	0.01915	−0.0494 ***	0.019865
母亲就业一级市场	0.05544 ***	0.01504	0.04714 ***	0.0149	0.0490 ***	0.01603	0.0506 ***	0.016631
常数项	8.753676 ***	0.05024	6.321059 ***	0.0498	3.0774 ***	0.05353	0.9116 ***	0.05553
F 统计量	157.54		149.10		145.57		148.51	
P 值	0.000000		0.00000		0.000000		0.000000	
R^2	0.3064		0.2949		0.2899		0.2940	

注：***，**，*分别代表1%，5%，10%水平下显著。

表 4—5　大学教育溢价工具变量估计结果（参与大学概率为大学学位工具变量）

解释变量	被解释变量							
	对数年工资		对数月工资		对数日工资		对数小时工资	
	系数	标准差	系数	标准差	系数	标准差	系数	标准差
D	0.6904 ***	0.09221	0.6783 ***	0.0913	0.7200 ***	0.09786	0.7533 ***	0.1015
year	0.02555 ***	0.00515	0.0243 **	0.0051	0.0287 ***	0.00547	0.0321 **	0.0056
year^2	− 0.00031	0.00010	− 0.0003	0.0001	− 0.0003 ***	0.000112	− 0.0004	0.0001
北京	0.5036 **	0.02835	0.4897 ***	0.0280	0.5314 ***	0.03008	0.5501 ***	0.0312
东南沿海	0.45237 ***	0.02191	0.4428 ***	0.0217	0.4398 ***	0.02325	0.4611 ***	0.0241
辽宁	0.05335 **	0.02877	0.0373 ***	0.0285	0.0668 ***	0.03053	0.0672 ***	0.0316
河南、四川	− 0.07633 **	0.02200	− 0.079 ***	0.0218	− 0.0848	0.02335	− 0.0985 ***	0.0242
湖北、重庆	− 0.01559	0.02225	− 0.00998	0.0220	0.0045	0.02361	0.0071	0.0245
gender	0.117895 ***	0.01705	0.1192 ***	0.0169	0.0920 ***	0.01810	0.0625 ***	0.0187
企业	0.153768 ***	0.03190	0.1392 ***	0.0316	0.1975 ***	0.03385	0.2456 ***	0.0351
政府	0.09517 ***	0.05201	0.0624 ***	0.0515	0.1620 ***	0.0552	0.2195 ***	0.0572
研究所	0.226112 **	0.04021	0.2166 ***	0.0398	0.3033 ***	0.04268	0.3623 ***	0.0442
一级市场	0.15266 ***	0.03238	0.115 ***	0.0320	0.1303 ***	0.03436	0.1313 ***	0.0356
第一产业	− 0.054326 ***	0.06494	− 0.036 ***	0.0643	− 0.0466 ***	0.06892	− 0.0405 ***	0.0715
第二产业	− 0.04553 ***	0.01990	− 0.057 ***	0.0197	− 0.0340 ***	0.021129	− 0.0255 ***	0.0219
常数项	8.371875 ***	0.08462	5.9511 ***	0.0838	2.6887 ***	0.08981	0.5079 ***	0.0931
F 统计量	131.49		124.40		121.72		123.81	
P 值	0.000000		0.00000		0.000000		0.000000	
R^2	0.1871		0.1748		0.1760		0.1804	

注：***，**分别代表1%，5%水平下显著。

比较表 4—4、4—5 的结果，变量的显著性以及参数值大小与符号具有一致性，无论采用何种工资形式抑或采用不同估计方法都得到了显著的大学教育溢价，但不同的工资形式以及不同的估计方法波动很大。首先以对数年工资为例。加入能力代理变量的估计结果为 0.2294，小于普通 OLS 估计值 0.2358528，二者产生 0.6% 的偏误，即选择母亲就业一级劳动力市场在一定程度上捕捉了无法观测的能力偏误。如果按大学四年计算，大学教育平均回报率为 5.75%。由表 4—4 可知，这一代理工具变量估计值为 0.05544，而且在 1% 水平下显著。但可以肯定，这一代理变量并不是个人能力完美的代理指标，因而大学教育溢价的估计偏误在所难免。而且由于能力因素并未得到完美控制，预计是向上偏误的。但实施工具变量估计时，大学学位系数上升 0.69，仍在 1% 水平下显著。年均高等教育回报为 17.25%。工具变量估计的好坏依赖于工具变量的选择，由于数据的缺乏，找到很好的工具变量并非易事。本书中的工具变量必须与大学学位高低相关，而与误差项不相关。但由于调查问卷数据的特性，度量误差在所难免，很容易产生弱工具变量问题。邦德等（Bound et ed.，1993）用"治疗比疾病本身更坏"来形容弱工具变量问题。施泰格和斯托克（Staiger & Stock，1997）指出，弱工具变量所引起的估计偏误即使在样本容量相当大的情形下仍然存在，必须引起足够的重视。现有文献大多采用父母受教育程度作为大学学位的工具变量。当本书这样做的时候，也产生了大致一样的结论，这与李雪松（2004）的 59% 的大学教育回报结论相当。卡内罗和赫克曼（Cameiro & Heekman，2002）指出，要找到与教育相关，但与随机扰动项不相关的工具变量较难，大量关于教育回报率的文献中所使用的工具变量都是无效的，因为它们往往和无法观测的个人能力相关。

　　尽管由于估计思想不同，无法说明哪一种方法更可靠，但一个毋庸置疑的事实是微观数据的异质性、样本选择偏差以及遗漏能力所导致的偏误，内生性必将存在。因而，本书接下来尝试用另一种解决内生性的微观计量方法——倾向得分匹配估计法估算大学教育溢价。

三　中国大学教育溢价的 PSM 估计

（一）基于 Logit 倾向得分估计结果

　　首先利用 Logit 模型估计倾向得分，以考察接受大学教育的个体特征，将满足平衡性及 R^2 最高的用于最后倾向得分计算，表 4—6 给出了最终 Logit 估计结果。为了检验结果的稳定性，我们分别使用了 Nearest Neighbor 、Caliper & Radius 以及 Kernel Matching 的方法进行估计，以及不同的收入度量指标，但不同的收入指标以及不同的匹配方法，其结果具有很强的稳定性，因而表 4—6 只列出结果变量是对数年工资的三种匹配方法的估计结果。

表4—6　　基于 Logit 模型高等教育参与的倾向得分估计结果（对数年工资）

解释变量	Kernel Matching		Caliper（0.01）		Nearest Neighbor	
	系数	标准差	系数	标准差	系数	标准差
gender	0.48122 ***	0.062574	0.48122 ***	0.062574	0.48122 ***	0.062574
E_1	0.65072 ***	0.158005	0.65072 ***	0.158005	0.65072 ***	0.158005
E_2	0.208879 *	0.133799	0.208879 *	0.133799	0.208879 *	0.133799
E_3	− 0.31482 ***	0.134336	− 0.31482 ***	0.134336	− 0.31482 ***	0.134336
F_1	0.59032 ***	0.120746	0.59032 ***	0.120746	0.59032 ***	0.120746
F_2	0.320839 ***	0.085268	0.320839 ***	0.085268	0.320839 ***	0.085268
M_1	0.365945 *	0.214122	0.365945 *	0.214122	0.365945 *	0.214122
M_2	0.45233 ***	0.11102	0.452331 ***	0.11102	0.452331	0.11102
P_1	− 0.10215 ***	0.090696	− 0.10215 ***	0.090696	− 0.10215 ***	0.090696
P_2	− 0.2221 *	0.092595	− 0.2221 *	0.092595	− 0.2221 *	0.092595
L_1	0.008141	0.117051	0.008141	0.117051	0.008141	0.117051
L_2	− 0.3099 ***	0.088651	− 0.3099 ***	0.088651	− 0.3099 ***	0.088651
L_3	0.068792	0.119703	0.068792	0.119703	0.068792	0.119703
L_4	0.0685 **	0.09042	0.0685 ***	0.09042	0.0685 **	0.09042
L_5	− 0.2246	0.089716	− 0.2246	0.089716	− 0.2246	0.089716
T_1	0.37692 ***	0.140759	0.376919 ***	0.140759	0.376919 ***	0.140759
T_2	1.89678 ***	0.158884	1.89678 ***	0.158884	1.89678 ***	0.158884
T_3	1.19157 ***	0.140836	1.191571 ***	0.140836	1.191571 ***	0.140836
J_1	− 1.50505 ***	0.108309	− 1.50505	0.108309	− 1.50505 ***	0.108309
S_1	− 0.66376 ***	0.251945	− 0.66376 ***	0.251945	− 0.66376 ***	0.251945
S_2	− 0.23127 ***	0.080321	− 0.23127 ***	0.080321	− 0.23127 ***	0.080321
J_2	− 0.21737 ***	0.074025	− 0.21737	0.074025	− 0.21737 ***	0.074025
常数项	− 0.74566 ***	0.208586	− 0.74566 ***	0.208586	− 0.74566 ***	0.208586
平衡性	满足		满足		满足	
Pseudo − R^2	0.1609		0.1609		0.1609	
观测值	5722		5722		5722	
对数似然值	− 3297.8594		− 3297.8594		− 3297.8594	

注：***，**，*分别代表1%，5%，10%水平下显著。

　　采用 Logit 模型，通过逐步引进个体、家庭、时代、区位等特征变量进行倾向得分估算，检查大学教育组户和高中教育组倾向得分平衡性以及模型的 Pseudo $-R^2$ 值，选择满足平衡性要求同时 Pseudo $-R^2$ 值最大的变量组合用于最终倾向得分估算。表 4—6 列出了变量选择最终结果和 Logit 模型估算结果。显而易见，无论选择哪一种匹配方法，其选择结果比较一致。最终用于大学教育倾向得分估算的特征变量有：性别、时代特征、父亲教育程度、母亲教育程度、父亲职业特征、父亲家庭成分、母亲家庭成分、个体职业类型以及所在行业。Pseudo $-R^2$ 为 0.1609，模型变量的选择满足平衡性要求。Logit 模型估算说明了各变量对个体属于大学教育组的影响方向和影响程度。从具有显著性影响变量看，男性比女性具有更高的高等教育参与率，或者说大学教育组中男性比女性更多。从年龄分布特征来看，相比于 55—65 岁年龄组，最年轻的组别 23—32 岁群组越容易参与大学教育；43—33 岁次之。然而 44—54 岁群组高等教育参与率反而比 55—65 岁下降，究其原因，这部分人如果 18 岁参加高考的话，将在 1966—1976 年面临高考。那时正值“文化大革命”时期，读书无用论风靡一时，中国高等教育事业受到重创，严重挫伤了广大人民群众读书的积极性，因而高等教育参与热情比前一个时代还低。家庭背景特征显著影响大学参与率：具体而言，相对于父母只受过初中以下教育程度的劳动力，父母受教育程度越高，高等教育参与率也越高。相对于贫农、贫下中农以及体力劳动者而言，父母是富农、中产阶级、地主、企业所有者、军官、办公室工作人员具有更高的高等教育参与率。高等教育参与率的区位特征明显。相对于中西部欠发达地区，北京、辽宁的高等教育参与率更高，但以广东、江苏为代表的东南沿海地区却很低，可能的解释是这两个省份高校区位占有率较低。另外，由于这两个地区经济发展水平较高而吸引了大批学位不高的劳动力南下，我们的劳动力样本中可能包含了这些南下的劳动者。相对于其他职业而言，在企业、政府以及研究所里的工作人员具有更高的高等教育参与率；从从业人员的三次产业来看，第三产业具有更高的大学参与率，第二产业次之，第一产业的参与率最低。

　　由于协变量集合中包含了丰富的家庭背景变量，可以在一定程度上基于可观测变量捕捉个体由于遗传而形成的无法观测的能力因素，进而可以相对准确地测度大学教育溢价。

（二）匹配质量的检测

1. 共同支撑假设检验。图4—2呈现了用Logit模型计算得到的大学教育组和高中教育组倾向分数的直方图。结果发现，在5722个个体中，有三个没有匹配的对象，其中2个高中生，一个大学生，其余的两组群体在倾向分数的分布上都具有较好的重叠状态；对于倾向分数高于0.5的样本，接受大学教育的个数大于未接受大学教育的个体；与之相对应，对于倾向分数低于0.4的样本，接受大学教育的个数小于未接受大学教育的群体，这说明我们的样本数据满足了共同支撑假设。

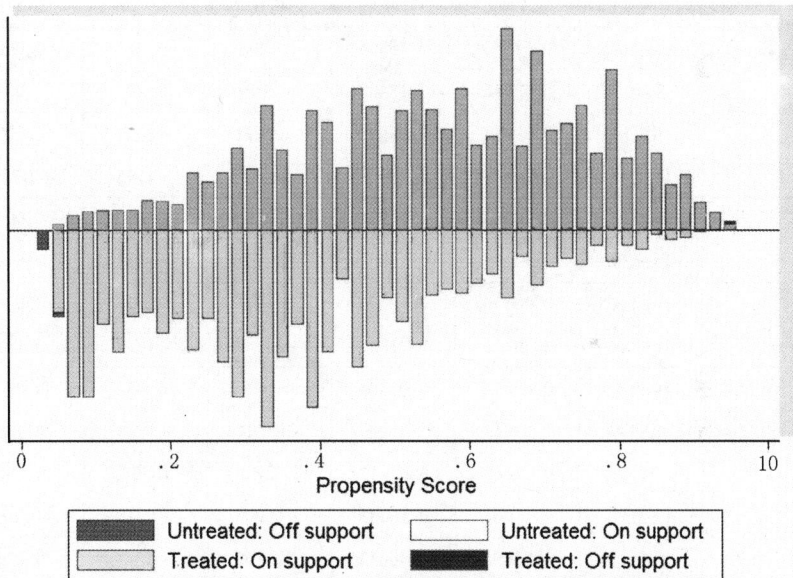

图4—2　大学学位组和高中学位组倾向得分直方图

2. 协变量平衡性检验。我们分别比较了在匹配前和匹配后大学教育组和非大学教育组各个协变量均值差异T-检验结果，以考察倾向得分匹配估计是否成功平衡了两个组的个体特征。由于各种匹配法匹配结果及其相似，表4—7只呈现了核匹配法的匹配结果。

在5722个样本中，去掉3个不支持共同支撑假设的大学组的样本，最后有效匹配样本为5719个，表4—7呈现了各变量匹配前后两组均值差异、T统计量以及P值。由表中数据可见，我们的协变量平衡性很好，其中性别、时代特征变量以及家庭背景变量、职业特征变量在匹配前大学学位组和高中学位组具有显著的差异，而匹配后两组的差异是不显著的。

表 4—7　　　　　　　　　　匹配前后两组协变量均值差异比较

变量	匹配前后	大学组	高中组	均值差异	T - 检验	P 值
gender	匹配前	0.60827	0.49811	0.223	8.37	0.000
	匹配后	0.6078	0.61247	- 0.009	- 0.34	0.734
E_1	匹配前	0.13543	0.08611	0.158	5.99	0.000
	匹配后	0.1352	0.14059	- 0.017	- 0.56	0.578
E_2	匹配前	0.51063	0.46386	0.094	3.52	0.000
	匹配后	0.51045	0.48409	0.053	1.88	0.061
E_3	匹配前	0.29488	0.39943	- 0.221	- 8.27	0.000
	匹配后	0.29523	0.31009	- 0.031	- 1.15	0.25
F_1	匹配前	0.13386	0.05971	0.253	9.69	0.000
	匹配后	0.13283	0.12802	0.016	0.51	0.611
F_2	匹配前	0.20236	0.13796	0.172	6.52	0.000
	匹配后	0.2026	0.21841	- 0.042	- 1.38	0.167
M_1	匹配前	0.03858	0.01571	0.141	5.43	0.000
	匹配后	0.03863	0.0403	- 0.010	- 0.31	0.759
M_2	匹配前	0.16063	0.07417	0.271	10.38	0.000
	匹配后	0.15964	0.16133	- 0.005	- 0.16	0.87
P_1	匹配前	0.73898	0.80673	- 0.162	- 6.13	0.000
	匹配后	0.73985	0.72648	0.032	1.08	0.282
P_2	匹配前	0.74409	0.81395	- 0.169	- 6.39	0.000
	匹配后	0.74458	0.72934	0.037	1.23	0.218
L_1	匹配前	0.08228	0.08988	- 0.027	- 1.02	0.31
	匹配后	0.08238	0.09327	- 0.039	- 1.37	0.171
L_2	匹配前	0.15551	0.20742	- 0.135	- 5.04	0.000
	匹配后	0.1557	0.15285	0.007	0.28	0.779
L_3	匹配前	0.07756	0.08422	- 0.024	- 0.92	0.359
	匹配后	0.07765	0.0777	0.000	- 0.01	0.995

续表

变量	匹配前后	大学组	高中组	均值差异	T – 检验	P 值
L_4	匹配前	0.16142	0.17316	− 0.031	− 1.18	0.238
	匹配后	0.16161	0.1598	0.005	0.18	0.861
L_5	匹配前	0.17244	0.15085	0.059	2.21	0.027
	匹配后	0.17186	0.16692	0.013	0.47	0.639
T_1	匹配前	0.39882	0.63451	− 0.485	− 18.25	0.000
	匹配后	0.39929	0.40397	− 0.010	− 0.34	0.734
T_2	匹配前	0.20354	0.05657	0.448	17.32	0.000
	匹配后	0.2026	0.1863	0.050	1.47	0.142
T_3	匹配前	0.36181	0.21056	0.339	12.87	0.000
	匹配后	0.36224	0.37134	− 0.020	− 0.67	0.501
J_1	匹配前	0.04803	0.25079	− 0.593	− 21.57	0.000
	匹配后	0.04809	0.05052	− 0.007	− 0.4	0.69
S_1	匹配前	0.0106	0.01383	− 0.022	− 1.4	0.000
	匹配后	0.01261	0.01299	− 0.003	− 0.12	0.904
S_2	匹配前	0.23504	0.36989	− 0.297	− 11.07	0.000
	匹配后	0.23532	0.24362	− 0.018	− 0.69	0.489
J_2	匹配前	0.66063	0.75519	− 0.209	− 7.9	0.000
	匹配后	0.66141	0.6629	− 0.003	− 0.11	0.911

3. 不同匹配方法的相关指标匹配质量检测。

表 4—8　　　　　　　不同匹配方法不同指标匹配质量检测

	匹配质量	指标值
	$Pseudo – R^2$	0.161
匹配前	平均偏离偏差（Average standardized）	15.47889
	似然比 – χ^2 检验（LR chi2）	1263.21
	匹配后	
最近邻居法（无替换）	$Pseudo – R^2$	0.003
Nearest neighbor matching	平均偏离偏差（Average standardized）	1.778063
Without replacement	似然比 – χ^2 检验（LR chi2）	19.74

续表

	匹配质量	指标值
Kernel 匹配法 Kernel method	Pseudo – R^2	0.002
	平均偏离偏差（Average standardized）	1.611902
	似然比 – χ^2 检验（LR chi2）	11.95
Caliper = 0.01	Pseudo – R^2	0.003
	平均偏离偏差（Average standardized）	1.787218
	似然比 – χ^2 检验（LR chi2）	20.57
Caliper = 0.1	Pseudo – R^2	0.003
	平均偏离偏差（Average standardized）	1.778063
	似然比 – χ^2 检验（LR chi2）	19.74
Caliper = 0.5	Pseudo – R^2	0.003
	平均偏离偏差（Average standardized）	1.778063
	似然比 – χ^2 检验（LR chi2）	19.74

表4—8 列出了三个衡量整体匹配质量的指标在采用不同匹配法前后的变化。在匹配前，所有观测变量的平均标准偏差为 15.47889，通过不同方法进行匹配后，平均标准偏差都明显下降，而且各匹配法相差不大，其中核匹配的平均偏差最小，为 1.611902，其余匹配法均为 1.778063。这说明匹配过程能够很好地平衡大学组和高中组的特征。匹配前似然比 χ^2 检验量为 1263.21，在利用不同方法进行匹配后均有明显的下降。χ^2 检验量越小，说明匹配后大学组和高中组的变量均值的差异越小，匹配效果越好。同样我们发现 Kernel 法的匹配效果要优于其他匹配方法。通过不同方法匹配后重新估算 Pseudo – R^2 值并与匹配前进行比较，Pseudo – R^2 值由匹配前的 0.16 下降到 0.002—0.003 之间。我们再一次得到核匹配是最优的证据。匹配后较小的 Pseudo – R^2 值再一次说明匹配后各变量在两组中没有显著差异。

（三）利用倾向得分匹配法测度中国大学教育溢价效应

利用不同匹配方法测算大学教育、能力偏误对个人工资的影响效应，并且用基于新近发展的"自抽样法"（Bootstrap）[①]重复 500 次检验估计效应的统计显著性和标准差，进而进行统计推断以检验结果的稳定性，我们分别用不同方法进行匹配，具体效应值见表4—9。

---

① 关于 Bootstrap 计算标准差的具体步骤和思想可参见 Efron and Tibshirani（1993）；Abadie et al.（2004），以及 Abadie and Imbens（2006）。

表4—9　　　　　　　基于倾向得分匹配模型对大学教育的溢价估计

匹配法	被解释变量：对数年工资			
	大学溢价	Bootstrap 标准差	OLS 估计	能力偏误
Nearest neighbor matching	0.1483111 ***	0.0254164	0.235852 ***	0.087541
Caliper（0.01）	0.1483111 ***	0.025	0.235852 ***	0.08754
Caliper（0.1）	0.1483111 ***	0.0245	0.235852 ***	0.08754
Caliper（0.5）	0.1483111 ***	0.0255	0.235852 ***	0.087541
Kernel matching	0.1982459 ***	0.02551	0.235852 ***	0.037606

匹配法	被解释变量：对数月工资			
	大学溢价	Bootstrap 标准差	OLS 估计	能力偏误
Nearest neighbor matching	0.14517687 ***	0.02455	0.2313 ***	0.086123
Caliper（0.01）	0.14533055 ***	0.023894	0.2313 ***	0.085969
Caliper（0.1）	0.14533055 ***	0.0265	0.2313 ***	0.085969
Caliper（0.5）	0.14533055 ***	0.0245	0.2313 ***	0.085969
Kernel matching	0.1942788 ***	0.02460121	0.2313 ***	0.037021

匹配法	被解释变量：对数小时工资			
	大学溢价	Bootstrap 标准差	OLS 估计	能力偏误
Nearest neighbor matching	0.14983071 ***	0.02455	0.2631 ***	0.113269
Caliper（0.01）	0.14977399 ***	0.023894	0.2631 ***	0.113326
Caliper（0.1）	0.14977399 ***	0.0245	0.2631 ***	0.113326
Caliper（0.5）	0.14977399 ***	0.0235	0.2631 ***	0.113326
Kernel matching	0.2130039 ***	0.02460	0.2631 ***	0.050096

匹配法	被解释变量：对数日工资			
	大学溢价	Bootstrap 标准差	OLS 估计	能力偏误
Nearest neighbor matching	0.13426960 ***	0.02455	0.2483 ***	0.11403
Caliper（0.01）	0.13420029 ***	0.023894	0.2483 ***	0.1141
Caliper（0.1）	0.13420029 ***	0.0235	0.2483 ***	0.1141
Caliper（0.5）	0.13420029 ***	0.0235	0.2483 ***	0.1141
Kernel matching	0.2046593 ***	0.02460	0.2483 ***	0.04364

注：*** 代表1%水平下显著。

由表4—9估计结果，我们可以得出以下结论：

首先，无论采用哪一种工资水平指标，基于倾向得分匹配方法测算的大学教育溢价比 OLS 估计有明显的下降，都稳定在 14% 左右，且在 1% 水平下显著。采用最近距离法、半径匹配法（半径为 0.01、0.1、0.5）工资度量指标都得到了大约 14% 的大学教育溢价，但实施核匹配估计时，大学教育溢价值大约为 20%。产生这种差异的主要原因可能是：不同匹配算法产生了不同的共同支撑区域，致使匹配样本不同程度受损，导致在不同的匹配算法下大学个体选择不同高中个体进行了匹配。核匹配使用所有高中组的个体结果的加权平均对每一个大学个体进行匹配，其中权重为其倾向得分，而且离大学个体倾向得分越近权重越大。由于核匹配利用了所有样本的信息，因而更为有效。上文匹配质量检测中的 Pseudo – R^2、平均偏离方差以及似然比卡方统计量验证了这一论断：在所有匹配法中，匹配后平均偏离方差、似然比卡方、Pseudo – R^2 核匹配最低，说明核匹配后两组的差异最小，因而估计结果最可信。

其次，在所有工资度量指标中，对数小时工资得到的大学教育溢价值最大，溢价值的普通 OLS 估计结果为 26.31%，倾向得分核匹配估计结果为 21.3%；对数日工资次之，对数年工资最低。之所以会产生这样的差异，可能是因为工作时间对收入产生了影响，而如果工作时间与教育水平相关，则忽略时间势必会对大学教育溢价的估计产生影响。据测算，我们的数据显示了教育水平与工作小时数的相关系数为 – 0.23，与工作日数相关系数为 – 0.12，与工作月数相关系数为 0.20。时间单位越小可能会更准确地反映劳动力的边际产量价值。这与 Li（2003）的研究一致：如果直接利用月收入或年收入估计教育收益率，会造成忽略变量偏差。另外，孙志军（2004）认为，具有高学历、从事脑力劳动的个体工作时间比体力劳动者短，小时收入相对较高，因此用小时工资估计得出的教育回报率一般较高。因而接下来我们以对数小时工资测算的结果来解释大学教育溢价。基于可观测协变量控制了能力偏误后，我们得到了 21.3% 的大学教育溢价，即一个高中生如果读大学其小时工资将比其没读大学高出21.3%。如果大学按 4 年计算，年均高等教育回报率为 5.33%。普通 OLS 以及工具变量估计都会产生向上的偏误。尽管我们的结果比李雪松（2004）偏低，但由于数据不同、协变量指标不同以及样本期不同，并不具有可比性。

最后，如果将 OLS 估计结果与 PSM 估计结果之差视为由不可观测能力形成的偏误，表4—5的最后一列给出能力偏误的大小。仍以对数小时工资为例。核匹配结果估计的能力偏误为5%，其他匹配方法产生了11%的能力偏误，也就是不可观测能力至少解释了对数小时工资的5%。

四　灵敏度分析

如果除了协变量 X 外还有其他潜在因素 U 影响一个人是否成为大学教育组的劳动力，由于潜在因素无法观测，罗森鲍姆（Rosenbaum，2002）提出通过考察随着所设定之未观测因素对是否接受处理的几率作用幅度大小的变化，来评估这类因素影响处理效果的敏感性。即若设成为大学教育组的概率为 π_i，则

$$\pi_i = \Pr\left(D = 1 \mid X, U\right) = F\left(\beta X + \gamma U\right) \tag{4.20}$$

U 可设定介于0与1之间，而 γ 是 U 参与个体的影响效果。随着设定的 γ 大小的变化，我们可以评价处理效应受潜在偏误影响的灵敏度。基于核匹配估计的敏感性分析结果见表4—10。

表4—10　　大学教育对个体小时工资影响的敏感性分析（配对数2539）

Gamma	Sigma$^+$	Sigma$^-$	t–hat$^+$	t–hat$^-$	CI$^+$	CI$^-$
1	0	0	0.229763	0.229763	0.209687	0.249814
1.05	0	0	0.218814	0.240635	0.198893	0.26089
1.1	0	0	0.208452	0.251027	0.188624	0.271457
1.15	0	0	0.198676	0.261106	0.178774	0.281608
1.2	0	0	0.189333	0.270733	0.169343	0.291387
1.25	0	0	0.180321	0.280046	0.160269	0.300657
1.3	0	0	0.171637	0.288991	0.151606	0.309658
1.35	0	0	0.163325	0.29749	0.143346	0.318289
1.4	0	0	0.155356	0.305772	0.135327	0.326689
1.45	0	0	0.147696	0.313721	0.127567	0.334848
1.5	0	0	0.1403	0.321487	0.120159	0.342657
1.55	0	0	0.133139	0.328944	0.11296	0.350238
1.6	0	0	0.126234	0.336238	0.105992	0.357624
1.65	0	0	0.119573	0.343283	0.099194	0.364832
1.7	0	0	0.113094	0.350099	0.09265	0.371774

续表

Gamma	Sigma$^+$	Sigma$^-$	t－hat$^+$	t－hat$^-$	CI$^+$	CI$^-$
1.75	0	0	0.106788	0.356782	0.086333	0.378582
1.8	0	0	0.100677	0.363282	0.080182	0.385231
1.85	0	0	0.094723	0.369588	0.074226	0.391678
1.9	5.60E－16	0	0.088952	0.375737	0.06838	0.397971
1.95	2.90E－14	0	0.083426	0.381743	0.062695	0.40406
2	1.10E－12	0	0.07795	0.387552	0.057166	0.410012

注：Gamma 代表未观测因素所导致的不同学位结果对数发生比；Sigma$^+$ 表示显著性水平上界；Sigma$^-$ 表示显著性水平下界；t－hat$^+$ 是 Hodges－Lehmann 点估计上界；t－hat$^-$ 是 Hodges－Lehmann 点估计下界；CI$^+$ 是置信区间上界（0.95）；CI$^-$ 是置信区间下界（0.95）。

如表 4—10 所示：Γ 是验证匹配估计是否存在潜在偏误的度量指标。从估计结果可见，在不存在未观测因素的情况下（$\Gamma=1$），符号秩检验在 1% 水平下显著。Hodges-Lehmann 估计给出的具体值 0.229，与核匹配估计比较接近，表明接受大学教育对工资收入具有明显的处理效应。纵观当 Γ 从 1 变化到 2 时，也就是说，由于潜在偏误，具有相同观测变量取值的匹配个体接受处理的发生比逐渐增大到 2 倍时，处理效应估计在 95% 置信区间逐渐增大，但显著性水平始终为 0。这暗示未观测因素存在的可能性不大，但如果存在潜在因素，从 t-hat Hodges-Lehmann 估计可见，处理效应估计对这些潜在因素较为敏感，潜在因素的存在会低估大学教育溢价。从 CI 置信区间的变化可见，处理效应估计对这些潜在因素较为敏感，随着潜在因素影响效应的变大，点估计的置信区间逐渐变大。从显著性水平来看，本书对大学教育溢价低估的可能性不大。

第五节　不同职业类型间大学教育溢价比较分析

基于核匹配估计，本书分别估算了不同职业类型的大学教育溢价，在此将职业类型分为企业、政府、研究所，分别考察了各个不同工资度量指标后所计算的大学教育溢价结果如表 4—11 所示。

表4—11　　　　　不同职业类别基于 Kernel 匹配法的大学教育溢价估计

结果变量	企业		政府		研究所	
	大学溢价	Bootstrap 标准差	大学溢价	Bootstrap 标准差	大学溢价	Bootstrap 标准差
对数年工资	0.230936 ***	0.042684	0.15037	0.0814453	0.199356 ***	0.043783
对数月工资	0.213455 ***	0.043573	0.146244	0.089324	0.213257 ***	0.053672
对数日工资	0.234878 ***	0.046523	0.128004	0.097823	0.21738 ***	0.046734
对数小时工资	0.25253 ***	0.051242	0.128327	0.081251	0.215788 ***	0.0542919

注：*** 代表 1% 水平下显著。

　　从表4—11可见，不同职业类型间大学教育溢价差异显著，其中企业大学溢价最高，平均而言，一个大学生年工资要高出高中生23%，月工资高出高中生21.3%，日工资高出高中生23.48%，小时工资高出高中生25.25%。在企业里，大学教育年均回报率在6%左右。研究所里大学教育溢价次之，在研究所工作的大学生将比高中生年工资高出19.94%，月工资高出21.32%，日工资高出21.74%，小时工资高出21.58%。年均大学教育回报率为5%左右。相比之下，政府工作人员大学教育溢价最低，而且不显著。具体而言，在政府工作的大学生年工资高出高中生15%，月工资高出14.6%，日工资和小时工资高出12%左右，年均大学教育回报率为3.5%，但企业里的大学教育溢价并不显著。

第六节　不同产业间大学教育溢价比较分析

　　基于核匹配估计，本书接下来分别估算不同产业类型的大学教育溢价，根据国家经济行业分类标准将 CHIPS 数据集中行业划分为三大产业，[①] 分别考察了各个不同工资度量指标后所计算的大学教育溢价结果如表4—12所示。

---

　　①　第一产业的农林牧副渔行业；第二产业的矿业、制造业、水电煤气、建筑业；第三产业的交通运输、仓储和邮政业，信息传输、计算机服务和软件业，批发和零售业，住宿和餐饮业，金融业，房地产业，租赁和商务服务业，科学研究、技术服务和地质勘查业，水利、环境和公共设施管理业，居民服务和其他服务业，教育，卫生、社会保障和社会福利业，文化、体育和娱乐业，公共管理和社会组织，国际组织。

表 4—12　　　　　不同产业类别基于 Kernel 匹配法的大学教育溢价估计

结果变量	第一产业		第二产业		第三产业	
	大学溢价	Bootstrap 标准差	大学溢价	Bootstrap 标准差	大学溢价	Bootstrap 标准差
对数年工资	0.04422118	0.1192621	0.196493 ***	0.0459841	0.204781 ***	0.0382678
对数月工资	0.0524892	0.1625904	0.18370 ***	0.0522039	0.202042 ***	0.0326482
对数日工资	− 0.023166	0.1239604	0.193496 ***	0.0520801	0.213922 ***	0.0379218
对数小时工资	− 0.042378	0.1626974	0.193364 ***	0.0569638	0.22387 ***	0.0395609

注：＊＊＊代表在 1% 水平下显著。

从表 4—12 估计结果可见，三大产业间大学教育溢价差异显著：首先，第一产业大学溢价很低甚至为负，而且统计上不显著。说明第一产业内部大学教育并未呈现出明显的工资溢价。相比而言，第二、三产业具有明显的大学溢价，特别是第三产业，受过大学教育者的工资比其不接受大学教育的工资要高出 21% 左右，而且统计上是显著的。第二产业也呈现出统计上显著的 19.3% 的大学教育溢价。不同产业间大学溢价的差异说明大学学位在解释不同产业间以及产业内部工资差异上起了很重要的作用。

第七节　不同劳动力市场大学教育溢价比较

基于核匹配估计，接下来分别估算一级、二级劳动力市场①上大学教育溢价，分别考察了各个不同工资度量指标后计算得出的大学教育溢价结果如表 4—13 所示。

从表 4—13 可见，无论对于哪一种工资度量指标，两种劳动力市场上都呈现出明显的大学教育溢价，但在一级劳动力市场上大学溢价更强、更显著。平均而言，对于一级劳动力市场上的工作人员，上大学的工资将高出其不上大学工资的 20% 左右；对于二级劳动力市场上的从业人员，上

---

① 一级劳动力市场包括：私有公司经营者；专业技术工作者；政府机构或企业董事；政府机构或企业部门主管；办公室文员；技术工人或熟练工人。二级劳动力市场包括：农民；非技术工人或非熟练工人；店员或服务人员以及其他职业。

大学的工资溢价为 15% 左右。不同劳动力市场的大学溢价差异在一定程度上解释了个体工资差异，为我们解析现阶段中国持续的工资收入差距扩大提供全新的分析视角。

表 4—13　　　　　不同劳动力市场基于 Kernel 匹配法的大学教育溢价估计

结果变量	一级劳动力市场		二级劳动力市场	
	大学溢价	Bootstrap 标准差	大学溢价	Bootstrap 标准差
对数年工资	0. 19933349 ***	0. 0334733	0. 164031 **	0. 1090403
对数月工资	0. 197875307 ***	0. 028457	0. 1276431 **	0. 0934201
对数日工资	0. 208447669 ***	0. 0260228	0. 144997 **	0. 087836
对数小时工资	0. 214993378 ***	0. 0341472	0. 1759628 **	0. 1002841

注：*** 代表在 1% 水平下显著，** 代表在 5% 水平下显著。

第八节　本章小结

本章基于 CHIP2002 年数据，充分利用数据集中丰富的家庭背景信息、个体特征信息以及丰富的就业信息，利用普通 OLS、工具变量估计以及倾向得分匹配估计模型，在设法控制无法观测能力基础上测度了中国大学教育溢价。研究结论表明，由于普通 OLS 估计难以准确地找到能力代理变量，将使大学教育溢价结果估计有偏。同样，工具变量估计由于难以找到合适的工具变量，也将产生有偏的估计。相比之下，由于倾向得分匹配估计，基于可观测的变量，可以更好地控制个体特征，根据个体倾向得分相似的原则匹配个体，可以得到相对准确的大学教育溢价。我们的估计结果表明：在控制了可观测的协变量后，大学教育溢价为 21.3%，一个高中生如果能够继续接受大学教育的话，其对数日工资将高出 21.3%，年均大学教育回报为 5.33%。能力对工资的边际效应为 5% 左右。大学教育是个体工资差异形成的重要因素之一。进而基于核匹配估计技术估算了不同职业、不同产业以及不同劳动力市场的大学教育溢价。估计结果表明：不同职业、不用产业以及不同劳动力市场都存在不同程度的大学溢价，尤其是企业，研究所，第二、三产业，一级劳动力市场的大学溢价更强、更显著。中国劳动力市场上存在明显的多元分割，一级劳动力市场上的工资收入明显高于二级劳动力市场，企业、研究所的工资收入显著高于政府部门，第三产业工资收入显著高于第二产业，第二产业工资收入显著高于第一产业。受教育程度越高的劳动力确实拥有更高的工资性收益，因为他们主要在一级劳动力市场上就业，第二、三产业就业，而一级劳动力市场，第二、三产业部门的工资率较高。

　　因而，政府应加大高等教育投入力度，让更多的穷人接受高等教育，穷人的最大财富就是他们的人力资本，对穷人的人力资本进行投资，增加他们的资产，是缩小贫富差距、消除贫困的有效途径。

第 五 章

高等教育扩张对中国大学
教育溢价的影响

——基于干预—控制框架的实证研究

　　自改革开放以来，由于"科教兴国"战略的实施，中国高等教育蓬勃发展。特别是 20 世纪 90 年代末期，中国先后出台了《面向 21 世纪教育行动振兴计划》、《关于深化教育改革全面推进素质教育的决定》以及《中华人民共和国高等教育法》等相关政策，中国高等教育迅速扩张。普通高等教育招生从 1978 年的 40.2 万人，增长到 1998 年的 108.4 万人，年均增长速度的 8.5%。特别地，1999 年本专科招生数一跃上升到 159.7 万人，较上年增长 47.32%。之后以年均 16.97% 的速度高速增长，截止到 2010 年，普通高等学校招生数达 661.7551 万人，在校生达 2231.7929 万人，如果考虑网络以及成人高等学校本专科招生数以及研究生招生数，2010 年招生规模总计达 1090.3642 万人，在校生数总计高达 3374.8176 万人，占全国 18—22 周岁人口比为 27.81%。[①] 如果以美国学者马丁·特罗关于高等教育阶段划分标准研究，[②] 中国已进入世界公认的高等教育大众化时期。高等教育规模先后超过了俄罗斯、印度和美国，成为世界第一。而且这种扩张仍在继续！

---

　　① 相关数据来自《中国统计年鉴 2011》、全国第六次人口普查资料。

　　② 马丁·特罗认为，如果以高等教育毛入学率为指标，则可以将高等教育发展历程分为"精英、大众和普及"三个阶段。他认为，当高等教育毛入学率在 15% 以下属于精英教育阶段，15%－50% 之间为高等教育大众化阶段，50% 以上为高等教育普及化阶段。其中高等教育毛入学率是指高等教育在学学生数与适龄人口的比率。一般认为，中国高等教育适龄人口是指 18—22 岁年龄段的人口。由于数据原因，本书并没有考虑电大注册视听生、在职攻读、自考助学班、普通预科生、进修及培训等的在校生，因而高等教育毛入学率不可避免地被低估了。

　　高等教育扩张直接冲击着劳动力市场，使从业人员受教育结构发生重大扭转。据《中国劳动统计年鉴》数据，1996 年全国从业人员中大专以上占比为 2.8%，其中，男性占比为 3.4%，女性占比为 2.2%；2000 年这组比例数据男性为 4.5%，女性为 3.1%；到 2010 年全国从业人员中大专以上学历占比为 10.1%，其中男性为 10.32%。女性为 9.74%。对城镇就业人员而言，大专以上学历的占比为 20.3%，男性为 20.1%。女性为 20.9%。在较短时期内中国大学生供给的急剧增长，致使大学教育溢价是上升还是下降了？这个问题受到广泛关注。但这个问题很难回答，因为首先，按照劳动力市场工资决定理论，由于大学毕业生供给面变化的突然性和大规模性，需求面如果对供给面的变化来不及做出调整，供给的大量增加势必会导致其工资的下降。但如果经济中存在技能偏向性技术变迁，对技能需求的增多又必然会引起大学教育溢价的上升。其次，伴随着高等教育的扩张，高等教育资源匹配滞后以及高等教育经费投入不足，可能会导致教育质量下降，以及边际学生质量下降，在完全竞争市场上，劳动力工资由其边际生产率所决定，因而学生边际生产力的下降也会导致大学教育溢价的下降。再次，高等教育扩张可能使具有大学学位组和具有高中学位组的能力分布发生变化，高校扩张使更多的人可以接受大学教育。最后，中国自 1999 年 6 月开始实施国家助学贷款政策，使得在扩张前能力较高但家庭经济条件差的学生，扩张后进入大学了，同时也可能使相对于以前大学生能力较低的新大学生也上大学了，因此，在高等教育扩张前后，大学教育组和高中教育组的能力分布将发生改变，这样大学毕业生的工资相对于高中毕业生的变化中有一部分是由于学生质量和能力解释的部分，而不能全部认为是溢价部分。

　　鉴于学生质量评价上的困难以及学生成绩等指标数据的缺失，本书没考虑学生质量因素，如何将能力变化在解释大学教育溢价中的作用分离开来是本书试图解决的关键问题。

　　关于中国的高等教育扩张效应，尽管许多学者研究了中国高等教育扩张所带来的就业和收入问题，但对高等教育扩张后大学工资溢价问题的研究较少。现有文献大多只是估计了中国高等教育收益率的变化，没有将高等教育扩张所引致的溢价效应分离出来，未能对高等教育扩张所产生的影响进行全面、具体、深入的考察。而且现有的研究大都是对中国高等教育快速扩张之前教育收益率进行分析，并不能揭示近年来中国高等教育收益率随教育扩张而发生的变化。另外，正如前文所述，对于高等教育收益率的研究，由于受制于数据的质量，缺乏对能力偏误的校正，未能揭示出教育对工资收入相对真实的影响。数据本身的质量将直接影响到研究结论的质量及可信度。在大多数情形下会高估高等教育的收益率。再者，高等教育扩张对各个年龄段人群的影响是不同的，一般而言，年龄越大的人群受扩张影响程度越小，刚毕业或毕业不久的大学生是直接受到教育扩张影响的群体，因而，评价高等教育扩张的大学工资溢价应该按不同的同生群加以比较研究。最后，由于教育变量的内生性以及微观数据所特有的样本选择偏误存在，可能会使普通 OLS 估计发生偏误和非一致性。在评价高等教育扩张对大学教育溢价影响时国内学者至今没有考虑到微观数据的样本选择偏误问题。上述这些问题同时为本书提供了研究空间和切入点，具体地，本书将抛开由于需求面变化而可能导致的供给冲击对大学教育溢价效应的混淆作用，在干预—控制框架下，尽可能控制能力所带来的偏误以及微观数据的样本选择偏差，以期准确地评价高等教育扩张对大学教育溢价的影响效应。

第一节　模型方法、数据来源以及变量设定

一　模型方法

高等教育扩张可以被看成是中国高等教育发展过程中的一项政府政策，评价高等教育扩张对大学教育溢价的影响可以看成是这项政策所带来的因果效应。评价一项政策的因果效应目前国内外流行的方法之一是双重差分模型（difference-in-differences model，简称 DID 模型）。其基本思想是：一项政策的实施一方面造成同一个时点上受政策实施影响和未受政策实施影响两组的结果差异，另一方面造成政策实施前与政策实施后的差异。基于这种双重差异所形成的估计可以有效控制其他共时性政策的影响与接受政策与未接受政策两组的事前差异，进而识别出政策实施所带来的因果效应。

如图 5—1 所示：假设一项政策在 t_0 时刻实施，Y 表示政策实施的结果

变量，图中断开的直线表示接受政策处理组（treatment）的影响效应路径，则其真实效应为 $Y_b - Y_a$ ，但只有 t_1, t_2 时刻的数据，若用时间序列数据估计，则估计效应为 $Y_{t_2} - Y_{t_1}$ 。还有一组不受政策影响的群体，称为控制组（control）。其效果表现为一条连续不断的直线，因而 t_0 时刻的政策实施对其影响效果为 0，但除了政策效应以外，其结果的变化路径与接受政策干预组相同，因而代表其结果路径的直线只是干预组路径的向上或向下平移，这样处理组受政策影响的因果效应可以表示成：$Y_b - Y_a = (Y_{C1} - Y_{C2}) - (Y_{t1} - Y_{t2})$，双重差分估计因而得名。

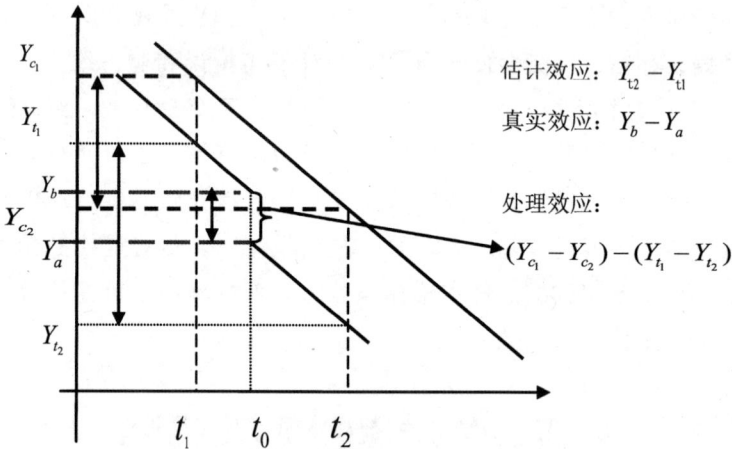

估计效应：$Y_{t2} - Y_{t1}$

真实效应：$Y_b - Y_a$

处理效应：

$(Y_{c_1} - Y_{c_2}) - (Y_{t_1} - Y_{t_2})$

图 5—1   双重差分模型原理图

借助 DID 模型识别高等教育扩张对大学教育溢价的影响效应，需满足以下条件：

第一，应具备控制组和处理组，并且具有扩张前后两组的数据。我们把劳动力分成两组，即 $T = 1$，代表新毕业生组，$T = 0$，代表老毕业生组。大学生供给冲击直接影响新毕业生群组的工资，特别是新毕业的大学生群组。一般认为，老毕业生群组工资不受扩张的影响，而且离扩张期越远受扩张影响的效应越弱，因此本书将新毕业生作为"处理组"，将老毕业生作为"控制组"。另外，为识别大学教育溢价变动还需将高中组作为大学生组的附加控制组。

为了解析扩张前后大学教育溢价的变动，尽可能找到完美的控制组，根据中国高等教育扩张的阶段特征，在此分别考虑了不同的同生群组：$T_1 = 21—25$ 岁；$T_2 = 26—30$ 岁；$T_3 = 31—35$ 岁；$T_4 = 36—40$ 岁以及 $T_5 = 40$ 岁以上。如果按中国传统入学年龄 6 岁计算，其获得大学学位的年份分别对应 2002—2005 年；1997—2001 年、1992—1996 年、1987—1991 年以及 1987 年以前。这里 2002—2005 年获得最高学位的新毕业生即 $T_1 = 21—25$ 岁是处理组，本书通过定义不同老毕业生控制组识别扩张前后大学溢价效应的变化。

第二，控制组能识别即使在扩张没有发生的情况下，处理组的时间变化路径。

如图 5—1 所示，两组路径是相互平行的，假设没有扩张，处理组的工资 Y 也会下降 $Y_{c2} - Y_{c1}$。但控制组处于什么水平并不重要，即使控制组处于更高、更低水平上，只要满足假设 2，真实效应同样是 $Y_b - Y_a = (Y_{c1} - Y_{c2}) - (Y_{t1} - Y_{t2})$，然而，如果处理组具有不同的发展趋势，则会高估或低估这种扩张效应。图 5—2 所示则会高估教育扩张作用。

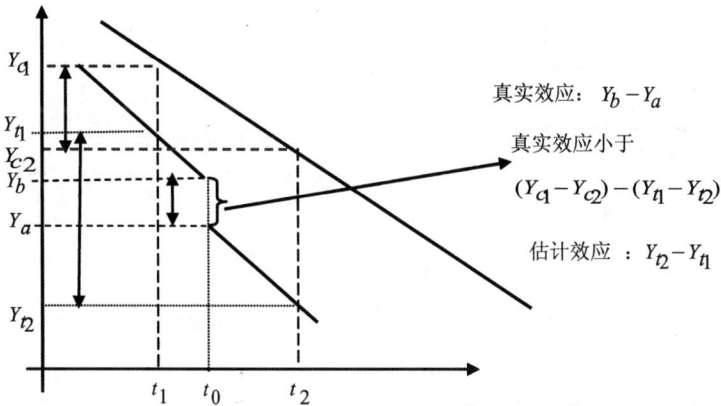

真实效应：$Y_b - Y_a$

真实效应小于

$(Y_{c1} - Y_{c2}) - (Y_{t1} - Y_{t2})$

估计效应：$Y_{t2} - Y_{t1}$

图 5—2　处理效应被高估情形

中国 1999 年的高校扩招，可以看成是一次覆盖全国的自然试验，在较短的时间内新大学毕业生供给的急剧增加，给劳动力市场带来了冲击。本书分别收集扩张前后不同时期获得最高学位的大学生、高中生群组数据，为评估扩招效应提供了可能。

为解析高等教育扩张对大学教育溢价的影响效应，本书建立 DID 模型如下：

$$\ln Y = c + \alpha D + \beta_1 T_1 + \beta_2 T_2 + \beta_3 T_3 + \beta_4 T_4 +$$

$$\gamma_1 D \times T_1 + \gamma_2 D \times T_2 + \gamma_3 D \times T_3 + \gamma_4 D \times T_4 + \beta X + \varepsilon \tag{5.1}$$

其中 $\ln Y$ 是对数工资，D 是学位虚拟变量，$D = 1$ 代表大学学位，$D = 0$ 代表只具有高中学位。T_i 代表一组上文所述同生群虚拟变量。$D \times T_i$ 是学位虚拟变量与时期虚拟变量的交互项，X 是控制变量组。

1. 模型（5.1）的含义与解释：

从模型（5.1），可以得到扩招前后进入大学的群组间大学教育溢价的变动，其中

（1）对于扩招后进入高考群组，即 $T_1 = 1$ 有：

$$\ln Y = c + \alpha D + \beta_1 + \gamma_1 D + \beta X + \varepsilon \tag{5.2}$$

因而，扩招后的 2001—2005 年取得最高学位的大学毕业生和高中毕业生的工资分别为：

$$\ln Y = \begin{cases} c + \beta_1 + \beta X \text{，当 } D = 0 \text{ 高中毕业} \\ c + \alpha + \beta_1 + \gamma_1 + \beta X \text{，当 } D = 1 \text{ 大学毕业} \end{cases}$$

扩招后的大学工资溢价为：$(c + \alpha + \beta_1 + \gamma_1 + \beta X) - (c + \beta_1 + \beta X) = \alpha + \gamma_1 \tag{5.3}$

（2）1997—2001 年获得最高学位的大学毕业生和高中毕业生的工资分别为：

$$\ln Y = \begin{cases} c + \beta_1 + \beta X \text{，当 } D = 0 \text{ 高中毕业} \\ c + \alpha + \beta_1 + \gamma_1 + \beta X \text{，当 } D = 1 \text{ 大学毕业} \end{cases}$$

扩招前 1997—2001 年取得最高学位的大学工资溢价为：

$$(c + \alpha + \beta_2 + \gamma_2 + \beta X) - (c + \beta_2 + \beta X) = \alpha + \gamma_2 \tag{5.4}$$

（3）1992—2006 年获得最高学位的大学毕业生和高中毕业生的工资分别为：

$$\ln Y = \begin{cases} c + \beta_3 + \beta X \text{，当 } D = 0 \text{ 高中毕业} \\ c + \alpha + \beta_3 + \gamma_3 + \beta X \text{，当 } D = 1 \text{ 大学毕业} \end{cases}$$

扩招前 1992—1996 年取得最高学位的大学工资溢价为：

$$(c + \alpha + \beta_3 + \gamma_3 + \beta X) - (c + \beta_3 + \beta X) = \alpha + \gamma_3 \tag{5.5}$$

（4）1987—1991 年取得最高学位的大学毕业生和高中毕业生的工资分别为：

$$\ln Y = \begin{cases} c + \beta_4 + \beta X \text{ ，当 D = 0 高中毕业} \\ c + \alpha + \beta_4 + \gamma_4 + \beta X \text{，当 D = 1 大学毕业} \end{cases}$$

扩招前 1987—1991 年取得最高学位群组的大学工资溢价为：

$$(c + \alpha + \beta_4 + \gamma_4 + \beta X) - (c + \beta_4 + \beta X) = \alpha + \gamma_4 \qquad (5.6)$$

（5）1987 年以前取得最高学位的大学毕业生和高中毕业生的工资分别为：

$$\ln Y = \begin{cases} c + \beta X \text{ ，当 D = 0 高中毕业} \\ c + \alpha + \beta X \text{，当 D = 1 大学毕业} \end{cases}$$

扩招前 1987 年以前取得最高学位群组的大学工资溢价为：

$$(c + \alpha + \beta X) - (c + \beta X) = \alpha \qquad (5.7)$$

（6）相对于 1987 年取得最高学位的群组，其余各个群组大学工资溢价变动分别为：

扩招后 2002—2005 年取得大学学位的群组大学工资溢价为：

$$\alpha + \gamma_1 - \alpha = \gamma_1$$

扩招前 1997—2001 年取得大学学位的群组大学工资溢价为：

$$\alpha + \gamma_2 - \alpha = \gamma_2$$

扩招前 1992—1996 年取得大学学位的群组大学工资溢价为：

$$\alpha + \gamma_3 - \alpha = \gamma_3$$

扩招前 1987—1991 年取得大学学位的群组大学工资溢价为：

$$\alpha + \gamma_4 - \alpha = \gamma_4$$

（7）扩招后进入大学群组相对于扩招前进入大学各个群组的大学溢价变动分别为：

相对于扩招前 1997—2001 年取得大学学位群组，扩招后大学溢价变动为：$\gamma_1 - \gamma_2$。

相对于扩招前 1992—1996 年取得大学学位群组，扩招后大学溢价变动为：$\gamma_1 - \gamma_3$。

相对于扩招前 1987—1991 年取得大学学位群组，扩招后大学溢价变动为：$\gamma_1 - \gamma_4$。

2. 计量问题讨论

基于模型（5.1）估算大学教育溢价变动还面临着两个重要问题：

第一，样本选择偏差。本文关注的是所有达到工作年龄人口不同时期不同教育程度对工资率的影响效应。然而无论何时，具有相同个体特征的适龄人口总有没参与劳动供给的，我们只能观测到那些正在工作的人的工资，而正在工作的人所组成的样本并不是总体的随机样本，因为工资的缺失依赖于劳动参与变量。劳动参与带有很强的"自选择"倾向，即个体参与工作与否依赖于自身劳动供给决定，而这种决定往往是内生的。通常的做法是将观测不到的工资收入样本直接删除或者令其工资为 0，这就产生了样本选择偏差，或者称其为"偶然断尾"。[①] 伍德里奇（Jeffrey M. Wooldrige，2002）证明了只有在劳动参与选择是外生，且满足一系列秩条件下，基于选择样本的普通 OLS 或 2SLS 估计才是一致的，否则将产生"样本选择偏误"（sample selection bias）。解决样本选择偏差的有效方法是赫克曼两步估计法。为此基于赫克曼（1979）考虑如下劳动参与方程：

$$canyu_i = 1 \left[X_{2i}\Delta + \delta_i > 0 \right] \tag{5.8}$$

其中 $canyu$ 是二元劳动参与指标，括号内不等式成立取值为 1，否则为 0，工资只有在 $canyu = 1$ 时才能被观测到。X_2 是影响劳动参与的外生向量，它可以包含 X 中部分甚至所有的外生变量；Δ 是解释变量的系数向量；δ 是误差项。

赫克曼两步估计法实施步骤如下：

（1）用所有的样本将 $canyu$ 对 X_{2i} 做 probit 回归，得到逆米尔斯比率 $\lambda = \lambda(X_2\Delta)$。

（2）基于可观测的选择样本，将逆米尔斯比率加入到模型（5.1）中得：

$$\ln Y = c + \alpha D + \beta_1 T_1 + \beta_2 T_2 + \beta_3 T_3 + \beta_4 T_4 +$$
$$\gamma_1 D \times T_1 + \gamma_2 D \times T_2 + \gamma_3 D \times T_3 + \gamma_4 D \times T_4 + \beta X + \delta \lambda + \varepsilon$$
$$\tag{5.9}$$

也就是说，在模型（5.1）的基础上加入了样本选择校正项 $\delta\lambda$，δ 如果显著异于 0，说明存在明显的样本选择偏差。

第二，教育变量内生性问题。教育变量内生性产生原因主要由于能力等无法观测因素所致。因为实际中我们经常发现即使两个个体接受了相同

[①] 具体参见 Jeffrey M. Wooldrige ed.，*Econometric Analysis of Cross Section and Panel Data*（The MIT Press，Cambridge），Massachusetts，London，Englandm，2002，p.552.

的教育，具有相同的经验和行业、职业等特征，他们的收入也有很大差别。这种差别不能用教育和经验来解释，应归因于天生能力差异。用普通 OLS 估计会将能力对工资收入的效应混淆为教育的生产率效应。一般认为，能力偏误会高估教育回报。国外学者大多基于双胞胎数据估计教育回报，设法控制能力偏误。例如，阿申费尔特和克鲁格（Ashenfelter & Krueger，1994）。本书将通过大量的家庭背景资料构建能力代理指标 *Ability*，设法控制能力偏误。因而本书实证分析中还将进一步考虑如下模型：

$$\ln Y = c + \alpha D + \beta_1 T_1 + \beta_2 T_2 + \beta_3 T_3 + \beta_4 T_4 + \gamma_1 D \times T_1 +$$
$$\gamma_2 D \times T_2 + \gamma_3 D \times T_3 + \gamma_4 D \times T_4 + \beta X + \theta Ability + \varepsilon \qquad (5.10)$$

$$\ln Y = c + \alpha D + \beta_1 T_1 + \beta_2 T_2 + \beta_3 T_3 + \beta_4 T_4 + \gamma_1 D \times T_1 + \gamma_2 D \times T_2 +$$
$$\gamma_3 D \times T_3 + \gamma_4 D \times T_4 + \beta X + \delta \lambda + \theta Ability + \varepsilon \qquad (5.11)$$

比较模型（5.1）、（5.9）—（5.11）的各个系数，可以得出由能力、样本选择所带来的偏误。

二　数据描述及处理

本书所使用的数据是中国人民大学社会学系和香港科技大学联合组织的全国性中国综合社会调查（China general social survey，缩写为 CGSS）微观数据。CGSS 调查组从 2003 年开始每年调查一次，调查对象涵盖了中国三大区域 27 个省（直辖市）、125 个县（区），500 个街道（乡、镇），1000 个居（村）委会、10000 户家庭中的个人。使用该数据集的原因如下：首先，该数据集中包含了分城乡、分地区、分性别劳动力个体教育程度、政治面貌、就业状况、收入状况数据，这为我们解析大学教育溢价城乡间、地区间、性别间差异提供了可能。其次，该数据集家庭库中包含了丰富的家庭背景资料。诸如 18 岁时父母的受教育程度、技术职称、政治面貌、社会地位、户口特征以及家中兄弟姐妹数，将这些家庭背景资料匹配到个体数据集中，为我们捕捉个体无法观测的能力提供了可靠的证据。再者，最新可利用的 CGSS 数据集是 2006 年，分年份、分年龄最高学位取得时间统计，为我们准确度量高等教育扩张前后大学教育溢价变动提供了可能。由于本书研究的是大学教育溢价变动问题，所以最终使用的是具有高中以上学位的 21—60 周岁的个体相关数据。剔除年龄在 20 周岁以下的，60 周岁以上的个体是由于尽管有 20 岁大学毕业的，但数量很少，不具有代表性，中国一般职工在 60 岁进入退休年龄，因而 60 岁以上有工资收入的在很大程度上是退休金，与没有退休的职工相比，不能准确地反映出大学学位对工资的影响效应。最终有效样本的 1971 个。

三　变量设定

（一）DID 模型关键的变量

1. 学位虚拟变量 D

$D = 1$ 代表大学学位，$D = 0$ 代表高中学位，其中大学学位包括成人大学本科、正规大学本科、成人大学大专、正规大学大专。尽管我们相信正规大学教育与成人大学教育对收入的影响是有差异的，然而由于样本容量的限制，在此并没有区分成人和正规学位。高中学位包括普通高中、职业高中、中专和技校。CGSS 数据既提供了个体的最高教育程度，又提供了从小学起接受学校教育的年限。二者在统计上存在一定的偏差，某些接受了超过 12 年学校教育的个体，其最高学历只有高中程度，也有一些最高教育程度为大学教育的低于 15 年学校教育，根据个体出生年份以及最后获得最高学位的年份，并且考虑到留级以及自学考试等因素，在此进行了调整。大学学位者包括最高教育程度是大专以上以及接受 14 年以上学校教育者并且最高教育程度取得年龄在 22 岁以上的个体。最高教育程度取得年龄小于 19 且受学校教育年限大于 15 年的个体视为统计偏差，将其视为只具有高中学位。

2. 时期虚拟变量 T_i

2002—2005 年取得大专学位以及 2003—2005 年取得大学本科学位的毕业生对应扩招后，在此之前获得大学学位者视为扩招前。如果按中国传统入学年龄 6 岁计算，2002—2005 年取得大专学位、2003—2005 年取得本科学位的大学生，其 2006 年的平均年龄在 21—25 岁之间，与之相比较的是 21—25 岁只拥有高中学位的同生群组。设时期变量 $T_1 = 1$ 为 21—25 岁群组。为了区别不同时期大学溢价效应，或者测度大学溢价随同生群的变化情况，我们另外选择了 $T_2 = 26-30$ 岁、$T_3 = 31-35$ 岁、$T_4 = 36-40$ 岁以及 $T_5 = 40$ 岁以上的同生群组，最高学位如果是大学学位则取得年份分别对应 1997—2001 年、1992—1996 年、1987—1991 年以及 1987 年以前，之所以选择这几个阶段是因为尽管中国在 1999 年高等教育大幅扩招，但当中国代真正的教育改革是从 1985 年开始的。1985年中共中央发布了《关于教育体制改革的决定》，当年普通高等学校招生数由 1984 年的 47.5 万人上升到 69.1 万人，年增长率为 3%，一直到 1998 年都是平稳增长阶段。1985—1998 年招生规模的年均增长率为6.6%，而 1999 年是分水岭，其增长率高达 47.3%。1985 年面临高考的群体，由于当时专科比较多，大致是在 1987—1989 年左右获得大学学位的。作为扩招后大学毕业生的控制组，我们预期年代越远受高等教育扩张的影响越小，完全不受影响的是最完美的控制组，取 40 岁以上年龄的群组为基础控制组。

（二）被解释变量

本书中所关注的结果变量是拥有高中以上学历的劳动力工资，CGSS数据调查了个体的全年收入包括工资、各种奖金、补贴、分红、股息、保险金、退休金、经营性纯收入等，以及各个组成部分在收入中的比例。工资是个体收入的主要形式，二者具有很强的相关性，本书被解释变量取劳动力的个人年收入，并将其取自然对数，用 lnY 表示。

（三）能力代理指标构建

为了更好地控制无法观测能力对个体工资的影响，以期更准确地测度大学教育溢价，在此搜集了大量有关家庭背景特征的变量。因为正如梭仑（Solon，1999）、普拉格和维杰尔伯格（Plug and Vijverberg，2003）所阐述的那样，能力是代际间传递的，父母辈的能力有很大几率会遗传到子女身上。格里克和萨勒（Glick and Sahn，2000）研究也表明，父亲受教育程度的提高会提高儿子和女儿的受教育程度。卡奈特和李（Knight and Li，1996）研究表明，中国农村地区母亲受教育水平对子女教育程度的重要性要大于父亲。CGSS 数据库提供了很好的家庭背景特征信息，包括 18岁时父母的受教育程度、父母的政治面貌、父母户口性质、职业特征、父母就业的行业、父母的技术职称以及父母的管理位置等。在这些变量中，据相关文献，父母的受教育程度应该与个体能力高度相关。

父母的受教育程度包括不识字或识字很少、小学、初中、高中、中专、技校、职业高中、大专（成人或正规）、大学本科（成人或正规）、研究生，我们根据相应学历的受教育年限折算为最终父母的受教育年限，其中各个层次受教育年限定义为：研究生 19 年，大学本科 16 年，大专 15 年，高中、中专、技校和职业高中为 12 年，初中为 9 年，小学为 6 年，不识字或识字很少为 1 年。[①] 在此引入父母受教育年限变量，*Fedu*，*Medu* 分别代表父母的受教育年限。我们也曾试图控制父母的技术职称，但考虑到技术职称与受教育程度具有很强的相关性，为避免多重共线性，舍去这一指标。

另外本书还选择了 18 岁时父母的户口特征以及父亲的管理位置变量。父母的户籍特征在一定程度上决定了孩子的生存环境，巴里斯·基马克（Baris Kaymak，2009）认为能力是代际间传递的，也是后天培养出来的，一个人的能力在生命早期形成，学前教育是形成能力的关键时期。孩子能接受什么样的教育与生存环境有着密切的联系。一般而言，具有城市户口的接受高等教育的机会大些，对高等教育的重视程度也大些，也更有能力接受更好的教育。CGSS 数据中父母户口特征包括农村户口、乡镇非农、县城非农、地级市非农、省会非农、直辖市非农等，我们将农村户口与乡镇非农归为一组，其余的归为一组。因为乡镇非农和农村户口生长的环境大致相当，都生活在农村，其余的生活在城市。另外，父母户口具有很强的相关性，因而没有考虑母亲户口特征。

管理能力是工资的重要的决定因素。父母的管理职位决定着父母的管理能力，也会在一定程度上影响到孩子的管理能力。CGSS 数据提供了详细的管理职位划分，具体包括单位基层领导、中层领导、主要领导、工段长、不担任管理职位等。在此将其分成两类：不担任管理职位和担任管理职位的。一般而言，母亲担任管理职业的极少，由于取值过于单一而没有考虑母亲的管理职位变量。

综上所述，为了控制不可观测能力对工资的影响效应，本书选择以下能力代理指标：父母受教育年限 *Fedu*,*Medu* ，父亲的户籍特征以及父亲管理职位：

---

① 将文盲、半文盲人口受教育年限定为 1 年是基于以下考虑：中国的文盲、半文盲人口指未受过小学及以上教育的人口，但半文盲人口参加过识字班、扫盲班，文盲人口中大多数人也不是一字不识，而且从人力资本存量核算的角度来说，以往文献认为文盲、半文盲人口的人力资本存量为 0 也是不适宜的。

$$Fhukou = \begin{cases} 1, \text{县、地级市、省会、直辖市非农} \\ 0, \text{农村户口或乡镇户口非农} \end{cases}$$

$$Fguanli = \begin{cases} 1, \text{担任管理职位} \\ 0, \text{不担任管理职位} \end{cases}$$

考虑到变量选择较多会降低估计的自由度，变量间信息可能重叠但舍弃任一指标又会带来信息损失，因此本书利用主成分分析法提取一个能力因子 $Ability$。首先利用 SPSS 18.0 对以上四个指标进行 KMO 检验和 Bartlett 球度检验，检验结果 KMO = 0.664。根据 Kaiser 原则，KMO > 0.6，说明各指标间具有较强的相关性，可以做因子分析。Bartlett 球度检验的 χ^2 统计量为 1397.766，P 值为 0，同样说明样本来自正态总体，合适做因子分析。按照特征值大于 1 的原则提取一个主成分，解释了原始指标总变异的 54%，将其定义为能力因子 $Ability$，各变量在能力因子上的载荷如下：

$$Ability = 0.401 Fedu + 0392 Medu + 0.313 Fhukou + 0.237 Fguanli$$

$$(5.12)$$

经 Kaiser 标准化的正交旋转后得到各变量载荷为：

$$Ability = 0.855 Fedu + 0.837 Medu + 0.669 Fhukou + 0.507 Fguanli$$

$$(5.13)$$

容易看出，对个体能力形成的贡献由高到低依次是：父母受教育程度、父亲户口、父亲的管理能力。

（四）其他控制变量的选择

1. 区位特征变量。中国地区差异一直以来都是学术界和政府部门关注的焦点，各地区社会经济发展水平差距很大，使得高等教育地区间分布极不均衡，区位优势以及国家高考分省定额录取政策的不同，导致区域间高等教育参与率存在极大差异。CGSS 数据库提供了东、中、西 27 个省（直辖市）数据，在此按传统的方法将其分为东、中、西三大区域。东部包括北京、天津、河北、广东、上海、福建、浙江、江苏、辽宁、山东 10 个省市，中部包括山西、吉林、黑龙江、安徽、江西、河南、湖北、湖南 8 个地区，其余的为西部地区。为此引入地区虚拟变量：

$$Z_1 = \begin{cases} 1, \text{东部地区} \\ 0, \text{其他} \end{cases}, \quad Z_2 = \begin{cases} 1, \text{中部地区} \\ 0, \text{其他} \end{cases}$$

西部地区为基础组。

2. 性别虚拟变量 gender，其中男性取值为 1，女性取值为 0。

3. 工作经验变量 year，CGSS 数据提供了详细的个人工作经历调查，包括第一次参加工作的时间，到 2005 年底被雇佣的年限，当前工作被雇佣的开始时间。因为一个人自参加工作起就开始积累各种社会经验、专业技术经验，即使曾经换过工作，大多数前后工作的专业技术应该相差不大，即使有一定偏差，之前的工作也会积累很多社会经验，而且 CGSS 数据提供了详细的更换工作的属性，包括行业特征、所有制特征、单位类型等，根据对比发现绝大多数个体变换的各个工作具有大致相同的特征，另外，第一次参加工作时间与到 2005 年底被雇佣时间二者基本一致，所以在此用到 2005 年底已经参加工作时间代表工作经验，部分个体数据缺少，用 2005 年减去第一次参加工作时间来补全。

（五）劳动参与变量选择

为纠正样本选择偏差，我们需要对劳动参与选择方程进行识别。所谓选择方程就是研究什么因素决定了个体是否获得劳动收入。首先确定 canyu 变量。无论个体获得工资性收入还是非工资性收入，都表明其参与了劳动供给，此时 canyu =1，否则 canyu =0。因为同时考虑工资结构方程和劳动参与选择方程，所以模型的识别很重要。这要求任一方程至少有一个自变量不被其他方程的自变量向量所包含。Melly（2005）认为，理想的识别变量应该是影响选择行为但不影响工资水平。从劳动供给角度看，劳动力的拥有者按照自己的个体特征，始终在为获得收入而工作与放弃工作收入而享受闲暇之间进行选择（陈斌开等，2009）。本书选择婚姻状况、个体生活费支出、身体状况作为劳动参与的工具变量，这些变量并不出现在工资结构方程中。同时在劳动参与方程中还考虑了年龄、性别以及地区特征。

四　数据的描述性统计

表 5—1 报告了基于 2006 年 CGSS 数据各个年龄组分学位年收入情况。从各个年龄组有效劳动力数据看，随着年龄的增加，从业人员中大学生比例逐渐递减，21—25 岁的年龄组大学学位的比例为 52%，26—30 岁年龄组大学学位的比例为 46.5%，31—35 岁年龄组大学学位的比例为 37%，36—40 岁年龄组大学学位的比例为 36%，而 40 岁以上年龄组大学

学位的比例为 21.5% 。从这一比例数据的变化上可以看出，高等教育逐渐扩张大大提高了劳动力的大学比例。从年收入均值、中位数以及最低、最高工资可见，尽管各个年龄段大学毕业生的工资高于高中毕业生的工资，然而高出的幅度随着同生群而逐渐递减。40 岁以上年龄组的大学毕业生年收入是高中毕业生组的 1.64 倍多，最高与最低的工资都是高中学位组的 6—7 倍；36—40 岁年龄组大学学位组的平均工资是高中学位组工资的 1.55 倍；31—35 岁年龄组这个比例变成 1.31 倍，而 26—30 岁年龄组这个比例仅为 1.26；在 21—26 岁劳动力中，这一比例仅为 1.19，大学毕业生与高中毕业生的工资几乎持平。这些描述性统计信息所出现的异常情况提供了初步的经验证据：扩招影响了大学工资溢价。下面本书将在进一步实证研究中检验这个判断。

表 5—1　　　　　　　　　分年龄分学位工资的统计描述　　　　　（单位：人；元）

年龄	学位	样本容量	均值	最高	中位数	最低
21—25 岁	高中组	146	20182.19	50000	15000	3600
	大学组	177	24167.45	100000	24000	5000
26—30 岁	高中组	183	17232.24	20000	18000	2200
	大学组	179	24522.01	160000	22000	3680
31—35 岁	高中组	216	16836.25	130000	14400	1700
	大学组	139	22133.98	144000	20000	7000
36—40 岁	高中组	186	20474.95	80000	15000	1500
	大学组	123	23361.59	60000	20000	2000
40 岁以上	高中组	480	17300.48	70000	12000	1000
	大学组	142	28300.00	500000	17400	6000

第二节　大学教育溢价变动基于双重差分模型的实证分析

一　基于 Probit 回归劳动参与选择实证结果

为纠正样本选择偏差，首先用 Probit 模型对全样本进行劳动参与估计。劳动参与选择方程因变量为 *canyu* ，劳动参与选择方程的识别变量为健康状况、生活费支出、婚否，同时还包括劳动者的年龄、地区、性别虚拟变量。估计结果见表5—2。由估计结果得出以下结论：

首先，Probit 模型似然比统计量为623.66，模型整体在1%水平上显著。从个体特征变量来看，健康、结婚、生活费支出、年龄、性别都在1%水平上显著影响着劳动参与。其中，男性比女性具有显著更高的劳动参与率。这与卡奈特和李（Knight & Li, 1996）以及康奈利和郑（Connelly & Zheng, 2003）基于中国农村样本的研究结论一致。越年轻、健康状况越好、生活费支出越多越容易参与劳动，结婚比不结婚更倾向于参与劳动。

另外，从地区变量来看，东部与西部地区相比，具有更高的劳动参与率，但统计上并不显著。中部与西部相比也不具有明显的劳动参与优势。

表5—2　　　　　　　基于 probit 模型劳动参与方程估计结果

解释变量	系数	P 值
健康（健康为1，否则为0）	0.1433536	0.0035
婚姻（结婚为1，否则为0）	− 0.450832	0.000
生活费支出	0.000831	0.004
性别（男性为1，否则为0）	0.6661742	0.000
年龄	− 0.50142	0.000
东部（东部为1，否则为0）	0.560737	0.463
中部（中部为1，否则为0）	− 0.450832	0.568
常数项	1.601029	0000
似然比统计量	623.66	Pseudo − R^2　　　0.1690

由 Probit 模型估计结果测算逆米尔斯比率 λ 加入到模型（5.1）中，以及考虑能力因子，为比较能力偏误以及样本选择偏差，接下来表5—3列出了模型（5.1）、（5.9）—（5.11）的估计结果。

二　矫正样本选择偏差、能力偏误的大学教育溢价变动的 DID 模型估计及其结果的解释

表5—3分别报告了模型（5.1）、（5.9）—（5.11）的估计结果，从中不难得到以下事实：

首先，样本选择矫正项在 1% 水平下显著，说明存在明显的样本选择偏差，如果不考虑样本选择将导致大学教育溢价估计偏误。能力回报率在 1% 水平下显著为正。忽略无法观测能力因素同样导致各个估计系数发生偏误。因而基于模型（5.11）的估计结果是最可信的。无论对于哪一种模型的估计，大学教育溢价在各个同生群组间明显。大学学位 D 前面的系数估计值始终保持在 45% 左右，而且在 1% 水平下显著。说明对于 40 岁以上的同生群组，即 1987 年以前取得最高学位的群组，由于当时大学生的稀缺性，大学教育溢价凸显，平均而言，大学学历者比高中学历者的工资高出 45% 左右。如果按大学 4 年计算，那么平均每年大学回报率为 11.2%。

表 5—3　　　　　　　基于双重差分模型的大学教育溢价变动估计

解释变量	模型（5.11）	模型（5.10）	模型（5.9）	模型（5.1）	样本选择偏差	能力偏误
λ	-0.542^{***}	—	-0.530^{***}		—	0.011226
Ability	0.0462^{***}	0.04117^{**}	—		-0.00516	
dong	0.4445^{***}	0.4472^{***}	0.4521^{***}	0.4495^{***}	0.002673	0.007549
zhong	0.11841^{**}	0.10163^{*}	0.11962^{**}	0.09893^{*}	-0.01678	0.001208
chengxiang	0.8461^{***}	0.8286^{***}	0.8913^{***}	0.8715^{***}	-0.01747	0.045208
D	0.4484^{***}	0.4502^{***}	0.4637^{***}	0.4298^{***}	0.001741	0.015267
T_1	-0.1041	0.088962	-0.07667	0.064882	0.193066	0.027436
T_2	-0.09931	0.083065	-0.07735	0.052165	0.182377	0.021958
T_3	-0.08643	0.043687	-0.07473	0.004863	0.130119	0.0117
T_4	0.033567	0.11618^{*}	0.047184	-0.10578	0.08262	0.013617
$D \times T_1$	-0.13558	-0.14428	-0.132	-0.10714	-0.0087	0.003578
$D \times T_2$	-0.13563	-0.13715	-0.13981	-0.1847^{*}	-0.00151	-0.00418
$D \times T_3$	-0.222^{**}	-0.210^{**}	-0.2307^{**}	-0.1919^{**}	0.012847	-0.00792
$D \times T_4$	-0.304^{***}	-0.294^{***}	-0.318^{***}	0.0284^{***}	0.0101	-0.0138
$\alpha + \gamma_1$	0.31282	0.30592	0.3317	0.32266	-0.00696	0.018845
$\alpha + \gamma_2$	0.31277	0.31305	0.32389	0.2451	0.000231	0.011087
$\alpha + \gamma_3$	0.2264^{***}	0.2402^{***}	0.233^{***}	0.2379^{***}	0.014588^{***}	0.007347^{**}
$\alpha + \gamma_4$	0.1444^{***}	0.1562^{***}	0.1457^{***}	0.4582^{***}	0.011841^{***}	0.001467^{**}
exp	0.0205^{***}	0.0258^{***}	0.0215^{***}	-0.001^{***}	0.005263	0.000919
Exp^2	-0.001^{***}	-0.001^{***}	-0.001^{***}	8.2627^{***}	-0.00019	$-2.7E-05$
_cons	8.5969^{***}	8.2757^{***}	8.5282^{***}	0.4495^{***}	-0.32115	-0.06862
F 值	50.45	50.97	53.30	58.02	—	—
R^2	0.3006	0.2892	0.2985	0.2862	—	—

注：*** 表示 1% 水平下显著，** 表示在 5% 水平下显著，* 表示在 10% 水平下显著。

我们关注的是大学教育溢价的变化,这可由学位与同生群交互项的回归参数得到,从表5—3的第一列不难看出相对于40岁以上的同生群组,之后的同生群大学教育溢价都在降低。但随着时间的推移,大学教育溢价又在上升。具体地,随着1985年高等教育缓慢扩张,1987—1991年取得最高学位的群组大学教育溢价降低30%,而且在统计上显著。此时大学教育溢价为14.4%,平均每年大学教育回报仅为3.6%。1992—1996年获得最高学位的群组大学教育溢价上升到22.64%,年平均教育回报为5.66%;1997—2001年取得最高学位的群组大学教育溢价继续上升到31.27%,年平均教育回报为7.81%。当1999年高等教育大幅扩招后,第一批进入劳动力市场的大学生,大学教育溢价微微上升到31.28%,年均大学教育回报率在7.82左右。这组数据与以往的研究结论比偏低。①现有文献的样本大都在扩招前,与本书的研究结论没有很强的可比性。另外现有文献的估计方法很少考虑到样本选择偏差以及能力偏误,而由我们的估计结果可见,样本选择偏差以及能力偏误都会产生教育溢价的向上偏误。

也就是说,基于干预控制框架,我们得到了高等教育大幅扩张后大学教育溢价上升的结论。具体地,扩招后(21—25岁同生群)相对于扩招后(26—30岁)其大学溢价上升了0.01%,但在统计上不显著,离扩张期越远,比如相对于31—35岁的同生群,我们发现大学溢价上升了8.642%,相对于36—40岁的同生群大学溢价增长了6.842%。

表5—3第四列列出了没有控制能力偏差的估计结果,尽管与控制能力偏误后的结果相比大学溢价的变动趋势相同,但大学溢价从数量上发生了明显的变化。具体地,相对于扩招前各个时期,扩招后21—25岁同生群比26—30岁同生群,其大学溢价上升了0.781%,相比于31—35岁同

---

① 例如,李雪松与詹姆斯·赫克曼(2004)用中国城市家庭投资与消费调查(CUHIES)数据,控制了样本选择偏差和教育回报异质性后,得到中国六省市城镇地区年青人在2000年接受4年大学教育的平均政策效应为43%,大学年均回报率为10.8%。Liu(1998)基于同样数据测算大学教育回报为37.5%。齐良书(2005)利用CHNS数据库估算了1988年、1990年、1992年、1996年和1999年的高等教育回报率,分别为12.59%、7.34%、15.67%、16.81%、23.33%。

生群，其大学溢价上升了 9.87%，相比于 36—40 岁，的同生群其大学溢价上升了 18.6%。如果将二者之差视为由能力因素所引发的偏误，我们可以发现，随着高等教育的扩张，大学生的能力没有下降，反而上升，能力溢价也在逐渐上升。具体地，相比于 26—30 岁的同生群，扩招后大学生能力溢价提高了 0.78%；相比于 31—35 岁的同生群，其能力溢价提升了 1.228%；相比于 36—40 岁的同生群，其能力溢价提升了 1.758%。这也就不难解释为什么近些年来具有大学以上学历的劳动力内部工资不平等逐渐上升的现象（王忠，2008）。

　　在中国高等教育扩张时期，伴随着教育部提出的响彻大江南北的口号"不让一个贫困生失学"，1999 年国家助学贷款政策出台，使得全国许多能力较高的贫困学生在扩张前可能上不起大学而在扩张后由于得到助学贷款进入了大学。当然也存在一部分由于能力较低在以前考不上大学的由于教育扩招而上大学了。也就是说，在教育扩招前后，大学学位组和高中组的能力分布可能会发生变化，因而像我们所预期的那样真实的大学教育溢价会随着能力分布的变化而变化。而且遗漏能力变量会使大学教育溢价向上偏误。

　　我们的估计结果中 $\alpha + \gamma_i (i = 1,2,3,4)$ 代表各个时期大学教育溢价，由第一列和第四列之差可见伴随着高等教育扩张，各个同生群的能力是逐渐上升的，即 $\sigma_{AS} > 0$。即使高等教育机构接受了低能力的个体，但平均而言大学生的能力也是上升的。能力溢价 α 由表中最后一列数据可见也在上升，因而遗漏能力变量所致使的大学教育溢价估计向上偏误是不言而喻的。

　　我们通过因子分析法构建的能力指标也许并不一定是完美的能力代理变量，因为我们只控制了父母辈对个人能力形成的影响。一个人的能力一方面是代际间传递的，另一方面是后天培养出来的。现在盛行的各种社会力量办学机构、培训机构以及其他的社会组织也会对参与个体的能力产生影响，尽管现在越来越多的孩子参与到社会力量办学机构中去，但究竟对孩子的能力是起到提升作用还是由于繁重的课业负担而导致孩子的逆反心理，进而导致天生禀赋能力也在弱化？由于缺乏后天培养所形成的能力的数据资料，我们对此无从考证。但我们构建的能力指标至少从一定程度上控制了由遗传所形成的能力对工资的影响效应。

从各个控制变量的估计系数来看，中国劳动力市场上存在显著的多重二元分割，东部地区的工资收入显著高于中西部地区。具体地，相对于西部地区，东部地区的平均工资要高出 44.5%，中部地区的平均工资要高出 11.8%，而且在统计上显著。同时，城乡户籍的二元分割也对劳动者的工资有显著的影响。城市平均工资要高出农村平均工资 84.6%。这与中国地区、城乡发展特征相一致。那些拥有更高教育程度的劳动力确实拥有更高的工资性收益，因为他们主要分布在东、中部地区和城市劳动力市场，而东、中部地区以及城镇劳动力市场的工资率更高，这将加剧中国地区间、城乡间的工资差异。

三　大学教育溢价变动基于分位数回归的解析

教育扩张如何影响大学溢价？如何识别不同收入阶层中大学教育溢价的差异，挖掘不同时期大学溢价的变动轨迹？我们使用了条件工资分布的分位数估计方法，我们的目的是探求大学溢价随着收入不同所发生的变化。

（一）分位数回归技术简介[①]

分位数回归思想最早始于卡安科和巴西特（Koenker & Bassett，1978）的开创性工作，不同于经典线性回归只能描述因变量的条件均值与自变量之间的线性关系，而且须假设不同分布点上解释变量的效果是相同的，分位数回归依据因变量的不同分位数对自变量进行回归，可以得到所有分位数下的回归模型。分位数回归模型的一般形式为：

$$Y_i = X_i'\beta(\tau) + \varepsilon_i(\tau) \tag{5.14}$$

其中 Y_i 是被解释变量，X_i 是 $k \times 1$ 解释变量向量，$\beta(\tau)$ 是第 τ 分位数回归参数向量，$\varepsilon_i(\tau)$ 是随机扰动项，给定 X_i，第 τ 分位数上 Y_i 的回归模型为：$Q_\tau(Y_i|X_i) = X_i'\beta(\tau)$

在 $Q_\tau(\varepsilon_i(\tau)|X_i) = 0$ 的假设下，τ 分位数回归 $\beta(\tau)$ 是求解：

$$\min_{\beta \in R^k} \sum_i \rho\tau(Y_i - X_i'\beta(\tau)) = \min_{\beta \in R^k} \sum_{i:Y_i \geq X_i'\beta(\tau)} \tau|Y_i - X_i'\beta(\tau)| + \sum_{i:Y_i < X_i'\beta(\tau)} (1-\tau)|Y_i - X_i'\beta(\tau)| \tag{5.15}$$

其中，$\rho_\tau(z) = \tau_z I_{[0,\infty)}(z) + (1-\tau)_z I_{[-\infty,0)}(z)$，$I(\cdot)$ 代表示性函数，

---

① 颜敏、王维国：《分层次人力资本与全要素生产率基于分位数回归的解析》，2011 年第 5 期。

$\tau \in (0,1)$，τ 取不同数值会得到不同的分位数函数，从而可以揭示在不同分位点处 X 对 Y 的作用机制。分位数回归模型的参数估计等价于求解一个线性规划，其方法主要有单纯型算法、内点算法以及平滑算法，参数估计的显著性可以通过常用的 Wald 检验和似然比检验实现，也可以通过拟合优度来度量。但是分位数回归中的拟合优度不同于最小二乘法，依据加权残差绝对值和最小的思想，反映的不是整个分布的拟合情况，而是在某个分位数下的局部拟合效果。这些估计方法以及检验都可以通过现成的软件包实现，目前实现分位数回归的软件主要有 Stata、Sas、R、Eviews 等，本书面板分位数回归通过 Stata 12.0 实现。

（二）大学教育溢价变动基于分位数回归的解析

在此建立分位数回归模型如下：

$$Q_\tau(\ln Y \mid D, T_1, T_2, T_3, T_4, DT_1, DT_2, DT_3, DT_4, X, \lambda, Ability)$$

$$= c + \alpha_\tau D + \beta_{1\tau} T_1 + \beta_{2\tau} T_2 + \beta_{3\tau} T_3 + \beta_{4\tau} T_4 + \gamma_{1\tau} D \times T_{1\tau} + \gamma_{2\tau} D \times T_2 +$$

$$\gamma_{3\tau} D \times T_3 + \gamma_{4\tau} D * T_4 + \beta_\tau X + \delta_\tau \lambda + \theta_\tau Ability + \varepsilon \qquad (5.16)$$

各个解释变量同模型（5.11），$\alpha_\tau, \beta_{1\tau}, \beta_{2\tau}, \beta_{3\tau}, \beta_{4\tau}, \gamma_{1\tau}, \gamma_{2\tau}, \gamma_{3\tau}, \gamma_{4\tau}, \beta_\tau,$ δ_τ, θ_τ 分别表示对各个变量进行参数估计的第 τ 分位数的系数，ε 是随机误差项。我们分别对对数工资在各个分位数上采用平滑算法做分位数回归，对各个自变量所对应的回归系数进行参数估计，各个系数分位数回归的结果用图 5—3 给出，大学溢价随着不同分位数变化而变化由图 5—3 给出。从分位数回归结果我们可以得到以下结论：

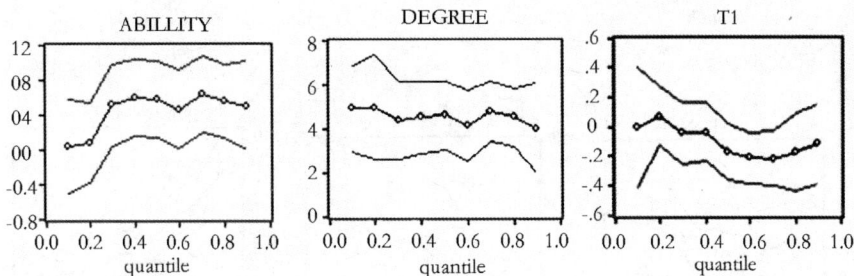

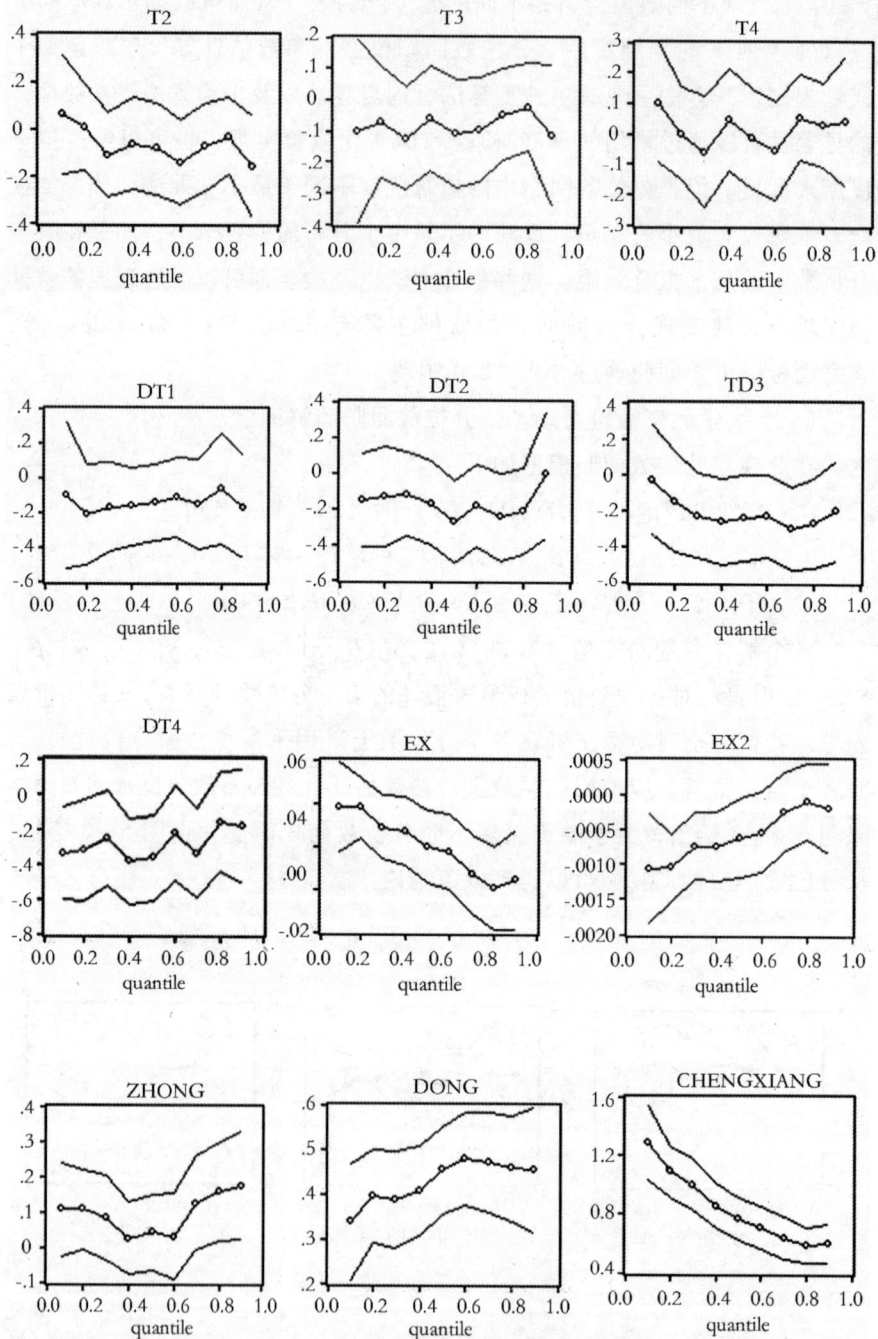

图 5—3　大学溢价变动分位数估计显示

表 5—4　　　基于干预—控制框架大学教育溢价变动分位数估计结果

		Degree	T_1	T_2	T_3	T_4
分位数	0.10	0.49169 ***	− 0.00221	0.057868	− 0.10078	0.100806
	0.20	0.494408 ***	0.06832	0.005343	− 0.07564	− 0.00222
	0.30	0.435981 ***	− 0.04738	− 0.11243	− 0.12459	− 0.06113
	0.40	0.448454 ***	− 0.03845	− 0.06726	− 0.0616	0.042293
	0.50	0.458202 ***	− 0.17412 *	− 0.08499	− 0.10765	− 0.01682
	0.60	0.410565 ***	− 0.21599 *	− 0.14711	− 0.0989	− 0.05892
	0.70	0.475992 ***	− 0.21891 *	− 0.0772	− 0.04709	0.052423
	0.80	0.448505 ***	− 0.17449	− 0.03318	− 0.0228	0.027012
	0.90	0.399887 ***	− 0.11996	− 0.167	− 0.11341	0.040846
		Ability	$D \times T_1$	$D \times T_2$	$D \times T_3$	$D \times T_4$
分位数	0.10	0.003923	− 0.10397	− 0.15176	− 0.03221	− 0.34199 ***
	0.20	0.006703	− 0.21506	− 0.13677	− 0.15396	− 0.32126 ***
	0.30	0.050322 **	− 0.1749	− 0.12417	− 0.2319 **	− 0.2582 ***
	0.40	0.058864 **	− 0.16894	− 0.17298	− 0.26616 **	− 0.38792 ***
	0.50	0.056941 **	− 0.14071	− 0.27533	− 0.2483 **	− 0.36933 ***
	0.60	0.045945 **	− 0.11719	− 0.18616	− 0.23516 **	− 0.22832 ***
	0.70	0.063453 **	− 0.15798	− 0.24803	− 0.30135 **	− 0.34029 ***
	0.80	0.054704 **	− 0.06484	− 0.21403	− 0.27316 **	− 0.16387
	0.90	0.049792 **	− 0.17063	− 0.00991	− 0.20236	− 0.18967
		$\alpha + \gamma_1$	$\alpha + \gamma_2$	$\alpha + \gamma_3$	$\alpha + \gamma_4$	
分位数	0.10	0.38772	0.33993	0.459483	0.149703	—
	0.20	0.279348	0.357638	0.340453	0.173152	—
	0.30	0.261081	0.311811	0.204081	0.177782	—
	0.40	0.279514	0.275474	0.182297	0.060531	—
	0.50	0.317492	0.182872	0.209903	0.088874	—
	0.60	0.293375	0.224405	0.175408	0.18225	—
	0.70	0.318012	0.227962	0.17464	0.135703	—
	0.80	0.383665	0.234475	0.175344	0.284638	—
	0.90	0.229257	0.389977	0.197525	0.210217	—

注：*** 代表 1% 水平下显著，** 表示在 5% 水平下显著，* 表示在 10% 水平下显著。

首先，各个分位点处的大学学位回归系数都在1%下显著，大学学位系数测算的是40岁以上的同生群组的大学教育溢价。说明对于40岁以上的同生群组，无论对于哪个收入群体，大学教育都存在明显的工资溢价，大学学位是各个收入群组工资差异的主要原因之一。这组群体在1987年以前取得大学学位，也就是高等教育扩张之前。说明高等教育扩张前大学溢价是凸显的。但大学教育溢价在各个收入群组中略显不同：具体地，在较低分位数处呈现最高的大学教育溢价，其中，在10%、20%工资分位数处大学溢价达到最高，超过49%，即对于40岁以上的群组中，工资收入的10%、20%分位数处受过大学教育的比没受过大学教育的工资要高出近50%左右。从30%—80%分位数处大学溢价稍微下降，但也稳定在43%左右，但在90%分位数处大学溢价明显降低，不到40%。说明相对于较低分位数，在收入最高的群组中，大学教育的溢价效应下降，大学学位在解释最高收入群组的工资差异中的作用降低。究其原因，这部分群体中有一部分可能经历"文化大革命"的创伤，尽管表面上没有大学学位，但他们从经营和生活中获得的东西使得他们具有更高的阅历，还有一种可能是确实有一批文化水平不高的人，例如一些违法经营者，从假冒产品中谋取暴利。一般受过大学教育的人懂得一些法律法规的约束。这些因素都会导致大学教育溢价的下降。

其次，从大学学位与时期交互项的估计系数来看，相对于40岁以上的同生群组，即1987年以前取得大学学位的劳动力，之后的出生群组的大学教育溢价都有不同程度的下降。其中36—40岁的同生群，也就是1987—1991年间取得大学学位的群组大学溢价下降得最快，其中中、低分位数下降的最大，而最高分位数下降的较少。该群组的各个不同工资分位数的大学教育溢价值在表5—4的 $\alpha + \gamma_4$ 列体现。该群组中位数点大学教育溢价最低，只有6%—8%，在较低和较高分位数处大学教育溢价较高，其中在80%—90%分位数处最高达28%，最低10%—30%分位数处也达到15%—17%。伴随着高等教育的持续扩张，1992—1996年取得大学学位的群组，也就是31—35岁的同生群，其大学教育溢价又在缓慢上升，而且各个工资分位数处大学教育溢价产生明显的变动，最低分位数处的大学教育溢价最高，具体在最低10%分位数处大学溢价高达46%，20%分位数处大学溢价高达34%。随着分位点的提高，大学教育溢价大致呈递减趋势，在中分位数处仍然具有较低的大学溢价，这与中国劳动力市场的工资制度改革相关。中国从 1992 年开始，国有企业普遍实施岗位技能工资制。20 世纪 90 年代中期国有企业实行面向市场化取向的改革，进一步强化岗位技能工资，岗位工资差异进一步拉大，这在客观上提高了大学教育溢价。1997—2001 年获得大学学位的群组，也就是 1999 年中国高等教育迅猛扩张前取得大学学位的群体，尽管大学溢价相对于 1992—1996 年在增长，$D \times T_2$ 列显示了相对于 40 岁以上同生群大学溢价的变动，尽管溢价有所下降，但相对于 1992—1996 年、1987—1991 年取得大学学位的群组其大学溢价上升，$\alpha + \gamma_2$ 列显示的该群组大学溢价值，除了最低 10% 分位数外，其他各个分位数点的大学溢价较前一个同生群都有不同幅度的提升。有所不同的是尽管较低分位数处溢价值仍然较大，中分位数处溢价值最低，但最高 90% 分位数处溢价最大。进一步看，1999 年高等教育大幅扩张以后取得大学学位的群组，即 22—25 岁同生群，各个工资分位数处大学溢价进一步上升，也就是伴随着高等教育的迅速扩张，大学生供给的增加，大学教育溢价反而上升了，这与吴要武、赵泉（2010）基于干预—控制框架所评估的 1999 年以来高校扩招对大学新毕业生劳动力市场影响的研究结论相似。该研究也表明大学毕业生和高中毕业生之间存在显著的收入差距，上大学仍是一个获利丰厚的投资。但我们的研究结论与何亦名（2009）的研究结论不同。何亦名（2009）基于扩展 Mincer 方程研究认为中国高等教育收益率在 1991—2000 年快速增长之后，2000—2006 年增长态势放缓，甚至出现停滞的迹象。他认为教育扩张对高等教育溢价具有明显的压缩效应。但由于数据样本以及研究方法的不同，这些研究并不具有可比性。更重要的是我们的研究考虑了样本选择偏差以及能力偏差、微观数据特有的属性以及教育变量的内生性，我们的研究结论会更可信。

图 5—3 中学位与同生群哑变量的交互项系数的分位数回归结果，显示的是大学溢价随着同生群的变化，从 40%—70% 分位数回归显示了大学溢价的规律性变化。尽管统计上不显著，然而大学溢价随着同生群或者伴随着高等教育扩张是逐渐上升的，在高、低分位数点处，对于扩张前和扩张后，大学教育溢价随同生群并未呈现出明显的规律性变动，但也存在 10% 分位点以及 80% 分位点大学教育溢价上升的证据。从能力因子分位数估计系数看，在较低分位数处能力溢价较低，随着工资分位点的提高，能力溢

价逐渐显现出来，能力是中高收入群体间工资差距扩大的影响因素之一。

总之，随着中国高等教育的扩招，大学溢价在上升，而且随着工资分位数的提高，上升的幅度先加快，之后在最高分位数处又减速，大学学位是形成个体工资差距的重要原因之一。但对于中国最富的那部分群体可能还有其他重要的导致收入差异的因素存在。我们的结论与马丁斯和佩雷拉（Martins & Pereira）根据美国和 15 个欧洲国家 20 世纪 90 年代中期的数据，运用分位回归方法的研究结论略显不同。该研究发现，工资条件分布的高收入人群的教育收益率高于低收入人群从而认为教育会加大工资差距。我们的研究与伊恩·沃克和朱玉（Ian Walker & Yu Zhu，2008）基于英国 1994—2006 年样本的研究结论相当：这一时期恰好是英国高等教育入学率显著增长时期。劳动力相对需求增长表明大学毕业生供给超出了需求，但针对男性劳动力我们没有发现显著的下降，甚至对于女性我们得出了尽管不显著但是有很大幅度的溢价上升的结论。尽管国家间劳动力市场以及工资制度不同，研究结论不具有可比性，但同样得出了在高等教育扩张期大学教育溢价上升的结论。国际经验将促使我们进一步探求大学教育溢价上升的原因。我们的研究结论中似乎不存在张车伟（2004）所指出的教育具有让"贫穷者更贫穷、富有者更富有"的"马太效应"，但与罗楚亮（2002）根据 2002 年城镇住户调查数据的研究结论相似：在收入条件分布较高的分位点上，教育收益率相对较低，因而教育扩张将更有利于低收入人群的收入增长。

第三节　本章小结

从理论上讲，高等教育扩张将压低高等教育的工资溢价。中国从 1985 年开始了高等教育缓慢扩张。在扩张之初，我们确实发现大学教育溢价的迅速下降，除了大学生供给的冲击影响外，还可能与劳动力市场工资改革政策有关。当时城镇劳动力市场发育程度并不完善，大学毕业生与高中毕业生在工资待遇上的差别十分有限，工作年限是员工晋升所依赖的最重要的因素之一，因而决定员工工资差异的主要因素也是工作年限，大学教育溢价偏低。但随着高等教育扩张的进一步推进，劳动力市场发育进一步完善，一直到 1999 年中国进入高等教育迅猛扩张期，大学教育溢价不但没有继续下降，反而持续上升，可能的解释有：

首先，中国城镇劳动力市场的改革和工资制度改革逐渐取得成效。1993 年的工资制度改革，进一步弥补了 1985 年工资制度改革中增资机制缺失的不足，确立了公共部门的工资收入与市场部门收入同向变化、均衡增长的原则，而且开始在公共部门建立内部竞争机制。一系列的工资制度改革以及劳动力市场的日趋完备化，劳动力工资将进一步贴近其边际产量价值，高低技能劳动力的工资差距将进一步拉大。

其次，经济的快速发展以及国际经济一体化的加剧，中国技术进步迅速发展需要高技能的劳动力与之匹配，劳动力市场对大学毕业生需求的增加速度如果快于高等教育扩张所导致的毕业生的供给速度，则根据供求基本原理，大学教育溢价势必上升。这与美国高等教育扩张期相似。美国在 1940—1970 年同样经历了高等教育扩招过程，美国大学毕业生以年均 2.73% 的速度增长，1970—1995 年，增长加快，增长速度达到了 3.66%。与中国相似，扩张之初美国大学教育溢价下降，但 1970—1995 年，情况发生了逆转。大学毕业生数量依旧快速增长，但工资差距却以每年 0.92% 的速度持续增加。根据供求基本原理，不同市场调整结果取决于大学生劳动力市场的工资弹性，以及需求和供给之间的相对变动幅度。美国之所以出现高校扩张后教育收益率上升的调整结果，原因在于大学生劳动力相对供给大幅增加的同时，美国大学生劳动力相对需求也以更快的速度增长。克劳蒂亚·戈丁和劳伦斯·卡茨（Claudia Goldin & Lawrence F. Katz, 2007）基于 Mincer 方程估算 1980、2005 年两年的教育回报表明：高中回报率在这两年间从 0.063 增长到 0.072，增长了 0.9%，大学回报率从 0.076 增长到 0.129，增长了 5.3%，当然引致教育溢价的因素诸多，而且各要素的作用机制相对复杂，不过奥特尔·卡茨和克鲁格（Autor Katz & Krueger, 1998）基于技能偏态型技术进步①视角对在高等教育持续

---

① 技能偏态型技术进步（skill-biased technology change），也称资本—技术互补（capital-skill complementary），是指只有参与生产的劳动力具有更高的技术水平和更高的教育程度，才能应用新型技术设备进行生产的技术进步方式。技术进步的这种技能偏态性，反映了高技能劳动力对低技能劳动力的不断替代和技术与技能间的不断互补。进一步可解释成随着资本存量的增长，高技能劳动力的边际产量增加，但是低技能劳动力的边际产量减少。因而在完全竞争的劳动力市场上，新的均衡结果必然是高技能劳动力工资上升，低技能劳动力工资下降，进而出现了所谓的"技能溢价"（skill-premium）。

扩张时期或者说高素质劳动力供给持续增加的前提下大学教育溢价的上升提供了令人信服的解释。

中国高等教育扩张伴随着大学教育溢价上升的事实，说明现阶段以技术进步提升有效需求的作用已经显现。这可以由哈佛学者阿西莫格鲁（Acemoglu，1999，2003）所提出的内生技术进步模型理论来解释。该理论认为：高等教育扩张，提供了大量高技能劳动力，必然会增加与技能劳动者互补的技术需求，因而势必增加与技能互补的技术研发激励，致使技术进步向与技能劳动力互补的方向发展。近年来各国发展的计算机和互联网技术，都是典型的与技能劳动力互补的技能偏向性的技术进步。技能偏向性技术进步的发生最终会增加对于技能劳动力的相对需求，从而使得高技能劳动力的相对工资迅速增加。这一理论可以完美地解释为何中国在高等教育迅猛扩张期大学教育溢价上升的原因。本书将在下一章从理论上系统检验中国目前技术的技能偏态特征的存在性。

由于数据的缺乏，本书并没有实证检验高等教育扩张对大学生就业数量和质量的影响。正如本书开篇所述，伴随着高等教育的扩张，尽管对大学生需求多了，但同时大学生平均就业更难了，难道是高等教育扩张过度了吗？大学生过剩了吗？然而 2010 年中国每 10 万人口大学生比例不及9%，远低于发达国家。扩大的招生计划至今仍未满足国民对于高等教育的需求，因而即使大学生过剩也只是"相对的"！

因而本书的政策之一是，尽管经历了十几年的高等教育迅猛扩张，中国高等教育的扩张并没过度，但我们应该在注重速度和规模的外向式发展基础上更多地注重质量的内涵式发展。进一步说，加强劳动力市场的发育，减少劳动力市场的多重分割格局，如果劳动力市场富有弹性，需求会伴随着供给的增加而增加，扩招后大学生就业在数量和质量上就会同时上升。另外，现有的高等教育管理体制应该向培养差异化的劳动力方向发展，人才培养模式，专业设置应加大创新力度，改换以往重理论、轻实务，千人一面的培养理念。以市场需求导向设置专业和课程体系，而不是有什么样的师资设置什么样的专业，这需要高校改变以往的人事管理制度，从而使得高等教育机构在量上扩招外，更注重不易量化的内涵和质量的追求。改变大学生同质化的培养模式，进而根本逆转大学生劳动力同质化竞争的就业状态。

第 六 章

技能偏态、大学教育溢价

——基于中国样本的实证研究

所谓技能偏态型技术进步（skill-biased technology change），也称资本—技术互补（capital-skill complementary），是指只有参与生产的劳动力具有更高的技术水平和更高的教育程度，才能应用新型技术设备进行生产的技术进步方式。技术进步的这种技能偏态性，反映了高技能劳动力对低技能劳动力的不断替代和技术与技能间的不断互补。进一步可解释成随着资本存量的增长，高技能劳动力的边际产量增加，但是低技能劳动力的边际产量减少。因而在完全竞争的劳动力市场上，新的均衡结果必然是高技能劳动力工资上升，低技能劳动力工资下降，进而出现了所谓的"技能溢价"（skill-premium）现象。自 20 世纪 80 年代以来，美国等发达国家劳动力市场结构与薪酬结构发生了深刻变化，从 70 年代中期"增长的共同体"演变为"增长的分裂体"。不同素质劳动力薪酬差异逐渐放大，目前较为一致的观点认为，这一现象直接源自教育回报差异。克劳蒂亚·戈丁和劳伦斯·卡茨（Claudia Goldin & Lawrence F. Katz, 2007）基于 Mincer 方程估算 1980 年、2005 年两年教育回报表明：高中回报率在这两年间从 0.063 增长到 0.072，增长了 0.9%，大学回报率从 0.076 增长到 0.129，增长了 5.3%，这一研究强化了托马斯·勒米厄（Thomas Lemieux）的结论：大学教育工资溢价增长[①]是导致 80 年代美国工资结构发散的最重要原因。当然引致教育溢价的因素

---

① 大学教育溢价即为接受大学教育的劳动力与只接受高中教育的劳动力的工资收入差异。

诸多,[①] 而且各要素的作用机制相对复杂, 不过奥特尔·卡茨和克鲁格 (Autor Katz & Krueger, 1998) 基于技能偏态型技术进步视角对在高等教育持续扩张时期或者说高素质劳动力供给持续增加的前提下大学教育溢价的上升提供了令人信服的解释。其他的学者如韦尔奇 (Welch, 1970), 廷柏根 (Tinbergen, 1975), 邦德和约翰逊 (Bound & Johnson, 1992), 戈丁和卡茨 (Goldin & Katz, 1995), 约翰逊 (Johnson, 1997), 伯曼、邦德和梅钦 (Berman, Bound & Machin, 1998) 等的一系列研究则进一步明确了要素微观配置层面的资本技术互补趋势可以成为解释教育回报提高和高低技能员工收入差距的最有说服力的证据之一。以致克鲁塞尔等 (Krusell et al., 2000) 研究认为, 应就此重构标准新古典生产函数, 使之包含资本技术互补这一因素, 从而将贸易不平等、教育溢价等重要问题纳入增长模型研究框架中。

具体到中国经济的现实, 中国 20 世纪 90 年代末期启动了高等教育扩招计划, 以《面向 21 世纪教育行动振兴计划》、《关于深化教育改革全面推进素质教育的决定》以及《中华人民共和国高等教育法》等相关政策为标志点, 高等教育规模迅速扩张。1999 年高校招生人数较上年增长 47.32%, 此后则以年均 28.58% 的增速持续增加, 直至 2010 年高校招生规模达 661.8 万人水平。高等教育规模先后超过了俄罗斯、印度和美国, 跃升至世界第一位。就是在高校招生规模和具有高等学历的劳动力供给同步增加的背景下, 高等教育回报却依旧保持了上升的态势。齐良书 (2005)、李雪松与詹姆斯·赫克曼 (2004)、陈晓宇等 (2003) 的一系列研究均论证了这一趋势的存在。吴要武、赵泉 (2010) 基于干预—控制框架评估了 1999 年以来高校扩招对大学新毕业生劳动力市场的影响。其研究结论是: 大学毕业生和高中毕业生之间存在显著的收入差距, 上大学仍是一个获利丰厚的投资。据此自然产生了一个问题: 劳动力作为一种引致需求的投入要素, 发达国家的经验研究能否同样对中国这一现象提供解释? 或者说, 在中国经济增长过程中, 技术变迁是否也表现出了技能偏态

---

① 例如: Feenstra & Hanson (1996) 认为国际外包模式会加大不同技能劳动力之间的收入差异。邢春冰 (2006) 研究表明部分差异是形成教育回报差异的重要因素。杨涛、盛柳刚 (2007) 认为劳动力市场分割的制度因素是中国教育收益率低的重要原因。任强、傅强、朱宇姝 (2008) 认为户籍制度是影响教育回报的关键因素。

特征，进而在资本—技术互补趋势的前提下，导致薪酬结构的发散和高等教育的溢价？

　　本书尝试在一个更为宽松的约束条件下，借鉴法伦和拉亚德（Fallon & Layard，1975）、约翰·达菲和克里斯·帕帕乔吉奥（John Duffy & Chris Papageorgiou，2004）的方法，基于总量生产函数，利用中国地区面板数据检验中国资本技术互补的存在性，并且对地区间的空间自相关性加以处理。其价值在于不必像成本函数法那样假设完全竞争的劳动力市场以及企业的利润最大化决策，而这种假设往往在发展中国家并不成立。另外，地区特定效应及时期效应允许我们产生一个更清楚、更令人信服的评价，即是否在中国不同地区、不同发展阶段资本技术特征是一样的？如果不是这样，我们可以朝着资本技术互补方向改变我们的技术而获得更大的利润。最后，我们的研究结论对于评价和解释中国地区间工资收入差距特别是大学教育溢价具有重要的导向作用，因为这些都与地区特征紧密相连。

第一节　理论模型

　　假设总产出 Y 依赖于三种生产要素：$Y = F(K,S,N)$。其中 K 是物质资本存量；S,N 分别是高低技能劳动力数量。设 σ_{ij} 指两种生产要素 i,j 之间的替代弹性。要素替代弹性定义为两种要素比例的变化率与边际替代率变化率之比。[①] 由定义高低技能劳动力与资本的替代弹性可分别表示为：

$$\sigma_{K,S} = \frac{d(K/S)}{(K/S)} \Big/ \frac{d(MP_S/MP_K)}{(MP_S/MP_K)}, \ \sigma_{K,N} = \frac{d(K/N)}{(K/N)} \Big/ \frac{d(MP_N/MP_K)}{(MP_N/MP_K)}$$

$$(6.1)$$

　　形式上又可以表达成：

$$\sigma_{K,S} = El_{R_{K,S}}(K/S) = \frac{R_{K,S}}{K/S} \cdot \frac{\partial (K/S)}{\partial (R_{K,S})},$$

$$\sigma_{K,N} = El_{R_{K,N}}(K/N) = \frac{R_{K,N}}{K/N} \cdot \frac{\partial (K/N)}{\partial (R_{K,N})} \qquad (6.2)$$

---

　　① 边际技术替代率的相对变动对投入比例变动的影响程度，要素的边际替代率可以表示为要素的边际产量之比。

$El_x(z)$ 表示 z 关于 x 的弹性，$R_{i,j} = \dfrac{F_j}{F_i}$ 表示投入要素 i,j 之间的边际技术替代率。当 $\sigma_{K,N} > \sigma_{K,S}$ 时，利用替代弹性定义，我们得到：

$$\frac{\partial\,(F_S/F_K)}{\partial\,(K/S)} \cdot \frac{1}{SF_S} > \frac{\partial\,(F_N/F_K)}{\partial\,(K/N)} \cdot \frac{1}{NF_N} \tag{6.3}$$

最后利用链式求导法则，我们得到：

$$\frac{F_{S,K}}{F_S} > \frac{F_{N,K}}{F_N} \tag{6.4}$$

$F_{i,j}$ 是混合偏导数，进一步可得：

$$\frac{F_{S,K}}{F_S} > \frac{F_{N,K}}{F_N} \Leftrightarrow \frac{\partial}{\partial\,K}\Big(\frac{F_S}{F_N}\Big) > 0 \tag{6.5}$$

$\dfrac{\partial}{\partial\,K}\Big(\dfrac{F_S}{F_N}\Big) > 0$ 的意义是当增加物质资本存量时，相对于低技能的劳动力，高技能劳动力的边际产量增加得更快，即发生了资本技术互补。因而我们要验证资本技术互补成立，只需证明 $\sigma_{K,N} > \sigma_{K,S}$。因而，必须在一个允许不同替代弹性的生产函数框架下验证资本技术互补假设。常见的是法伦和拉亚德（Fallon & Layard，1975）、约翰·达菲和克里斯·帕帕乔吉奥（John Duffy & Chris Papageorgiou，2004）等使用的二级 CES 生产函数：

$$Y = A\Big[\,a\,(bK^\theta + (1-b)S^\theta)^{\frac{\rho}{\theta}} + (1-a)N^\rho\,\Big]^{\frac{1}{\rho}} \tag{6.6}$$

其中 A 是正的技术进步参数，a,b 是要素分布参数，θ,ρ 是替代弹性参数。利用替代弹性的定义，我们容易得到：对于模型（6.1）：

$$\sigma_{K,S} = \frac{1}{1-\theta},\ \sigma_{K,N} = \sigma_{N,S} = \frac{1}{1-\rho} \tag{6.7}$$

因而对于模型（6.7）只需证明 $\rho > \theta$，资本技术互补假设成立。尽管国外学者提出了模型（6.7）的扩展版本或受限版本，例如，卡塞利和科尔曼（Caselli & Coleman，2000）、斯特勉（Stokey，1996）等，但约翰·达菲和克里斯·帕帕乔吉奥（John Duffy & Chris Papageorgiou，2004）实证检验了模型（6.7）是基于总量生产函数验证资本技术互补的最优模型。因此基于数据的可得性及结果的实用性，本书考虑如下版本二级 CES 函数：

$$Y_{ij} = A\left[a\left(bK_{ij}^{\theta} + (1-b)S_{ij}^{\theta}\right)^{\frac{\rho}{\theta}} + (1-a)N_{ij}^{\rho}\right]^{\frac{m}{\rho}} \tag{6.8}$$

容易验证模型（6.8）是 m 阶齐次函数，m 是规模报酬因子。i,j 分别代表截面和时间，因而我们可以在一个更广泛的框架下模拟中国的经济增长过程，而不必像以往研究那样假设规模报酬不变。容易验证模型（6.6）具有与模型（6.8）相同的要素替代弹性，即只要 $\rho > \theta$，就说明技术是技能偏态性的。考虑到技术进步的增长速度，以及随机扰动因素的存在，实证检验中的二级 CES 生产函数方程如下：

$$Y_{ij} = A\left\{a\left[b(K_{ij})^{\theta} + (1-b)(S_{ij})^{\theta}\right]^{\frac{\rho}{\theta}} + (1-a)N_{ij}^{\rho}\right\}^{\frac{m}{\rho}}e^{\tau t + \mu_i} \tag{6.9}$$

其中，i 为截面序数，j 为时序序数，$\mu_i \sim N(0, \sigma_\mu^2)$ 为随机扰动项。

第一级为：$Y_{ij} = A\left\{a(Y_{l,ij})^{\rho} + (1-a)N_{ij}^{\rho}\right\}^{\frac{m}{\rho}}e^{\tau t + \mu_i}$ \tag{6.10}

第二级为：$Y_{l,ij} = \left[b(K_{ij})^{\theta} + (1-b)(S_{ij})^{\theta}\right]^{\frac{1}{\theta}}$ \tag{6.11}

由于二级 CES 非线性估计的困难，本书采用 J. Kmenta 于 1967 年提出的直接估计法。将式（6.11）取自然对数并在 $\theta = 0$ 处二阶泰勒展开可得：

$$\ln Y_{ij} = b\ln(K_{ij}) + (1-b)\ln(S_{ij}) + \frac{1}{2}\theta b(1-b)\left[\ln(K_{ij}) - \ln(S_{ij})\right]^2$$

$$\tag{6.12}$$

再将式（6.10）取自然对数并在 $\rho = 0$ 处二阶泰勒展开；然后将该展开式代入式（6.12）中。最终，可得如下线性方程：

$$\ln Y_{ij} = \ln A + mab\ln(K_{ij}) + ma(1-b)\ln(S_{ij}) + m(1-a)\ln(N_{ij}) +$$

$$\frac{1}{2}\rho ma(1-a)\left[\ln(S_{ij}) - \ln(N_{ij})\right]^2 +$$

$$\left[\frac{1}{2}\theta mab(1-b) + \frac{1}{2}\rho ma(1-a)b^2\right]\left[\ln(K_{ij}) - \ln(S_{ij})\right]^2 +$$

$$\rho ma(1-a)b\left[\ln(S_{ij}) - \ln(N_{ij})\right]\left[\ln(K_{ij}) - \ln(S_{ij})\right] +$$

$$\frac{1}{2}\theta\rho mab(1-b)\left[\ln(S_{ij}) - \ln(N_{ij})\right]\left[\ln(K_{ij}) - \ln(S_{ij})\right]^2 +$$

$$\frac{1}{2}\rho ma(1-a)\theta b^2(1-b)\left[\ln(S_{ij}) - \ln(N_{ij})\right]\left[\ln(K_{ij}) - \ln(S_{ij})\right]^3 +$$

$$\frac{1}{8}\rho ma(1-a)\theta^2 b^2(1-b)^2\left[\ln(K_{ij}) - \ln(S_{ij})\right]^4 + \tau t + \mu_i \tag{6.13}$$

表 6—1　　　　　　　　　　　　模型各变量相关性检验

	lny	lns	lnk	lnn	(lnk－lns)^2
lny	1	.866	.896	.787	－.019
lns	.866	1	.776	.731	－.424
lnk	.896	.776	1	.565	.229
lnn	.787	.731	.565	1	－.266
(lnk－lns)^2	－.019	－.424	.229	－.266	1
(lnn－lns)^2	－.427	－.731	－.484	－.123	.503
(lns－lnn)×(lnk－lns)	.309	.692	.228	.175	－.787
(lnk－lns)^2×(lns－lnn)	.280	.659	.169	.249	－.844
(lnk－lns)^3×(lns－lnn)	.274	.627	.173	.266	－.806
(lnk－lns)^4	－.187	－.564	－.033	－.295	.903

	(lnn－lns)^2	(lns－lnn)(lnk－lns)	(lnk－lns)^2(lns－lnn)	(lnk－lns)^3(lns－lnn)	(lnk－lns)^4
lny	－.427	.309	.280	.274	－.187
lns	－.731	.692	.659	.627	－.564
lnk	－.484	.228	.169	.173	－.033
lnn	－.123	.175	.249	.266	－.295
(lnk－lns)^2	.503	－.787	－.844	－.806	.903
(lnn－lns)^2	1	－.914	－.857	－.825	.713
(lns－lnn)(lnk－lns)	－.914	1	.969	.920	－.879
(lnk－lns)^2×(lns－lnn)	－.857	.969	1	.985	－.963
(lnk－lns)^3×(lns－lnn)	－.825	.920	.985	1	－.972
(lnk－lns)^4	.713	－.879	－.963	－.972	1

　　为了减少多重共线性问题以及模型的识别，我们需要确定右边的解释变量哪些最终进入估计方程。表 6—1 计算了被解释变量与式（6.13）所有解释变量以及各个解释变量之间的相关系数，按照对被解释变量解释能力的强弱、与其他解释变量共线性低的原则以及模型的识别，我们最终估

计如下简便方程：

$$\ln Y_{ij} = \ln A + mab\ln(K_{ij}) + ma(1-b)\ln(S_{ij}) + m(1-a)\ln(N_{ij}) +$$

$$\frac{1}{2}\rho ma(1-a)\left[\ln(S_{ij}) - \ln(N_{ij})\right]^2 +$$

$$\frac{1}{2}\theta mab(1-b)\left[\ln(K_{ij}) - \ln(S_{ij})\right]^2\left[\ln(S_{ij}) - \ln(N_{ij})\right] +$$

$$\tau t + \mu_i + \varepsilon_{ij} \tag{6.14}$$

本章目的是寻找现阶段中国是否存在资本技术互补的证据，以解析大学教育溢价变动以及大学生就业结构的变化，并尝试回答下述问题：在国家层面技术进步呈现怎样的特征？是否在更为宏观的层面上存在资本技术互补的证据？中国技术特征在不同地区、不同时期差异如何？这决定了实证样本须为截面时间二维面板数据并基于总量生产函数才能得到验证。然而正如安瑟林（Anselin, 1988）所指出的那样："几乎所有的空间数据都具有空间依赖性和自相关的特征。"对中国这样庞大的经济体也不例外。地区空间差异明显的地区，其经济联系日益紧密，特别对那些地理相邻、区位特征相近的地区，更容易发生资源共享、技术扩散甚至技术挤出效应。如果这些空间相关性真实存在，传统的计量方法将是有偏的或产生错误的参数检验（Anselin, 1988）。因而本书将在严密的空间相关性检验基础上，用空间计量经济学模型理论与方法对中国资本技术互补的存在性进行尝试性探讨。

第二节　空间面板模型估计技术

一　空间面板模型介绍

空间经济计量学所研究的空间效应包括空间自相关或空间依赖性和空间差异性。前者指一个地区的样本观测值与其他地区的观测值相关。观测值在空间上缺乏独立性，而且空间相关的程度及模式由绝对位置和相对位置（布局、距离）所决定。后者指由于空间单位的异质性而产生的空间效应在区域层面上的非均一性（Anselin, 1988a）。空间相关性来自于两方面（Anselin, 1988）：首先，不同地区经济变量样本数据的采集可能存在空间上的测量误差；其次，相邻地区间的经济联系客观存在，尤其是在区域一体化和经济全球化的今天，地区间经济联系更加密切。因而，空间自相关性在空间自回归模型中体现在误差项和因变量的滞后项上，空间经济计量的两种基本模型分别是空间自回归模型（spatial auto regressive model，SAR）和空间误差模型（spatial error model，SEM），分别表述如下：

空间自回归模型（SAR）：

$$y_{it} = \rho(I_T \otimes W_n)\ln y_{it} + X'_{it}\beta + \varepsilon_{it} \tag{6.15}$$

空间误差模型（SEM）：

$$y_{it} = X'_{it}\beta + u_{it}$$

$$u_{it} = \lambda(I_T \otimes W_N)u_{it} + \varepsilon_{it} \tag{6.16}$$

$i = 1,2\cdots N$，$t = 1,2\cdots T$，y 是被解释变量，X 是包含常数项的自变量向量，β 是估计系数，I_T 是 $T \times T$ 时间单位矩阵，W_N 是 $N \times N$ 空间权重矩阵，ρ,λ 分别为空间自回归和空间自相关系数，ε 是随机扰动项。ρ,λ 的显著性说明空间单元之间的相互作用存在。如果不考虑空间相互作用将导致普通面板估计参数的偏误。

考虑到空间相关性的存在，本书对（6.14）式做进一步修正并建立中国地区间空间自回归模型和空间误差模型如下：

空间自回归模型：

$$\ln Y_{ij} = \lambda W * \ln Y_{ij} + \ln A + mab\ln(K_{ij}) + ma(1-b)\ln(S_{ij}) +$$

$$m(1-a)\ln N_{ij} + + \frac{1}{2}\rho ma(1-a)[\ln(S_{ij}) - \ln(N_{ij})]^2 +$$

$$\frac{1}{2}\theta mab(1-b)[\ln(K_{ij}) - \ln(S_{ij})]^2[\ln(S_{ij}) - \ln(N_{ij})] +$$

$$\tau t + \mu_i + \varepsilon_{ij} \tag{6.17}$$

空间误差模型：

$$\ln Y_{ij} = \ln A + mab\ln(K_{ij}) + ma(1-b)\ln(S_{ij}) + m(1-a)\ln N_{ij} +$$

$$\frac{1}{2}\rho ma(1-a)[\ln(S_{ij}) - \ln(N_{ij})]^2 + \frac{1}{2}\theta mab(1-b)$$

$$[\ln(K_{ij}) - \ln(S_{ij})]^2[\ln(S_{ij}) - \ln(N_{ij})] + \tau t + \mu_i + \varepsilon_{ij} \tag{6.18}$$

其中 $\varepsilon_{ij} = \pi W\varepsilon_{ij} + v_{ij}, v_{ij} \sim N(0,\sigma_v^2)$，$\lambda,\pi \in (-1,1)$ 分别为空间自回归和空间自相关系数，W 是空间权重矩阵，ε 是随机扰动项。λ,π 的显著

性分别代表地理距离以及经济距离相近地区经济水平加权以及不可观测因素对本地区经济发展的作用方向及作用程度。为了显示空间面板模型设定的必要性，本书实证部分首先基于 OLS 估计了普通面板模型。

二　空间相关性检验与模型选择

在进行空间计量分析之前，一个重要的内容是进行空间相关性检验。空间相关性检验主要方法有基于极大似然原理的 Wald 检验、Moran 相关指数、似然比 Lration 检验以及安瑟林（1991、1995、2004）所提出的 LM-SAR、LMERR 检验。它们的原假设是：$\rho = 0$ 或者 $\lambda = 0$。其中 LMSAR、LMERR 检验不仅可以检验空间相关性，而且可以为选择空间滞后模型抑或空间自相关模型提供线索。在实证分析中，通常的做法是看哪个统计量更显著，则选择哪个模型。安瑟林（2004）用蒙特卡罗模拟技术证明了这种方法可以为模型选择提供很好的决策参考。以上提到的检验方法都是针对截面模型提出的，不能直接应用于面板数据模型，本书借鉴何江、张馨之（2006）的做法，用分块对角矩阵 $C = I_T \otimes W_N$ 代替 LMsar 等各个统计量中的权重矩阵 W_N，从而将以上检验推广到空间面板数据模型中。

根据误差分解的不同，空间面板数据模型也可分为空间固定效应模型和空间随机效应模型。空间固定效应模型又可分为空间截面固定效应模型、空间时期固定效应模型以及空间时期和截面双固定效应模型。固定效应模型相当于在模型中加入若干个虚拟变量量测可变截距。随机效应模型假定模型中的截距为 0 均值，同方差的，独立同分布的随机变量族。对于选择随机效应还是固定效应模型，本书中采用空间面板模型的 Hausman 检验方法，Hausman 检验的原假设是随机效应，如果拒绝原假设则采用固定效应模型。

三　空间面板模型的估计

由于空间面板模型中包含了滞后被解释变量或滞后空间误差项，普通OLS 估计可能不再有效且非一致。因而，一般采用极大似然估计空间计量模型。然而，科勒吉安和普鲁查（Kelejian & Prucha，1999）表明当空间权重矩阵的维数超过 400 时，空间矩阵的特征值的估计是不可靠的。目前一个通用的解决办法是用蒙特卡罗方法近似对数似然函数中雅可比行列式的自然对数，本书将这种近似在 Matlab 程序包 Econometrics 中的 Spartial 模块中得到实现。

第三节　实证分析

一　空间权重矩阵的设定

空间权重矩阵的合理设定是空间计量建模成功的关键，空间权重矩阵反映了空间单元之间的依赖程度，体现了地区间空间的影响方式。实证中常用的是遵循 Rook 相邻规则的简单二分地理权重矩阵，即两个地区拥有共同边界则视为相邻，相邻则视为空间相关。这符合托布勒（Tobler，W. R.，1970）的地理学第一定律。按此原理的空间权重矩阵 W_d 的设定方式如下：主对角线上的元素为 0，其他元素满足：

$$W_{ij} = \begin{cases} 1, & i \text{ 地区与 } j \text{ 地区相邻} \\ 0, & i \text{ 地区与 } j \text{ 地区不相邻} \end{cases}$$

W_d 经过行标准化处理，用每个元素同时除以所在行元素之和，使得每行元素之和为 1。表 6—2 列出了中国 30 个省市的地理相邻信息。

然而，尽管地理二分权重矩阵简单易行，但其反映的只是地理区位特征所带来的空间单元相对粗糙的影响。由于本书旨在寻找中国地区资本技术互补的证据，地区间技术的相关性不仅仅依赖于相近程度，还需考虑地区间的经济发展水平以及物质资本匹配状况及高技能人力资本发展水平。设想北京和河北离得很近，北京与上海相对较远，但从某种程度上由于经济增长模式和产业结构等的趋同北京可能与上海更能发生技术扩散。而由于河北不具有吸收新技术的能力，发生技术扩散的可能性会更小。鉴于此，本书又建立了经济距离权重矩阵，以更准确地反映空间单元的经济联系。借鉴李婧、谭清美、白俊红（2010）的做法，本书考察了以下两种经济距离空间权重矩阵：

$$W_2 = W_d \times diag\left(\frac{\bar{K}_1}{\bar{K}}, \frac{\bar{K}_2}{\bar{K}} \cdots \frac{\bar{K}_{30}}{\bar{K}}\right), \tag{6.19}$$

其中 $\bar{K}_i = \dfrac{1}{t_1 - t_0 + 1} \displaystyle\sum_{t=t_0}^{t=t_1} K_{it}$，代表考察期内第 i 个地区的物质资本存

量的平均值，$\bar{K} = \dfrac{1}{30 \times (t_1 - t_0 + 1)} \sum\limits_{i=1}^{30} \sum\limits_{t=t_0}^{t=t_1} K_{it}$，代表考察期内全国总物质资本存量的平均值。$W_2$ 代表了综合地理因素和地区物质资本存量的经济权重矩阵，数值上是地理权重矩阵与主对角元素为地区平均物质资本存量占全国平均物质资本存量比重的对角矩阵的乘积。

表 6—2　　　　　　　　　　中国地区地理相邻信息

序号	地区	相关信息	序号	地区	相关信息
1	安徽	江苏、上海、浙江	16	江西	福建、广东、河北、湖北、湖南、浙江
2	北京	河北、辽宁、内蒙古、天津	17	辽宁	北京、河北、吉林、内蒙古、山东、天津
3	福建	广东、江西、浙江	18	内蒙古	北京、甘肃、黑龙江、吉林、辽宁、山西
4	甘肃	内蒙古、宁夏、青海、陕西、新疆	19	宁夏	甘肃、陕西
5	广东	福建、广西、海南、湖南、江西	20	青海	甘肃、四川、新疆、西藏
6	广西	广东、贵州、海南、湖南、云南	21	山东	河北、河南、江苏、辽宁、天津
7	贵州	广西、湖南、四川、云南	22	山西	河北、河南、内蒙古
8	海南	广东、广西	23	陕西	甘肃、湖北、宁夏、四川
9	河北	北京、河南、江西、辽宁、山西、山东、天津	24	上海	安徽、江苏、浙江
10	河南	河北、湖北、山东、山西	25	四川	贵州、湖南、青海、陕西、四川、西藏、云南
11	黑龙江	吉林、内蒙古	26	天津	北京、河北、辽宁、山东
12	湖北	河南、湖南、江西、陕西	27	西藏	青海、四川、新疆
13	湖南	广东、广西、贵州、湖北、湖南、吉林、江西、四川	28	新疆	甘肃、青海、西藏
14	吉林	黑龙江、湖南、辽宁、内蒙古	29	云南	广西、贵州、四川
15	江苏	安徽、山东、上海、浙江	30	浙江	安徽、福建、江苏、江西、上海

本书建立的另一种经济距离权重矩阵是考虑了地区技术特征，受过大学以上教育程度的从业人员数在某种程度上既代表了地区人力资本水平高底，又衡量了一个地区的技术水平。人力资本和技术都是影响产出的重要

因素，也是地区间技术扩散的关键决定因素。因而考虑如下的技术权重矩阵：

$$W_3 = W_d \times diag(\frac{\bar{S}_1}{\bar{S}}, \frac{\bar{S}_2}{\bar{S}} \cdots \frac{\bar{S}_{30}}{\bar{S}}) \tag{6.20}$$

$\bar{S}_i = \dfrac{1}{t_1 - t_0 + 1} \displaystyle\sum_{t=t_0}^{t=t_1} S_{it}$ 代表考察期内第 i 个地区从业人员中接受过大学

以上教育程度的数量的平均值。$\bar{S} = \dfrac{1}{30 \times (t_1 - t_0 + 1)} \displaystyle\sum_{i=1}^{30} \sum_{t=t_0}^{t=t_1} S_{it}$ 代表考察

期内全国总体从业人员中接受过大学以上教育程度数量的平均值。

二　空间计量检验

进行空间计量分析的一个重要的内容是空间相关性检验，其主要方法有基于极大似然原理的 Wald 检验、Moran 相关指数、似然比 Lration 检验以及安瑟林（Anselin，1991，1995，2004）所提出的 LMSAR、LMERR 检验。它们的原假设是：$\lambda = 0$ 或者 $\pi = 0$。其中 LMSAR、LMERR 检验不仅可以检验空间相关性，而且可以为选择空间滞后模型还是空间自相关模型提供线索。在实证分析中，通常的做法是看哪个统计量更显著，则选择哪个模型。安瑟林（2004）用蒙特卡罗模拟技术证明了这种方法可以为模型选择提供很好的决策参考。以上提到的检验方法都是针对截面模型提出的，不能直接应用于面板数据模型，本书借鉴何江、张馨之（2006）的做法，用分块对角矩阵 $C = I_T \otimes W_N$ 代替 LMSAR 等各个统计量中的权重矩阵 W_N，从而将以上检验推广到空间面板数据模型中。表 6—3 报告了空间相关性检验结果。

表 6—3　　　　　　　中国地区经济增长的空间相关性检验结果

检验方法	样本数	检验值	临界值	概率
LMERR	270	26.72987308	17.61100	0
LMSAR	270	16.60960663	6.635000	0
LRATIONS	270	33.02346423	6.635000	0
MORAN	270	5.49561622	0.2360004	0
WALDS	270	68.14030130	6.6350000	0

从表6—3结果可见，所有相关性检验的检验值远远大于临界值，都在1%的显著性水平下拒绝原假设，说明地区间存在明显的经济相关性。如果实施普通面板估计将由于误差项存在明显的相关性而导致参数估计量无偏或非有效。

表6—4 固定效应还是随机效应的空间面板 Hausman 检验

检验类型	检验值	临界值	P 值
Hausman	24. 61181904	12. 59158724	0

表6—4结果表明固定效应优于随机效应，而且根据巴尔塔基（Balta-gi，2001）的研究，当回归分析中的样本取自特定个体时，应选择固定效应。接下来我们将分别建立空间自回归固定效应模型和空间误差固定效应模型以寻找中国地区资本技术互补的证据。

三 指标选择

（一）物质资本存量 K_{ij}

采用戈登史密斯（Goldsmith）1951年开创的永续盘存法计算：$K_t = (1 - \delta)K_{t-1} + I_t$，当年投资 I 选择固定资本形成总额，固定资产折旧率 δ 选择张军等（2004）的估算0.096。由于我们的样本区间为1997—2010年，为了构造此间的物质资本存量序列，需要确定初始的资本存量和折旧率。1997年物质资本存量我们直接选择张军等（2004）的估算结果，为了数据的可比性，当年固定资本形成总额用上年为100的地区固定资产投资价格指数平减，换算成1997年不变价的固定资产投资。张军（2004）估算各年物质资本存量时选择1952年为基年，因而在此将1952年为基期的1997年的物质资本存量用地区固定资产投资价格指数折算成1997年不变价物质资本存量，相关数据来自《中国统计年鉴》以及《新中国55年统计资料汇编》。

（二）产出变量 Y_{ij}

用各地区 GDP 表示，并用地区 GDP 指数折算成1997年不变价。

（三）高低技能劳动力的度量

关于高低技能劳动力的度量，文献上没有统一的标准，但大多数研究认为具有大学以上教育程度的可能比接受高中或其以下教育程度的劳动力更有效率。为了从需求视角解析大学教育溢价的变化，我们选择具有大学及以上教育程度的从业人员数代理 S_{it} 指标，高中或其以下教育程度的从业人员数代理 N_{ij} 指标，二者具体测算是由各地区各年度从业人员数乘以各自在总从业人数中的占比。数据来自《中国劳动统计年鉴》相应各期。

由于中国高等教育大幅扩招发生在 1999 年，扩招后的工资效应、就业效应以及技术特征变化存在滞后效应，因而本书的样本期确定为 2002—2010 年，并利用中国 30 个地区（重庆并入四川）的面板数据实证检验现阶段中国资本技术互补的存在性。

四　中国技能偏态存在性的实证检验

首先利用 OLS 估计时期固定、地区固定的面板模型如下：

$$\ln Y_{ij} = 4.791030 + 0.237707\ln K_{ij} + 0.15751\ln S_{ij} + 0.090020\ln N_{ij} +$$
$$\qquad (0.0000) \qquad (0.000) \qquad (0.000) \qquad (0.1285)$$
$$0.035582(\ln S_{ij} - \ln N_{ij})^2 + 0.002165(\ln S_{ij} - \ln K_{ij})^2 \times \ln(\ln S_{ij} - \ln N_{ij}) + \varepsilon_{ij}$$
$$\qquad (0.000) \qquad\qquad\qquad (0.000)$$

$$R^2 = 0.9993, \quad F = 8397.412, \quad D-W = 0.46 \qquad\qquad (6.21)$$

从式（6.21）的估计结果可知模型存在自相关，我们从表 6—2 的相关性检验结果验证这一论断。据此我们分别建立空间误差模型和空间滞后模型重新进行参数估计以保证结果的一致性。本书分别选择了地理距离、物质资本以及技能劳动力数量衡量的经济距离权重矩阵实施空间面板固定效应模型估计。另外，尽管我们分别估计了没有固定效应、只有地区没有时期固定效应、只有时期没有地区固定效应以及既有时期又有地区固定效应的双固定效应模型，但只有双固定效应模型所有的估计参数以及空间自相关系数通过了显著性检验。事实上，经济全球化致使中国与国际经济联系日益紧密。近些年来的国际经济形势诸如 2008 年的国际金融危机势必对中国经济技术发展水平造成一定的影响。这些随时间变化的背景变量必将形成中国经济发展的不同时间阶段特征。因此，既有地区固定效应又有时间固定效应模型能更准确地反映中国经济发展状况，模型的估计也验证了这一论断。因此限于篇幅，表6—5只报告了基于三种权重矩阵的双固定效应空间面板估计结果。

根据表6—5的实证估计结果，首先，无论空间滞后模型还是空间误差模型，无论选择哪种权重矩阵，各项回归变量都显著。既有地区固定效应又有时期固定效应的模型 R^2 以及调整 R^2 都超过99.9%以上，对数似然比理想，模型方差都不超过0.0009，空间自相关项都通过显著性检验。这说明线性化的二级CES空间面板模型确实更适于拟合中国经济增长过程，同时中国地区间固定效应以及时期固定效果显著存在。这实际上从一个侧面进一步论证了王军辉（2008）的结论：可变规模报酬的总量生产函数能够更好地逼近中国经济总量增长过程。

表6—5　　　中国资本技术互补存在性空间面板双固定效应估计结果

解释变量	SAR			SEM		
	STF（权重矩阵 W_1）	STF（权重矩阵 W_2）	STF（权重矩阵 W_3）	STF（权重矩阵 W_1）	STF（权重矩阵 W_2）	STF（权重矩阵 W_3）
$\ln k$	0.22254 ***	0.222819 ***	0.222864 ***	0.219161 ***	0.218796 ***	0.218047 ***
$\ln s$	0.123861 ***	0.123547 ***	0.124189 ***	0.122078 ***	0.120844 ***	0.122671 ***
$\ln n$	0.1036 *	0.100545 *	0.100317 *	0.092815 *	0.086151 **	0.078363
$(\ln s - \ln n) \times (\ln k - \ln s)^2$	− 0.00206 ***	− 0.002078 ***	− 0.002092 ***	− 0.00207 ***	− 0.002096 ***	− 0.00213 ***
$(\ln s - \ln n)^2$	0.032173 ***	0.032243 ***	0.032429 ***	0.031959 ***	0.032054 **	0.032736 ***
t	0.086883 ***	0.088351 ***	0.088953 ***	0.084216 ***	0.084603 ***	0.084945 ***
λ / π	− 0.02897 ***	− 0.03997 ***	− 0.044968 ***	− 0.156995 **	− 0.17299 **	− 0.20497 **
$sigma^2$	0.0009	0.0009	0.0009	0.0009	0.0009	0.0008
$adjust\ R^2$	0.9991	0.9993	0.9991	0.9992	0.9993	0.9992
$LogL$	557.9220	543.515	535.0604	570.0812	570.5363	570.965

注：***，**，*分别代表1%，5%，10%水平下显著。

其次，模型的空间自回归系数和空间误差系数均为负，且分别在1%和5%水平下显著，即周围地区经济水平的加权以及周围地区经济发展中不可观测因素都对该地区的经济发展存在显著的反方向影响。由于本书的产出模型设定是捕捉地区技能偏态技术变迁的证据，负的空间自相关系数意味着邻近地区的经济发展和要素投入以及高技能人力资本水平不是产生集聚效应，而是发散效应。这可以由趋同理论巴罗和萨拉—伊—马丁（Barro and Sala-i-Martin，1995）和技术差距理论芬德莱（Findlay，1978）作出解释：尽管随着两地区技术差距增大，技术溢出的可能性增大，但并不是技术差距越大越好。如果技术差距过大，虽然可供欠发达地区学习、模仿的空间很大，但由于缺乏充足的知识存量，导致欠发达地区没有能力吸收技术溢出而产生挤出效应。另外，发达地区由于拥有更优越的吸引高技能人才、高端技术设备的条件也会对邻近欠发达地区的经济发展产生阻碍作用。这可从一定程度上解释河北省毗邻两大直辖市而经济发展水平一直比较落后的原因。尽管三种权重矩阵的估计结果表现了很强的一致性，但比较空间自相关系数可以发现：以高技能人力资本为权重矩阵的模型空间自相关系数最高，地理权重矩阵的模型自相关系数最低，说明相对于地理距离，经济距离特别是人力资本对地区经济活动的空间相关性影响更大。另外，λ 的绝对值小于 π，说明地区间不可观测因素对空间相关性的影响起了主导作用。

最后，从三种投入要素的产出弹性看，现阶段中国物质资本产出弹性最高，为 22.25%，这一结论与王火根、沈利生（2007）的结论大致相当，但与赵志耘等（2006），郭志仪、曹建云（2007）等研究结论相比偏低。现有文献大都基于规模报酬不变假设测算要素弹性，其前提约束的合理性有待论证。更重要的是，本书的模型全面控制了空间相关性、地区固定效应以及时期固定效应，当不考虑时期、地区明显的固定效应时，由于结构性差异所导致的异方差会使技术进步率偏低，因而会导致各估计弹性系数都偏高，以及三者之和的规模报酬因子偏高。关于要素产出弹性以及要素贡献一直是学术界争论的焦点，①但笔者无意介入这些争论，只是在寻找中国资本技术互补证据的过程中，充分考虑到地区结构、时期特定效应以及要素禀赋的差异，得出了一个相对意义下的要素弹性。相对于高低技能劳动力，现阶段中国的经济增长主要是物质资本驱动的。况且由于模

---

① 例如，美国经济学家保罗·克鲁格曼（1999）在其著作《萧条经济学的回归》中认为，中国近 20 年经济的高增长是靠生产要素增加驱动的，而没有产生与之相当的生产率的提高，这样的后果必然是规模报酬递减。易纲、樊纲等（2003）则对这一解释提出了质疑，认为中国生产率与发达国家的差别更多地来自于测算方法的不足。

型设定、理论假设以及样本的不同而得出的结论并不具有可比性。本书测算的结果是，高技能劳动力产出弹性次为 12.39%，低技能劳动力最低，仅为 10.36%，高技能劳动力数量每增长 1%，对经济的拉动作用将比低技能劳动高出 2 个百分点。高技能劳动力更快地促进了经济的增长，这是意料之中的，也正体现了知识的价值。

由于三种权重矩阵估计结果的一致性，表 6—6、6—7 只列出了基于人力资本权重矩阵的地区、时期固定效应影响值。

表 6—6　　　　　　　　　　各地区空间固定效应影响值

地区	SAR	SEM	地区	SAR	SEM
安　徽	0.1581	0.1514	河　北	0.4958	0.5047
北　京	0.1712	0.161	河　南	0.3696	0.3829
福　建	0.5144	0.4982	黑龙江	0.3372	0.3551
甘　肃	− 0.5916	− 0.5829	湖　北	0.4347	0.4427
广　东	1.0202	1.0442	湖　南	0.2467	0.2516
广　西	− 0.1193	− 0.1251	吉　林	− 0.0459	− 0.0501
贵　州	− 0.7626	− 0.7591	江　苏	0.9621	0.9623
海　南	− 0.7452	− 0.8001	江　西	− 0.0467	− 0.0575
辽　宁	0.5923	0.6014	四　川	0.1607	0.2091
内蒙古	− 0.1025	− 0.0996	天　津	0.194	0.1682
宁　夏	− 1.4012	− 1.4045	西　藏	− 1.8683	− 1.897
青　海	− 1.2641	− 1.2844	新　疆	− 0.3746	− 0.3387
山　东	0.8963	0.9033	云　南	− 0.2645	− 0.2519
山　西	− 0.1928	− 0.1858	浙　江	0.7041	0.7074
陕　西	− 0.2851	− 0.2827			
上　海	0.8071	0.776			

从空间固定效应影响参数来看，中国地区间、时期间技术进步差异显著。而且空间自回归模型和空间误差模型具有很强的估计一致性。总体而言，经济发展水平越高的地区，技术进步水平越高。东部沿海地区技术水平较高，最高的是广东、上海、江苏、浙江、福建、山东等地。而西部地

区的技术进步率较低，最低的是西藏、宁夏、青海、贵州等地区，大致呈
现了东—中—西梯度发展格局，这些与中国的实际区域发展状况相符。从
时期固定效应影响值来看，平均而言，样本期内中国技术进步以年均
8.5%的速度增长，但各时期略显不同，2007 年、2008 年技术水平达到样
本期最高，在此前后稍有放缓。

表 6—7　　　　　　　　　　　各时期固定效应影响值

年份	2002	2003	2004	2005	2006	2007	2008	2009	2010
SAR	0.007	− 0.001	− 0.0043	− 0.0037	− 0.0041	0.0117	0.0096	− 0.0095	− 0.0059
SEM	0.0069	− 0.0003	− 0.004	− 0.0036	− 0.0041	0.0112	0.0093	− 0.0094	− 0.0059

表 6—8　　　　　　　　　　　模型原始参数值表

参数	a	b	m	ρ	θ	$\sigma_{K,S}$	$\sigma_{K,N}$
SAR	0.775022	0.643	0.446911	0.8275433	− 0.06319	0.9405673	5.7985585
SEM	0.797668	0.644	0.425791	0.9328881	− 0.05772	0.9454274	14.900486

　　注：a、b、m、$\sigma_{K,S}$、$\sigma_{K,N}$ 分别代表产出的要素分配份额、规模因子、技能劳动力与资本的替
代弹性以及非技能劳动力与资本的替代弹性。

第四节　技能偏态、大学教育溢价——一个经济学解释

　　最后，换算成非线性模型的原始参数，由表 6—8 估计结果可以得到
如下结论：

　　第一，在我们的样本期 2002—2010 年间，也就是高等教育大幅扩张
发生后，第一批大学生进入劳动力市场以后，从要素分布参数来看，$a =$
0.8，$b = 0.64$ 左右，产出的技能劳动力分配份额为 $a(1 - b) = 0.28$，资
本的产出份额为 $ab = 0.498$，非技能劳动力的产出份额为 0.225。在产出
的要素分配中，资本的产出份额最高，技能劳动力的产出份额次之，低技
能的产出份额最低。这与中国近些年来信息、交流技术以及服务外包产业
发展相匹配，这些技术产生了对低技能劳动力的替代，减少了对低技能劳
动力的需求，扩大了对高技能劳动力的需求，这就导致了技能劳动力收入

份额的上升以及低技能劳动力收入份额的下降。按新古典综合学派代表之一马歇尔（Marshall）的观点：在企业利润极大化的前提假设下，企业劳动所得占产出的比重应该与该企业生产技术中劳动的弹性基本相同。这在一定程度上说明中国对技能劳动力的高度重视，技能劳动力的平均收入高于其平均边际产量价值。尽管从业人员中低技能劳动力占比较大，但产出份额较低，从中不难得出现阶段技能溢价是凸显的。平均而言样本期内两种劳动要素分配份额之和略高于50%，这与蔡昉（2005）、贝等（Bai et al.，2006）、李稻葵（2007）、江流等（2008）的研究结论大致相当。

第二，从三种投入要素的产出弹性可见，现阶段中国拉动经济增长的主要驱动力仍是物质资本，技能劳动弹性为0.124，即受过大学以上教育程度的劳动力数量每增加1%，可使经济增长提高12.4%，低技能劳动力产出弹性为10.03%，相对于低技能劳动力，高技能劳动力对经济增长的拉动力度更大。那么技能劳动力通过什么方式更快地促进经济增长？是否发生技能偏态型技术进步？参数 ρ,θ 的估计值验证了我们的论断，技能劳动力与资本的替代弹性为0.9405673，远远低于非技能劳动力与资本的替代弹性5.7985585，充分说明了相对于高中以下教育程度的劳动力，大学教育程度劳动力更加不可替代，$\rho > \theta$，而且在统计上显著。这验证了本书的核心观点：在中国经济增长过程中已经开始表现出资本—技术互补趋势，或者可以说，中国目前的技术进步是技能偏向型的。克鲁塞等（Krusell et al.，2000）指出：偏向型技术进步是资本品生产率增长的结果。20世纪90年代中期以来，中国实施了大企业赶超发展战略，大力扶持大企业和资本密集型企业，使得大企业、高科技企业的技术路径朝着资本、技术密集型方向发展。特别是航天、信息、通信等行业得到迅猛发展，这些技术路径选择意味着对高学历、高技能劳动力的迫切需求。基于供给—需求理论，这可以解释为在其他因素不变的情况下，技术的技能偏态性势必增加技能劳动力的工资。这也从宏观劳动力需求视角解析了现阶段中国大学教育溢价上升的原因，也在一定程度上解释了为何中国目前工资收入持续扩大的原因。

第五节　　如何解释技能偏态与大学生就业难并存

　　然而，既然中国在国家层面呈现出技能偏态技术特征，技术进步必然增加对大学生劳动力的需求，那么如何解释现在大学生就业难的事实？先看一组数据：据《中国劳动统计年鉴》统计，1996 年全国从业人员中大专以上学历占比为 2.8%，2000 年为 4.5%，到 2010 年变为 10.1%。而对城镇就业人员而言，大专以上学历的占比为 20.3%。与此相伴的另一个事实是在全国失业人员中，1996 年具有大专以上学历的占比为 4.6%，具有初中学位的占比最大，达到 57%；在 20—24 岁失业人员中，具有大专以上的占比为 8.4%；在 25—29 岁失业人员中，具有大专以上的占比为 3.1%，在所有大专以上学位的失业人员中，50—54 岁的占比最大，达到 15.4%。这组数据到 2010 年发生了戏剧性的变化。2010 年在全国失业人员中，具有大专以上学历的占比为 20.3%；在所有具有大学学位失业人员中，20—29 岁的占比最大，高达 27.1%；再观其失业的原因，毕业后未工作的最高，达 27.2%。伴随着高等教育的扩张以及技术技能偏态性，尽管对大学生需求多了，但同时大学生平均就业更难了，难道是高等教育扩张过度了吗？大学生过剩了吗？然而 2010 年中国每 10 万人口大学生比例不及 9%，远低于发达国家。扩大的招生计划至今仍未满足国民对于高等教育的需求，因而即使存在的大学生过剩也是"相对的"。可能的解释如下：

　　首先，在大学生量上扩张的同时部分大学生能力是否下降？高校扩张使更多的人可以接受大学教育，而且中国自 1999 年 6 月开始实施国家助学贷款政策，这使得在扩张前能力较高但经济条件支付不起的学生，在扩张后进入大学了，但同时也使一批相对于以前大学生能力较低的学生也上大学了，高等教育扩张可能使大学学位组和高中学位组的能力分布发生变化，那么失业大学生是否存在能力偏低问题？罗宾·内勒和杰瑞米·史密斯（Robin A. Naylor and Jeremy Smith，2009）基于英国大学生比例增长的能力矫正模型表明，大学生与非大学生平均能力差异的变化削弱了需求面的影响。泰伯（Taber，2001）研究也提示我们：评价大学教育溢价以及大学生就业应充分考虑到能力偏误。其次，赖德胜（2001）认为，中国转型期教育结构与就业结构的失衡、教育资源配置与市场脱节是导致大学生"相对过剩"的主要因素,大学毕业生就业难是相对的,具有转型性和结构性的特点。因而政府教育部门应加快教育体制改革,尽快实现从应试教育向素质教育转型,加强高等学校与企业间的交流。最后,从大学生自身找原因,技能偏向性技术进步对就业的影响并非简单的按学历高低排序,大学生就业地位和前景取决于他们所从事的工作类型。曾湘泉(2004)认为,大学生宁愿等待,也不愿到欠发达地区工作,而且大多数大学生都认为自己的资质高于平均水平,从而导致整体收入预期水平偏高。中国大学生的这种高估甚至远远超出了美国和瑞士等一些欧洲国家。基于以上原因,不难理解中国目前的技能偏态与大学生就业难并存这一现象。

第六节 本章小结

本部分利用中国 2002—2010 年 30 个地区的面板数据,基于二级 CES 生产函数,运用空间面板估计技术,实证检验了中国技能偏态性技术进步的存在性。研究表明,现阶段中国技术呈现技能偏态特征,高技能劳动相对于低技能劳动力更加不可替代。本书的结论是,高低技能劳动力的替代弹性为 5.7985585 > 1。按戈丁和卡茨(Goldin and Katz,2007)的理论,说明中国现阶段两种劳动力的相对供给增长小于相对需求增长速度,中国高等教育扩张还应继续,大学生供给的增加应是技术进步的迫切需求。然而,现阶段技能偏态技术并没有与大学生供给实现有效对接以及大学生就业难的事实,致使未来的扩招政策应在继续坚持数量扩招基础上重视大学生质量的提升,逐渐改善劳动力数量和质量的供给矛盾以及经济增长与劳动匹配结构失衡,努力提高劳动者对技术进步和高新技术应用的适应性,最终实现技术进步、教育溢价以及就业三者的协调发展。本章的研究结论恰好回答了上一章的问题:在中国高等教育迅猛扩张期,为何大学教育溢价没有下降,反而上升了?从技术的技能偏态视角我们找到了证据,这与哈佛学者阿西莫格鲁(Acemoglu,1999,2003)提出的内生技术进步模型理论并用之来解释美国在高等教育扩张期大学教育回报反而上升的结论类似。阿西莫格鲁(Acemoglu,1999,2003)的解释是:高等教育扩张,提供了大量高技能劳动力，必然增加与技能劳动者互补的技术需求，因而势必增加与技能互补的技术研发激励，致使技术进步向与技能劳动力互补的方向发展。近年来各国出现的计算机和互联网技术，都是典型的与技能劳动力互补的技能偏向性的技术进步。技能偏向性技术进步的发生最终会增加对于技能劳动力的相对需求，从而使得高技能劳动力的相对工资迅速增加。这一理论可以完美地解释为何中国在高等教育迅猛扩张期大学教育溢价上升的原因，至于如何借鉴国际经验准确测度中国现阶段对两种劳动力时相对需求速度，在考虑到能力偏误基础上准确测度大学教育溢价，进而评价中国目前的高等教育扩张到什么程度才达到最优将是我们进一步研究的方向。

第 七 章

技能高中还是普通高中

——中国农村学生的教育选择研究

21世纪以来，"三农"问题一直是国家各级政府工作的重中之重。特别是中国共产党"十六大"以来，国家连续出台了五个聚焦"三农"问题的中央"一号文件"，彰显了解决"三农"问题的重要性和急迫性。"三农问题"的核心是农民，农村的进步、农业的发展归根到底取决于农民的进步和发展，而农民的进步和发展离不开农村的教育（李志远、朱建文，2004）。

党和政府历来高度重视农村教育，中国共产党十五届三中全会通过的《中共中央关于农业和农村工作若干重大问题的决定》指出："发展农村教育事业是落实科教兴农方针、提高农村人口素质的关键。""十六大"明确提出"加大对农村教育的支持"和"完善国家资助贫困学生的政策"。"十七大"通过的《中共中央关于推进农村改革发展若干重大问题的决定》指出：大力办好农村教育事业，加快普及农村高中阶段教育，重点加快发展农村中等职业教育并逐步实行免费。在2012年两会上，众多委员也为农村教育献计献策，全国政协委员厉以宁认为："教育均衡，才有乡村美好，加大对农村的教育投入和对贫困家庭子女的教育补贴，中国的广袤乡村是否会恢复为令都市人向往的田园牧歌之地，取决于农村教育。这不仅是民生工程，而且是关乎国家长治久安的社会建设大计"。然而，尽管中国农村教育在各级政府高度重视下取得了很大的成绩，但是我们更应清醒地看到我们根深蒂固的困难：农村人口多，科技文化素质低，农民受教育水平低，这些因素已成为阻碍农业实现现代化的瓶颈。

据2010年中国第六次人口普查数据：全国13.7亿多人口中，居住在乡村的达50.32%，尽管与2000年人口普查数据相比农村人口减少了1.3

亿多，然而还有超过一半多的人口在农村。如果其文化素质低、劳动技能低势必成为增加农民收入、推广农业科技、转移农村剩余劳动力的"瓶颈"。据 2011 年《中国统计年鉴》：农村普通初中毕业生数 6169783 人，而当年农村普通高中招生数为 567141 人，二者占比不及 10%，尽管可能有极少一部分农村初中学生升入城市高中或者职业高中、技校以及中专等，但农村初中毕业生继续升学的比例还是极其偏低的。进一步讲，据 2010 年《中国农村统计年鉴》数据，2009 年，中国农村家庭每百个劳动力中，不识字的达 5.94%，小学程度的达 24.67%，初中程度的达 52.68%，中专和高中程度的达 13.61%，大专以上文化程度的仅为 2.1%。随着中国义务教育改革的推进，同 1990 年相比，不识字的以及小学文化程度的大幅下降，初中以上层次的大幅增长。尽管大专以上的高等教育相比于 1990 年增幅最大，但其比例很低，仅为 2% 左右，有些省份还不到 1%。如果说 20 世纪 90 年代，我们还没有意识到农村教育贫困的根源，而寄期望于"希望工程"的话，那么今天，中国城乡教育资源匹配的严重失衡已经浮出水面，已经令人触目惊心了！农村教育贫困已经升级为一个不可回避的社会问题。各地农村，即使培养出了寥寥无几的大学生、研究生，但由于当地的经济结构和工作对口等现实问题，难以留住"人才"，结果是"门内开花门外红"。因而服务于农村经济主体的是那些只具有中等教育程度的劳动者，农村劳动力的主要教育层次仍停留在初中教育上，农村发展、农业进步可能更多地依靠那些接受高中教育程度（包括职业高中、技校、中专）的劳动者。正如 2005 年 11 月温家宝总理在全国职业教育工作会议上发表的《大力发展中国特色的职业教育》讲话中所指出的：大力发展职业教育，是促进社会就业和解决"三农"问题的重要途径。同时兴办技校、中专教育，对于建设社会主义新农村，也将是一剂立竿见影的良药。

然而伴随着"三农问题"的提出，尽管国家已经对农村基础教育问题给予了极大的关注与重视，自 2006 年 9 月 1 日起已正式施行《中华人民共和国义务教育法》，但中国义务教育仍停留在小学和初中阶段，普通高中、职业高中、中专及技校不包括在内。目前这些教育费用按《2010 年教育经费统计年鉴》数据：农村职业高中生均教育经费全国平均为 5902 元，个人负担的部分为 3341 元；农村高中生均教育经费为 5509 元，个人负担的部分为 3427 元；技校生均教育经费为 8184 元，个人负担的是 3847 元；中等职业学校生均教育经费为 7988 元，个人负担为 4342 元；中专生均教育经费为 8289 元，个人负担为 4455 元，农村中等非义务教育经费中个人负担比例超过一半。据同期《中国农村统计年鉴》数据，农村居民人均全部纯收入为 5153 元，而人均生活消费支出包括食品、衣着、交通、居住、医疗费用，总计 3993 元。也就是说，如果一个农村家庭中有一个接受非义务教育的学生，生活会相当拮据，甚至会入不敷出。尽管国内外学者已经充分认识到农村教育对农业经济增长、农业科技创新以及农村劳动力转移的巨大作用，但由于受政策、技术或方法等一系列因素的制约，这些问题还需深入探讨。比如，农村初中生是选择普通高中还是职业高中？是技校还是中专？农村教育投资的形式应该包括哪些种类？既然各种教育成本之间无太大差异，个体未来预期教育回报将成为重要的决策依据，那么每一类中等教育的回报之间有何差异？是什么因素决定了农村学生的教育选择？是工资导向还是存在能力偏误？政府应如何匹配软硬件设施以与农村教育相适应？对这些问题的深入研究必将对促进农村经济建设，化解农村经济增长的深层次矛盾，实现城乡经济协调发展具有重要的战略指导意义和实践意义！同时也将为农村家庭教育选择以及政府农村教育政策提供可靠的理论支撑！

　　本书在考虑到教育变量的内生性基础上应用 Heckman 样本选择模型分别估计中国农村职业高中和普通高中的教育回报，以期回答以下问题：什么因素决定农村个体的劳动参与选择？控制了内生性和样本自选择后相对于初中生，职业教育和普通高中的教育溢价多大？二者差异如何？农村家庭该做出怎样的教育选择？政府在农村教育、农业科技进步中该扮演怎样的角色？

第一节　模型方法

　　这里我们使用明瑟（1974）提出的经典工资方程来测算中国农村职业教育以及普通高中教育溢价。其基本模型如下：

$$\ln wage_i^{\,Z} = A_1^{\,Z} X_i + \beta_1^{\,Z} edu_i^{\,Z} + \varepsilon_i^{\,Z}$$
$$\ln wage_i^{\,P} = A_2^{\,P} X_i + \beta_2^{\,P} edu_i^{\,P} + \varepsilon_i^{\,P} \tag{7.1}$$

其中 Z, P 分别代表职业高中教育和普通高中教育，lnwage_i^Z，lnwage_i^P 分别对应具有职业高中教育程度和具有普通高中教育程度个体的工资，$edu_i{}^Z$，$edu_i{}^P$ 分别代表初中以上拥有职业高中或普通高中教育的哑变量，即

$$edu_i{}^Z = \begin{cases} 1, \text{职业高中} \\ 0, \text{初中} \end{cases}, \qquad edu_i{}^P = \begin{cases} 1, \text{普通高中} \\ 0, \text{初中} \end{cases}$$

X_i 是决定工资收入的可观测控制变量，比如经验、经验的平方、性别特征、职业特征、行业特征、工作环境、风险程度等。$\beta_1{}^Z$，$\beta_2{}^P$ 分别代表相对于初中教育的职业高中教育溢价以及普通高中教育溢价，也是本书关注的代估参数。ε_i 是扰动项，也即除了教育以及可观测的控制变量以外所有影响工资的因素都被包含在 ε_i 中。

利用明瑟方程估计教育回报将面临两个重要问题：

第一，样本选择偏差。根据模型的意义，我们关注的应该是所有达到工作年龄人口，其具有的教育程度对其工资率的影响效应。然而无论何时，那些具有相同特征的适龄人口总有没参与劳动供给的，我们只能观测到那些正在工作的人的工资。而这些由正在工作的人组成的样本并不是总体的随机样本，因为工资的缺失依赖于劳动参与变量。劳动参与带有很强的"自选择"倾向，即一个工作年龄的个体参与工作与否依赖于自身的劳动供给决定，而这种决定往往是内生的。通常的做法是将观测不到的工资收入的样本直接删除或者令其工资为 0，这就产生了样本选择偏差，或者称其为"偶然断尾"问题。[①] Jeffrey M. Wooldrige（2002）证明了只有在劳动参与选择是外生的，且满足一系列秩条件下，基于选择样本的普通 OLS 或 2SLS 估计才是一致的，否则将产生"样本选择偏误"（sample selection bias）。为此基于 Heckman（1979）的研究结论，我们考虑如下选择模型：

$$canyu_i = 1\,[X_{2i}\Delta + \delta_i > 0] \tag{7.2}$$

$canyu$ 是二元劳动参与指标，括号内不等式成立时取值为 1，否则为 0，工资只有在 $canyu = 1$ 时才能被观测到。X_2 是影响劳动参与的外生向

---

① 具体参见 Jeffrey M. Wooldrige ed., *Econometric Analysis of Cross Section and Panel Data* (The MIT Press, Cambridge, Massachusetts, London, England, 2002), p. 552。

量，X_2 可以包含 X 中部分甚至所有的外生变量，Δ 是解释变量的系数向量，δ 是误差项。

我们期望得到模型（7.1）、（7.2）的联合一致的估计。

第二，教育变量内生性问题。基于明瑟方程教育回报率将面临教育变量的内生性问题（Heckman et al.，2003）。关于教育变量内生性产生的原因大致有二：首先，无法观测因素所致。诸如影响工资收入的能力是无法观测的，因而作为遗漏变量被包含在误差项中，从而导致教育变量与误差项相关。能力又是不可忽略的，因为实际中我们经常发现即使两个个体接受了相同的教育，具有相同的经验和行业、职业等特征，他们的收入也有很大差别。这种差别往往不能用教育和经验来解释，应该归因于人的天生能力（innate ability）差异。由于能力无法观测也难以量化，用普通 OLS 估计会将能力对工资收入的效应混淆为教育的生产率效应，因而忽略能力往往会对评价产生偏差。国外学者大多基于双胞胎数据估计教育回报，设法控制能力偏误。例如，阿申费尔特和克鲁格（Ashenfelter & Krueger，1994）。其次，教育数据的测量误差也会导致其内生性。CHIPS 数据提供了两种关于个体教育程度的指标：其一是最高教育程度；其二是所受全部学校教育年限（不包括留级）。二者有很大程度的不匹配，比如，受过 6 年学校教育的个体最高教育程度为技校，还有受过 12 年以上学校教育的个体最高教育程度是初中或以下，我们无法做出哪一种更真实的判断，但无论选择哪一种作为教育程度的指标，肯定存在一定程度的误差。若设

$$edu = edu* + e \tag{7.3}$$

其中 $edu*$ 为教育程度的真实值，edu 为测量值，e 为测量误差。如果测量误差与测量值相关，考虑经典的含误差变量（CEV）假定，即假定真实教育程度与其测量误差无关 $\text{cov}(edu*, e) = 0$，可以得出：

$$plim(\hat{\beta}) = \beta\left(\frac{\sigma^2_{edu*}}{\sigma^2_{edu*} + \sigma^2_e}\right) ① \tag{7.4}$$

而教育溢价 β 是大于 0 的，因而测量误差会低估真实的教育溢价。

---

① 具体参见 J. M. 伍德里奇《计量经济学导论现代观点》，中国人民大学出版社 2003 年版，第 279—283 页。

鉴于以上两点考虑，根据中国相关数据的可得性与可比性，本书也将用工具变量法控制能力偏误以及测量误差。

因而，要想准确地估算中国农村高中程度教育溢价，我们必须同时考虑样本选择问题以及教育变量的内生性问题。

我们期望估计的是如下模型：

$$\begin{cases} \text{lnwage}_i = X_i A_1 + \beta edu_i + \varepsilon_i \\ edu_i = Z_i A_2 + v_i \\ canyu_i = 1 \left[X_{2i}\Delta + \delta_i > 0 \right] \end{cases} \quad (7.5)$$

模型（7.5）中的第一个方程为结构方程；第二个方程是内生变量 edu 对其工具变量 Z 的线性回归，Z 的部分或者全部可以被包含在 X_2 中，A_2 是回归系数向量，v 是扰动项；第三个方程是劳动参与方程，这里允许三个扰动项之间的任意相关。

如果 lnwage, edu 总是伴随 Z，X_2 而被观测到，伍德里奇（Jeffrey M. Wooldrige，2002）证明了此时只须对模型（7.1）实施 2SLS 估计就可得到 β 的一致估计量。

如果 lnwage, edu 只在 $canyu = 1$ 时被观测到，如何基于可观测的选择样本得到 β 的一致估计量？为此，需做一下假设：

（1）$X_2, canyu$ 总能被观测到，lnwage, edu 在 $canyu = 1$ 时能被观测到；

（2）ε_i, δ_i 联合期望为 0，且与 X_{2i} 相互独立，$\delta_i \sim N(0, 1)$；

（3）$E(\varepsilon_i \mid \delta_i) = \gamma_1 \delta_i$，$E(Z'v) = 0$，$E(X'v) = 0$。

由上述假设，将模型（7.1）改写成如下形式：

$$\begin{aligned} \text{lnwage} &= XA + \beta edu + E(\varepsilon \mid X_2, canyu) + (\varepsilon - E(\varepsilon \mid X_2, canyu)) \\ &= XA + \beta edu + E(\varepsilon \mid X_2, canyu) + e \end{aligned} \quad (7.6)$$

而且 $E(e \mid X_2, canyu) = 0$，从而模型（7.1）基于可观测选择样本利用 2SLS 可以被一致地估计出来。而对于被选择样本 $canyu = 1$，由假设（3）

$$\begin{aligned} E(\varepsilon \mid X_2, canyu = 1) &= E(\varepsilon \mid X_2, X_2\Delta + \delta > 0) \\ &= E(\varepsilon \mid \delta > - X_2\Delta) = \gamma_1 \lambda(X_2\Delta) \end{aligned} \quad (7.7)$$

$\lambda(\cdot) = \dfrac{\varphi(\cdot)}{\Phi(\cdot)}$ 是逆米尔斯比率（inverse Mills ratio），$\varphi(\cdot), \Phi(\cdot)$ 分别是标准正态分布的概率密度函数和累积分布函数，Δ 可由所有样本将

canyu 对 X_{2i} 做 probit 回归得到。因而，模型（7.1）在兼具样本选择偏差和解释变量内生性问题时，我们可以通过以下程序一致地估计出教育溢价参数：

（4）用所有的样本将 *canyu* 对 X_{2i} 做 probit 回归得到逆米尔斯比率 $\lambda = \lambda(X_2\Delta)$ 。

（5）基于选择的样本，即 ln*wage*, *edu* 同时被观测到的样本，用 Z 做工具变量。

基于 2SLS 方法估计下列方程

$$\ln wage = XA + \beta edu + \gamma_1 \lambda + e \tag{7.8}$$

也就是在模型（7.1）的基础上加入了样本选择校正项 $\gamma_1 \lambda$ ， γ_1 如果显著异于 0，说明存在明显的样本选择偏误，此时如果直接估计模型（7.1）将得到非一致的估计量。

第二节　数据描述

一　数据来源

本书的数据来源于中国社会科学院经济研究所收入分配课题组于2002 年负责的中国家庭收入项目调查（CHIPS, Chinese Household Income Project Survey）中的农村住户调查数据。该调查数据包括北京、河北、山西、辽宁、吉林、江苏、浙江、安徽、江西、山东、河南、湖北、湖南、广西、广东、重庆、四川、贵州、云南、陕西、甘肃、新疆 22 个省（市）的农村 9200 个住户，17974 个调查对象，包含了丰富的个体和家庭特征信息，以及就业和工资收入方面的信息，为我们研究中国农村职业高中、普通高中教育溢价差异的实证检验提供了可靠充分的资料，进而可为政府"三农"问题的解决、农村教育改革提供更有利的参考。我们考察的目标群体是 18—65 岁身体健康状况良好的、可以工作且具有初中以上高中阶段以下教育程度的适龄人口，最终有效个体数为 9530 个。

二　指标选取

为估计教育溢价，我们首先需确定工资度量指标（ *wage* ），CHIPS数据中工资数据包括以个人计算的从事非农工资性就业和个体非农经营的收入与以家庭为单位计算的家庭纯收入、家庭经营收入等。本书的主旨是测算农村初中生接受了高中阶段的教育后对个人人力资本提升的贡献，因而排除了以家庭为经营单位的收入。在此以从事非农工资性就业和个体非农经营的收入总和为工资变量的度量指标，其中包括个人工资性收入总额和以个人名义得到的非工资性收入总和，而非工资性收入总和是指个人股份（票）的红利、个人从受雇单位领取的实物收入。因为无论股票红利还是从单位得到的实物收入都在一定程度上与个人的劳动效率和能力相关。

教育（edu）是我们关注的指标，因为我们的目的是估算高中阶段教育溢价，所以选择具有初中教育程度和具有相当于高中教育程度的个体。高中程度包括普通高中、职业高中、技校、中专。将职业高中、技校、中专定义为技能性中等教育，以此分别估算普通高中与技能高中的溢价。

我们也将与工资有直接关系的性别（gender）、工作经验（ex）、经验的平方（ex^2）、单位所有制（S）、行业特征（h）、地区特征（dong、zhong、xi）、工作地点在室内还是室外（envirment）、是否在高温环境下工作（temp）以及工作环境是否有毒（danger）作为控制变量引入工资结构方程。

为控制教育变量（edu）的内生性，我们需选择工具变量。较好地控制变量应和edu高度相关，但与扰动项无关，从而与工资无关。大多数学者常将家庭背景等作为工具变量来处理教育的内生性问题，因为家庭背景特征对能力在代际间传递起到重要的作用。一般父母的受教育程度越高、社会地位越高、经济条件越好，对子女的教育就越重视，也越有可能为孩子提供更多的学习机会。一般来说，这些家庭特征与个人的工资没有直接的关系。例如，慕克侯帕德海（Mukhopadhyay，1994）认为，父母受教育程度对孩子的教育获得水平具有显著的正影响，即使是在贫困和教育发展落后的地区也是如此。阿尔托内和邓恩（Altonji & Dunn，1996）认为，父母的受教育程度不仅影响子女在校的学习状况，而且也对他们入学前的教育质量产生影响。玛利亚和亚松森（Maria & Asuncion，2003）强调家庭背景和社会地位对不平等在代际之间的转移起到重要的作用。当然，工具变量是否有效需通过Sargen检验、Hansen检验等计量方法来判别。由数据的可得性，我们选择父亲的受教育程度（fedu）、父亲是否党员（*fccp*）、土改时父亲的家庭成分（*fchengfen*）、母亲的家庭成分（*mchengfen*）作为 *edu* 的工具变量。为了模型的识别，这些变量并不出现在工资方程和劳动参与方程中。尽管 CHIPS 数据集提供了母亲受教育程度及母亲是否党员的数据，但由于母亲的受教育程度在所有 17974 个个体中有近 14000 个没受过任何教育，剩下的 3000 多个样本中大多只受过二三年的小学教育，由于样本取值过于单一，我们放弃了这一控制变量。对于母亲是否为党员，也具有同样的问题，大多数母亲不是党员，因而也放弃了这一控制变量。

为纠正样本选择偏差，我们需要对劳动参与选择方程进行识别。所谓选择方程就是研究什么因素决定了个体获得劳动收入。首先确定 *canyu* 变量，无论个体获得工资性收入还是非工资性收入，都表明其参与劳动供给，此时 *canyu* =1；否则 *canyu* =0。由于我们的模型中既包括工资结构方程、劳动参与选择方程还有内生性变量 *edu* 的工具变量方程，因而方程的识别很重要。这要求任一特定方程至少有一个自变量不被其他方程的自变量向量所包含。因此，为了识别选择方程，选择方程中至少要有一个变量不影响其他方程。梅里（Melly, 2005）认为理想的识别变量应该是这个变量影响选择行为但不影响工资水平。从劳动供给角度看，劳动力的拥有者按照自己的个体特征，始终在为获得收入而工作与放弃工作收入而享受闲暇（包括休闲娱乐、接受教育、操持家务、照料子女等）之间进行选择（陈斌开等，2009）。相关研究经验表明，家庭经济状况、劳动力个数、上一年的支出状况以及各种税费都会对家庭成员是否参与劳动供给产生影响，子女数也是参与方程的一个很好的识别变量（Heitmueller, 2006）。但基于数据的可得性，并且考虑到我们的样本来自于农村，所以在此选择上一年的家庭支出总和（cost）、上一年的家庭总收入（income）、当年各种税费总和（taxes）、家庭房屋的建筑面积（housearea）、家庭成员数（familynumber）、家庭拥有土地的面积（landarea）作为个体是否获得工资性收入和非农经营收入的工具变量。这些变量并不出现在工资结构方程和 *edu* 的工具变量方程中。尽管劳动需求也会影响个体的劳动参与，但劳动需求变量一般是用人单位对劳动力拥有者所提出的要求，与单位类型、行业特征、所有制以及个体所拥有的技术特征相对应，而这些变量只有在个体有工资收入时才能被观测到，因而并不是很好的工具变量。婚姻状况也应是参与方程很好的识别变量（寇恩惠等，2011），但由于控制教育的内生性我们需要父母受教育程度以及社会身份变量，CHIPS 数据只提供了户主及配偶父母的相关数据，我们在合并家庭和个体两个数据集后，只保留了家庭户主和配偶的个体，因绝大多数都是已婚，所以放弃了婚姻状况这一识别变量。

另外，在劳动参与方程中还加入了性别（gender）、经验（ex）、经验平方（ex^2）以及地区特征虚拟变量（dong、zhong）。大多数文献将教育程度也加入劳动参与方程中，我们舍弃这一解释变量的原因有二：首先，基于我们的农村样本数据，具有初中以上教育程度的且有工资收入的3294 个从业人员中，只具有初中教育程度的达 2199 个，占了一多半，因此相对于家庭耕地面积、家庭经济状况，受教育程度可能并不是农村人员选择非农就业的关键变量。况且我们认为无论工资高低只要有工资收入就视为劳动参与。其次，在我们的工资决定方程中，教育程度是关键变量，也就是只要参与非农劳动，教育程度应是影响劳动效率的重要因素，而样本选择偏差修正项是选择方程所有解释变量的线性组合，为避免多重共线性，参与方程没有考虑教育程度这一变量。

三　变量确认

表 7—1　　　　　　　　　　　　变量的确认

变量名称		变量描述
wage		从事工资性就业和个体非农经营的年收入总和
个体特征	age	年龄
	gender	男性为 1，女性为 0
	edu	只研究具有初中以上高中阶段以下教育程度的群体，将初中视为参考组，两个对照组：普通高中和技能高中（包括职高、技校、中专）
	ex	年龄 − 6 − 受教育年限，未满 12 年教育年限的按公式：年龄 − 16 计算，也就是我们认为在农村年满 16 周岁才具有劳动能力
家庭特征	familynumber	家庭常住人口
	taxes	缴纳各种税费总和，包括三大产业税金、乡镇统筹、教育集资、村集体提留等
	income	上一年家庭纯收入

续表

变量名称		变量描述
家庭特征	cost	上一年家庭消费支出
	landarea	使用的全部土地面积（包括耕地、宅地）
	housearea	房屋居住面积（平方米）
	fedu	父亲的教育年限
	fccp	父亲是否中共党员，是为1，否为0
	fchengfen	在土改时，父亲被划定的家庭成份，贫农为1，其他为0。其他包括下中农、中农、富农、地主
	mchengfen	在土改时，母亲被划定的家庭成份，贫农为1，其他为0。其他包括下中农、中农、富农、地主
区位特征	dong	由于我们样本中包括全国22个省市，为提高自由度，我们将其按传统方法划分为三大地区，其中西部为参照组
	zhong	
	xi	
所有制特征	S_1	CHIPS数据细分了企业的所有制类型，在此将其分为三类：S_1代表个体和私营经济包括农户家庭经营、私营企业、个体非农经营；S_2国有集体经济包括乡镇、村集体企业、国有企业及机关事业单位；S_3代表其他企事业单位，S_3为参照组。由于农村中外合资企业、外资企业很少，又不能与其他归为一类，故将其剔除
	S_2	
	S_3	
行业特征	H_1	CHIPS数据提供了17种行业分类，我们将其分成三大产业：H_1代表第一产业，包括农业（种植业、采集业）、林、牧、渔、水利业；H_2代表第二产业，包括采掘业、地质普查与勘探业、工业、建筑业；其余为第三产业H_3，将第一产业H_1视为参照组
	H_2	
	H_3	
工作环境	envirment	工作环境在室外或地下为1，其余为0
	temp	在高温下工作为1，其余为0
	danger	工作环境有毒或危险为1，其余为0
劳动参与	canyu	只要有收入，无论工资性还是非工资性收入为1，其余为0

表7—2　　　　　　　　　　相关变量的统计性描述

		技能高中		普通高中		初中	
样本容量		446		1949		7135	
变量		均值	标准差	均值	标准差	均值	标准差
Wage		7620.93	7460.79	5432.93	5660.76	4676.78	4847.16
个体特征	age	44	9.454	43	7.1597	42	8.9496
	gender	0.72	0.4474	0.691	0.4621	0.59	0.4902
	edu	1	0	1	0	0	0

续表

		技能高中		普通高中		初中	
样本容量		446		1949		7135	
变量		均值	标准差	均值	标准差	均值	标准差
家庭特征变量	*taxes*	528.966	2605.24	380.607	1286.93	354.573	757.94
	familynumber	3.834	1.124	4.080	1.130	4.020	1.156
	income	14734.2	8584.41	11654.5	9912.92	10131.7	7458.0
	cost	8136.50	5705.96	8309.41	9866.27	6862.97	6170.1
	landarea	6.864	11.8253	7.853	9.118	7.749	8.369
	housearea	125.536	87.998	122.819	75.723	116.096	72.301
	fccp	0.1658	0.3724	0.1683	0.3743	0.1303	0.3366
	fedu	3.7578	3.0869	3.3633	2.8378	3.3023	2.7753
	fchengfen	0.6188	0.4863	0.6474	0.4779	0.6456	0.4784
	mchengfen	0.6312	0.4831	0.6574	0.4747	0.6559	0.4751
区位特征	*dong*	0.448	0.498	0.355	0.479	0.303	0.459
	zhong	0.334	0.472	0.426	0.495	0.430	0.495
	xi	0.217	0.368	0.219	0.402	0.267	0.489
劳动参与	*canyu*	0.702	0.458	0.590	0.49195	0.448	0.4985
所有制	S_1	0.159	0.367	0.423	0.494	0.498	0.500
	S_2	0.389	0.488	0.191	0.394	0.143	0.351
	S_3	0.45	0.345	0.386	0.312	0.359	0.449
行业特征	H_1	0.122	0.328	0.363	0.481	0.482	0.500
	H_2	0.789	0.409	0.551	0.498	0.437	0.496
	H_3	0.089	0.263	0.086	0.421	0.081	0.344
工作环境	*envirment*	0.200	0.401	0.400	0.490	0.537	0.499
	temp	0.052	0.22	0.062	0.242	0.112	0.315
	danger	0.030	0.170	0.088	0.283	0.107	0.309

四　变量的统计描述

表7—2给出本书所涉及的变量按技能高中、普通高中、初中分类的统计描述，从中不难得出以下事实：从平均工资水平来看，具有技能高中教育程度的平均工资水平最高，年均7620.93元；普通高中的年均工资为

5432.93 元，初中毕业的年均仅为 4676.78 元。与普通高中相比，技能高中教育溢价更加明显。从从业人员的受教育程度来看，在我们选择的初中以上高中以下的群体中，近 75% 的人只具有初中学历，接受高中教育的比例不到 25%，而接受技能高中的比例不及 5%，刨除寥寥无几的具有大学学历的人员，我们农村劳动力受教育程度普遍很低。从个体特征来看，具有高中教育程度的从业人员平均年龄稍高。具有高中教育程度的从业人员中男性较多，达 70% 左右，而初中教育程度的男性占比 59%，稍高于女性。

从劳动参与变量来看，技能高中程度的人员参与劳动供给的可能性最大，在我们的样本中，有 70% 多的参与率；普通高中程度的参与比例次之，达 59%；而初中教育程度最小，仅为 44.8%。从劳动参与识别变量来看，拥有高中教育程度的劳动力家庭的家庭收入较高、家庭支出也较大，房屋面积较大、年支付的税费总和较大，然而家庭拥有的土地面积较少，而初中教育程度的家庭则呈现相反的特征。从教育的设别变量组来看，高中教育程度的劳动力父亲具有较高的教育程度，党员的数量较多，技能高中尤甚。初中教育程度的父亲教育程度偏低，党员的数量也少，但父母的家庭成分在三个组别之间并未呈现出明显的规律性。

从区域差异来看，技能高中比例呈东、中、下逐渐下降的趋势，初中则呈现相反的趋势，这可能与各地区技能教育的发达、重视程度以及政策导向有关。在我们的样本中东部地区适龄人口按人口比排序呈现出技能高中最多、普通高中次之、初中最少的特征，中西部地区初中教育程度最多，技能高中最少，这说明东部地区农村的职业教育发展水平高于中西部地区。从工资结构方程的外生变量组来看，拥有技能高中教育程度的从业人员更多地就业于国有、集体单位，普通高中以及初中教育程度的个体就业于私营单位的较多，特别是对具有初中教育程度的个体而言。

另外，从从业人员的行业分布来看，初中以上教育程度的从业人员绝大多数就业于第二三产业，其中第三产业从业人员拥有技能高中教育程度的占绝大多数，普通高中次之，初中教育程度的最少。初中教育程度的从业人员更多地就业于第二产业。从工作环境来看，技能高中教育程度的从业人员，其工作环境大多在室内，而且极少在高温、有毒的环境下工作。相对而言，普通高中教育程度的从业人员中有 40% 在室外工作，其工作环境属于高温、有毒占比也较技能高中为高，而初中教育程度者的工作情形更糟，54%的从业人员处于室外工作，11%多在高温下作业，10%的工作环境有毒。

以上基于数据的统计描述，我们可以初步看到受过高中教育的从业人员，相对于只受过初中教育程度的从业人员呈现出明显的工资溢价，其中受过技能高中教育的溢价更大。在排除了劳动参与的样本选择偏差以及教育变量的内生性后，其真实的溢价有多大？二者之间的差异又有多大？下面我们应用微观计量方法对之加以实证检验

第三节　实证结果及分析

一　基于 Probit 回归的劳动参与选择实证结果

在赫克曼估计的第一阶段，需要用 Probit 模型对全体样本进行劳动参与估计。劳动参与选择方程的因变量为 *canyu*，代表劳动参与的选择（只要有正的工资收入我们都认为参与，取值为1，否则为0）。正如前文所介绍的，基于农村样本，劳动参与选择方程的识别变量为家庭上一年的总支出、总收入、家庭拥有的土地面积、家庭房屋面积、家庭总人口数，劳动参与选择方程的解释变量还包括劳动者的经验、经验的平方、地区、性别虚拟变量。回归结果如表7—3所示：

表7—3　　　　　基于 Probit 回归的劳动参与方程估计结果

解释变量	系数		标准差
taxes	− 0.0000467 ***		0.0000158
familynumber	− 0.1354905 ***		0.0094069
income	0.0000134 ***		1.81E − 06
cost	8.59E − 06 ***		2.14E − 06
landarea	− 0.0150485 ***		0.0013624
housearea	0.000663 ***		0.0001602
gender	1.380664 ***		0.0223551
ex	0.0146765 ***		0.0063325
ex^2	− 0.0008001 ***		0.0001161
dong	0.2235627 ***		0.0303946
zhong	0.0121203		0.0264324
常数项	− 0.4040361 ***		0.0854248
$Pseudo - R^2$	0.2197	Log − likelihood	− 9045.3666

注：*** 代表1%水平下显著。

从表7－3的估计结果，我们可以得出以下结论：

首先，从家庭特征变量来看，家庭特征变量都显著地影响着非农劳动参与。其中，家庭拥有的耕地面积、家庭成员个数以及各种税费支出总额与劳动参与呈现明显的相关关系，家庭耕地面积越多参与非农工作的概率越小，家庭成员越多意味着劳动力越多，参与非农就业的可能性越小。可以理解为如果家中的劳动力越少，只参与农业劳动所带来的收入越少，户主成员倾向于参与非农就业以获得工资性收入。另外一种可能的解释是随着家庭规模的扩大，在其他成员收入的支持下，个人参与劳动力市场的意愿会变小。各种税费越多会阻碍个体参与非农就业的积极性。家庭上一年的总收入、家庭住房面积与劳动参与呈现显著的正相关关系。这些变量表明了家庭的经济状况，总收入越多、住房面积越多表明家庭经济状况越好，这样的家庭成员越有机会参与非农就业。

其次，从个体特征变量来看，男性比女性具有显著的更高的非农参与率。这与奈特和李（Knight & Li，1996）以及康奈利和郑（Connelly & Zheng，2003）基于中国农村样本研究的结论是一致的。另外，年龄越大，工作经验越丰富越容易参与非农劳动，但这种正向参与率随经验变化速度而递减，这符合人力资本理论（Becker，1993）。

最后，从地区变量来看，东、中部与西部地区相比，具有更高的非农参与率。其中东部地区参与概率最大，且在1%水平下显著，中部与西部相比就有微弱的高的参与率，但是不显著的。这与东、中、西部地区的农村发达程度以及政府政策相关。

二　基于一阶段 Heckman 两步法工资方程估计结果

在此用 Heckman 样本选择模型对工资方程进行估计。为了比较技能高中教育溢价与普通高中溢价的差异，将从第一阶段基于全样本实施的 Probit 回归结果测算出的逆米尔斯比率 λ 分别加入到工资方程（7.1）中，表7—4给出了相关工资方程的估计结果。

由于所有制变量在估计中并不显著，在此回归方程中并未列出。

从表7—4估计结果可见，无论是技能高中还是普通高中，样本偏差修正项都在1%水平下显著，说明存在样本选择性偏误，因此应用 Heckman 样本选择模型对工资方程进行估计是必要的。从教育变量估计系数来看，高中教育存在显著的工资溢价。其中技能高中的溢价效应远远高于普通高中。具体地，相对于初中毕业的从业人员，技能高中毕业生平均工资率将高出 61.26%，普通高中毕业生平均工资率将高出 12.55%。如果高中阶段教育按三年计算，平均每年的教育收益率技能高中为 20.42%，普通高中为 4.18%。

表 7—4　　　　　　技能高中、普通高中教育溢价估计结果

	技能高中		普通高中	
	系数	标准差	系数	标准差
λ	− 1. 19025 ***	0. 139179	− 1. 65616 ***	0. 132182
edu	0. 612572 ***	0. 070396	0. 108981 ***	0. 043406
ex	0. 041295 ***	0. 012353	0. 027196 ***	0. 010908
ex^2	− 0. 00061 ***	0. 000242	− 0. 00026	0. 000215
gender	− 0. 82334 ***	0. 122979	− 1. 11601 ***	0. 113123
Z_1	0. 347644 ***	0. 054863	0. 26033 ***	0. 046029
Z_2	0. 239801 ***	0. 048454	0. 163716 ***	0. 039834
H_1	0. 803575 ***	0. 081396	0. 626337 ***	0. 06818
H_2	0. 624908 ***	0. 082527	0. 476896 **	0. 069614
temp	0. 106545	0. 071353	0. 064434	0. 060421
danger	0. 191348 ***	0. 072691	0. 110722 **	0. 059212
dong	0. 431696 ***	0. 066096	0. 269733 ***	0. 058004
zhong	0. 052692	0. 055318	0. 090558 *	0. 046657
常数项	7. 75015 ***	0. 253479	8. 731522 ***	0. 234534
R^2	0. 1981		0. 1797	
N	2449		3048	

注：*** 代表在 1% 水平下显著，** 表示在 5% 水平下显著，* 表示在 10% 水平下显著。

从其他控制变量的回归结果我们可以得出以下结论：

首先，从职业类型看，相对于临时工和短期合同工，技术工人工资率高出 34.76%，党政机关干部以及私营业主的工资率高出 23.98%。从行业分布来看，相对于与第一产业的相关行业，第二产业的相关行业平均工资最高，高出第一产业 80.36%；第三产业的平均工资高出第一产业平均工资 62.49%。从工资的性别差异来看，参与非农就业的女性工资要高出男性工资的 82.33%。从工作环境来看，在高温下作业的工资高出不在高温下作业工资的 10.65%，但统计上并不显著。工作环境有毒的工资要显著高出没有毒的工资的 19.13%。从地区差异来看，东部地区平均工资最高，而且显著。相对于西部地区，东部地区平均工资高出 43.17%，中部地区工资尽管高出西部地区平均工资的 5% 左右，但统计上并不显著。

三 教育变量内生性的检验

正如前文所述，由于能力偏误以及测量误差的存在，我们完全有理由相信，教育变量是一个内生解释变量，这可以通过 Hausman 检验来识别模型的内生解释变量问题。在这里，我们选取父亲的受教育年限、父亲的家庭成分作为工具变量。因为大量文献表明能力是代际间传递的，父母的受教育程度在很大程度上影响着子女的受教育程度。例如格里克和萨勒（Glick & Sahn, 2000）研究发现，父亲教育程度的提高会提高儿子和女儿的受教育程度。尽管奈特和李（Knight & Li, 1996）研究表明，中国农村地区母亲受教育水平对子女教育程度的重要性要大于父亲。由于数据的可得性与建模的有效性考虑，我们在此舍弃母亲受教育程度这一变量。家庭经济状况将直接影响子女的受教育能力，父母的家庭成分是子女是否有能力接受更高一级教育的约束条件之一。例如，李实、李文彬（1994）基于中国农村地区样本数据，研究了家庭收入对家庭教育需求的影响。他们得出结论说：家庭收入低可能成为教育需求的直接约束，特别是对初中以上教育程度而言。因为家庭拥有的生产资料的多少在很大程度上决定了劳动力务农的边际生产力，进一步影响家庭成员离开农业的机会成本及预期教育收益率，从而影响家庭教育需求。

下面我们对工具变量的有效性进行检验。我们分别对技能高中和普通高中工资方程中的 edu 做工具变量有效性检验。首先是内生解释变量 edu 与工具变量 $fedu$、$fchengfen$ 的联合相关性检验。如果联合相关性很弱，则称之为弱工具变量，将使后续的统计推断失效。我们以内生变量 edu 作为因变量，以其他外生变量 $dong$、$zhong$ 等和工具变量 $fedu$、$fchengfen$ 作为解释变量进行回归，对 $fedu$、$fchengfen$ 前的系数进行联合显著性检验，对于普通高中组，得出 F 统计量为 2.643649，卡方统计量为 5.287298，P

值都为 0.0713，从而拒绝 *fedu*、*fchengfen* 前系数联合为零的原假设。因此可以认为普通高中方程中选择 *fedu*、*fchengfen* 作为工具变量与内生解释变量是联合高度相关。按照同样的方法实施于技能高中时，我们同样得到联合相关度高的工具变量为 *fedu*、*fchengfen*，相应地，F 统计量为 6.809526，P 值为 0.0011。另外，由于此时工具变量的个数比内生变量多，需要采用 Hausman - sargen 过度识别检验其有效性。步骤如下：首先我们用 2SLS 估计模型（7.1）、（7.2），并提取其残差 $\varepsilon_1, \varepsilon_2$，然后用残差 $\varepsilon_1, \varepsilon_2$ 分别对模型（7.1）、（7.2）中所有外生变量以及工具变量回归，得到其拟合优度 R_1^2, R_2^2。在所有工具变量与残差 $\varepsilon_1, \varepsilon_2$ 不相关的原假设下，$nR^2 \sim \chi^2(q)$，其中 n 是辅助回归中的样本容量，q 是工具变量与内生变量个数之差。Sargen 检验的原假设是，工具变量是有效的。按照上述方法，我们分别检验技能高中和普通高中回归方程中的工具变量的有效性，得出的卡方统计量分别为 0.316781、0.00097，P 值分别为 0.5735、0.9752，因而我们的工具变量都是有效的。

找到了同时满足相关性和外生性的工具变量后，我们接下来对被怀疑是内生变量 *edu* 进行内生性检验。首先用被怀疑的内生变量 *edu* 分别对模型（7.1）、（7.2）中所有外生解释变量和工具变量 *fedu*、*fchengfen* 进行回归，并提取其残差 $\varepsilon_1, \varepsilon_2$。然后把该残差加入到原模型中，作为一个新的解释变量作继续回归，如果其系数显著，则说明 *edu* 确实是一个内生变量。按照上述方法，我们得到残差的 $\varepsilon_1, \varepsilon_2$ 的 t 统计量分别为 -3.9、-3.05，都在 1% 的水平下显著，从而确认了 *edu* 的内生性。

接下来我们在考虑了样本选择偏差的基础上，进一步加入工具变量对模型（7.1）、（7.8）进行两阶段最小二乘回归，具体估算结果见表7—5。

四　基于二阶段 Heckman 两步法工资方程的估计

表7—5第二列我们给出的是技能高中方程既考虑到样本选择偏差又考虑到教育变量内生性的 2SLS 估计结果，样本选择矫正项仍然在 1% 水平下显著为负。这进一步确认了样本选择偏差的存在，实施 Heckman 两步估计的必要性。如果忽略样本选择偏差将高估解释变量的边际效应。其他解释变量除了教育变量 *edu* 的系数发生明显的增大之外，其他解释变量

表7—5 基于2SLS – Heckman选择模型中国农村高中教育溢价估计结果

	Heckman—2SLS 技能高中			Henckman—2SLS 普通高中		
	系数	标准差	内生性偏误	系数	标准差	内生性偏误
λ	- 1. 04084 ***	0. 15605	0. 14940	- 1. 5523 ***	0. 192224	0. 103857
edu	1. 883804 **	0. 9642	1. 2712	0. 958864	1. 075553	0. 849884
ex	0. 032783 ***	0. 01254	- 0. 008	0. 003915	0. 031634	- 0. 02328
ex^2	- 0. 00047 **	0. 00024	0. 0001	0. 00018	0. 000596	0. 000436
$gender$	- 0. 65339 ***	0. 13991	0. 1699	- 1. 0215 **	0. 169424	0. 094483
Z_1	0. 279889 ***	0. 06528	- 0. 067	0. 25251 ***	0. 049872	- 0. 00782
Z_2	0. 206075 ***	0. 04996	- 0. 033	0. 14142 **	0. 05083	- 0. 02229
H_1	0. 760453 ***	0. 09718	- 0. 043	0. 67196 ***	0. 092579	0. 045625
H_2	0. 405198 ***	0. 11822	- 0. 219	0. 44303 ***	0. 085435	- 0. 03386
$temp$	0. 06682	0. 07191	- 0. 039	0. 10520	0. 08231	0. 040771
$danger$	0. 185765 ***	0. 07900	- 0. 005	0. 113211 *	0. 062963	0. 002489
$dong$	0. 405775 ***	0. 06718	- 0. 025	0. 24604 ***	0. 068499	- 0. 02369
$zhong$	0. 098824 *	0. 05722	0. 0461	0. 065916	0. 058533	- 0. 02464
常数项	7. 709818 ***	0. 29904	- 0. 040	8. 72052 ***	0. 249469	- 0. 011
R^2	-	0. 0981			0. 0774	
N		2449			3048	

注：（1） *** 代表在1%水平下显著，** 表示在5%水平下显著，* 表示在10%水平下显著。
（2） 两阶段估计中工具变量为父亲受教育程度（ $fedu$ ）和父亲的家庭成分
（ $fchengfen$ ）。

的系数无论从显著性还是系数估计值都未发生明显的改变，即控制了样本选择偏差和教育内生性偏差后：从职业类型看，相对于临时工和短期合同工，技术工人工资率高出27.98%，党政机关干部以及私营业主的工资率高出20.6%。从行业分布来看，相对于与第一产业的相关行业，第二产业的相关行业平均工资仍为最高，高出第一产业76.04%，第三产业的平均工资高出第一产业平均工资40.52%。从工资的性别差异来看，参与非农就业的女性工资仍要高于男性工资，但高出的幅度降低到65.33%。从工作环境来看，在高温下作业的工资溢价仍然不显著，而且溢价的幅度降低。工作环境有毒的工资仍要显著高出没有毒的工资，高出幅度由19.13%下降到18.58%。从地区差异来看，在控制了样本选择偏差和教育内生性后，东、中部地区的工资都显著地高于西部地区，其中东部地区平均工资仍然最高，且在 1% 水平下显著，中部地区次之，在 10% 水平下显著，相对于西部地区，东部地区平均工资高出 40.58%，中部地区工资高出西部地区平均工资的 9.88% 左右。

我们关注的技能教育溢价在控制了样本选择偏差和教育内生性后变得更强、更显著，由 61.26% 上升到 188%。平均而言，受过技能高中教育的劳动力平均工资是初中教育劳动力平均工资的 1.88 倍，技能教育溢价是惊人的！也就是内生性严重低估了技能溢价，因而在可能存在一定的能力偏误之外，更多的应该是测量误差所引起的。如果将 OLS 实施的 Heckman 估计与 2SLS 实施的 Heckman 估计系数之差理解为由内生性所引起的偏误，表 7—5 第四列给出了各个代估参数的内生性偏误，其中教育变量系数内生性偏误最大，为 1.2712。也就是说，如果不考虑教育的内生性问题将导致技能高中教育溢价低估 127%。这与 Chin-Aleong（1988）的研究结论一致：职业教育培养的学生在劳动力市场上更具优势，更能体现其作为劳动力的价值。

表 7—5 的后三列是普通高中的估计结果：同样样本校正项在 1% 水平下显著，也就是同样存在样本选择偏差。与技能高中相比，普通高中溢价较小，控制了内生性后，溢价效应变为 95.88%，但是变得不显著。工作经验对工资影响变得不显著，但男女工资差异显著拉大；相比于技能高中，不同职业类型间的工资溢价减少，相对于临时工和短期合同工，技术工人的工资率高出 25.25%，党政机关干部以及私营业主的工资率高出 14.14%。从行业分布来看，相对于与第一产业相关的行业，第二产业的相关行业平均工资仍为最高，高出第一产业 67.19%，第三产业的平均工资高出第一产业平均工资 44.3%。与技能高中类似，高温下作业仍然没有显著的溢价效应，但工作环境有毒呈现出在 10% 水平下显著的高工资效应。平均而言，工作环境有毒的劳动者平均工资高于工作环境无毒平均工资的 11.32%。在工资的地区差异上，东、中的工资溢价效应减小，相对于西部地区，东部地区工资溢价由 26.97% 减小到 24.6%，中部地区由 9% 下降到 6.5%，而且变得不显著。

总之，在模型（7.1）、（7.8）实施了 2SLS - Heckman 后，绝大多数解释变量对工资影响的边际效应并未发生明显的改变，样本选择偏误仍然存在，但技能高中溢价、普通高中工资溢价增大，尤其是技能高中溢价大得惊人，说明教育的内生性导致教育溢价的低估。这与戴维·卡德（David Card，1999）得出的结论相反，而与黄国华（2006）的结论相似。一种可能的解释是有能力赚钱的人上学的机会成本更高，从而选择提前工作；另一种解释是测量误差影响了估计结果（Li 等，2002）。如果我们没有理由拒绝估计方法的合理性以及样本数据的真实性，那么这应该引起农村家庭、个体以及政府深深的思考！在农村孩子融入大城市的生存压力越来越大的背景下，农村家庭该做出怎样的教育选择，才能给孩子一个更实际的未来！政府又该如何为农村家庭的选择而匹配相应的软、硬件设施，给农村一个更加欣欣向荣的明天。

表 7—6　　　　未考虑样本选择偏误高中教育溢价的 2SLS 估计

	2SLS 技能高中			2SLS 普通高中		
	系数	标准差	样本偏误	系数	标准差	样本偏误
edu	2. 122292 **	0. 98431	0. 238488	1. 2064	1. 1160	0. 2475386
ex	0. 035307 ***	0. 01301	0. 002524	0. 0043	0. 0335	0. 0004553
ex^2	− 0. 00078 ***	0. 00025	− 0. 00032	− 0. 000	0. 0006	− 0. 0004069
$gender$	0. 161447 ***	0. 06041	0. 814838	0. 1923 ***	0. 0553	1. 2138844
Z_1	0. 304466 ***	0. 06854	0. 024577	0. 2913 ***	0. 0534	0. 0388025
Z_2	0. 231616 ***	0. 05209	0. 025541	0. 1772 ***	0. 0554	0. 0357872
H_1	0. 804277 ***	0. 09921	0. 043824	0. 7459 ***	0. 0937	0. 0739899
H_2	0. 406937 ***	0. 12280	0. 001739	0. 4803 ***	0. 0920	0. 0373332
$temp$	0. 084383	0. 07460	0. 017562	0. 1367 *	0. 0853	0. 0315758
$danger$	0. 187188 ***	0. 08197	0. 001423	0. 100091	0. 0666	− 0. 0131202
$dong$	0. 652301 ***	0. 06495	0. 246526	0. 6200 ***	0. 0843	0. 3739945
$zhong$	0. 13132 **	0. 05887	0. 032496	0. 1059 *	0. 0637	0. 0399976
常数项	6. 350885 ***	0. 19931	− 1. 35893	6. 7031 ***	0. 2417	− 2. 017423
R^2	0. 1981			0. 1773		
N	2449			2449		

注：（1）*** 代表在 1% 水平下显著，** 表示在 5% 水平下显著，* 表示在 10% 水平下显著。

（2）两阶段估计中工具变量为父亲受教育程度（$fedu$）和父亲的家庭成分（$fchengfen$）。

　　为了进一步看出样本选择偏误的存在，表7—6给出单纯2SLS估计结果，如果将Heckman－2SLS结果与其之差视为样本选择偏误的话，从估计结果可见，未考虑样本偏差将导致高中溢价向上偏误24%左右。另外一个惊人的发现是性别工资差异恰好相反，当考虑样本选择后，女性工资明显高出男性，未考虑样本选择时，男性工资明显高出女性。对此后可能的解释是：首先，回顾在Heckman一阶段Probit回归时，男性具有明显更高的劳动参与率，女性参与率相对较低，如果这种差异由用人单位人为造成的性别歧视，则参与工作的女性往往具有更高的边际生产力，因而将获得更高的工资；从两次估计结果可见，Heckman－2SLS估计中性别变量具有更大的标准差，因而可能是由于样本选择校正项 λ 与性别项 gender 产生了多重共线性所致。这充分说明由于微观数据的非观测效应、样本选择偏差以及测量误差等特性，在测度中国教育溢价特别是农村教育溢价时，需要慎重处理，选择恰当的模型和处理方法，才能得到相对准确的教育溢价估计。

第四节　本章小结

　　本章利用2002年CHIPS数据集中中国22个地区的农村样本数据，首先基于Probit模型估计是什么决定了农村个体的非农劳动参与？结果表明：男性、东中部地区、家庭拥有的耕地面积越少、家庭成员个数越多、各种税费支出总额越少越易于参与非农劳动。然后利用Heckman样本选择模型实证测算了中国农村技能高中与普通高中溢价，研究发现，相对于农村初中教育程度从业人员，具有高中教育程度的具有明显的溢价效应，特别是技能高中工资溢价更大。在没有考虑教育的内生性时，相对于初中毕业的从业人员，技能高中毕业生平均工资率将高出61.26%，普通高中毕业生平均工资率将高出12.55%。如果高中阶段教育按三年计算，平均每年的教育收益率技能高中为20.42%，普通高中为4.18%。当控制了教育内生性后，受过技能高中教育的劳动力平均工资是初中教育劳动力平均工资的1.88倍，技能教育溢价是惊人的！也就是内生性严重低估了技能溢价，在可能存在一定的能力偏误之外，更多的应该是测量误差所引起的。这与李海峰和厄曼贝特瓦（Li & Urmanbetova，2002）的研究结论是一致的。与技能高中相比，普通高中溢价不但较小，控制了内生性后，溢价效应变为 95.88%，但是变得不显著。技能教育为何具有更高的工资溢价与技能教育的特性是紧密相连的，技能教育由于其课程设置的特殊性往往能产生一种特殊的人力资本，从而使劳动者拥有快速掌握相关职业技能的优势。借用这种优势，劳动者能够很快与相应工作相匹配，从而提高了劳动效率。然而，纽曼和齐德曼（Neuman & Ziderman, 1991）研究指出，中等职业教育的毕业生只有在其未来的工作岗位与其在校期间所学的课程较为匹配时，职业教育劳动力才体现出比普通教育劳动力在收入上的优势。两种高中教育溢价产生这一差异的原因在于：中国普通高中教育和技能高中教育在培养目标以及课程设置上存在显著的区别，普通高中教育基本上是以考大学为导向的，目的是为城市输送人才，因而课程内容设置严重脱离农业生产，与未来就业所需技能关系不大。所以如果普通高中的学生没有考上大学，将面临没有一技之长的就业压力。然而技能高中主要目标是为企业培养有技能的劳动者，显然拥有一门技术比普通高中具有更大的就业机会和工资优势。

本章的政策建议如下：

首先，中国应借鉴西方国家农村教育改革的经验，努力做到农村普通教育和职业教育的一体化或综合化。对于农村普通高中而言，上不了大学的孩子占大多数，普通高中在课程设置上不仅要为未来生活做准备，也要为眼前的生活做准备。比如，美国中学的主流模式就是综合中学，普通教育和职业教育并存，既开设为升大学准备的基础必修课，又开设了很多职业或技术方面的选修课，在建构知识结构和能力模式上学生拥有自主权。打破普通教育和技能教育的分裂状态，实行一体化教育，应该成为中国农村教育的潮流。

其次，既然高中教育呈现出巨大的工资溢价，中国应大力发展农村高中阶段教育，特别是农村技能教育。同时应加大补贴力度，减轻农民负担，让更多的农民有机会、有能力接受教育。教育成本和教育收益都是农村个体教育选择的重要参考，因而高中教育是农村家庭教育决策的关键阶段。尽管教育收益可观，但昂贵的高中教育成本使很多贫困家庭的孩子望而却步，他们有可能读完初中就寻找工作。而我们的研究表明存在巨大的高中阶段教育溢价，特别是技能高中溢价，这样的结果将最终导致低收入

—低教育—低收入与高收入—高教育—高收入循环并存，农村居民内部收入差距两极分化，影响农村社会的稳定和发展。教育需求是贫困家庭扭转贫困状况的根本手段，因而国家在制定发展农村教育政策时，需要充分考虑农村家庭特别是贫困家庭的教育需求，给予贫困家庭资金和政策的大力扶持。既然国家还无力将所有高中阶段教育实现免费，由于无论技能高中还是普通高中大多集中在城镇，比起城镇孩子，农村孩子不仅需要缴纳学费，还须支付额外的交通费、寄宿费等，国家完全可以通过补贴寄宿生生活费的方式来鼓励农村孩子接受和完成高中教育，进而让教育成为缩小贫困的有效途径。

再次，国家在大力发展技能教育的同时，切记学校教育与市场需求的有效对接，让一技之长确有用武之地。将学习和实践、动脑与动手、知识和技能有机地结合起来。农村教育一方面是要转移农村剩余劳动力，加快城市化进程，另一方面是要为农村经济发展、农村科技进步服务。这需要由政府引导逐步建立起农村劳动力市场和农村人才市场，兴办乡镇企业，将中国庞大的农民工队伍转移到城镇不现实，如果有技术的劳动力用武于农村劳动力市场，不仅可以加速农村内部劳动力的转移，而且是实现农民增收、推进农业技术快速发展的根本手段。然而创办各类农村企业，形成生产、加工、销售一条龙的产业链，需要技术、管理经验和庞大的资金，政府不仅应协助筹建，还应完善相应的制度建设，建立、健全相应法规，提供发展农村职业教育、农村科技创新所必需的软环境，提供相应的就业渠道，合理制定农村收入分配制度，将农民工技能培训与农民工的工资待遇挂钩，使农民切实意识到高中教育的重要性。让农民真正实现上学有望、就业有路、致富有术。

最后，对于农村家庭而言，应改变以前"重学历、轻技术"的观念。充分意识到在当今巨大的城市生存压力下，学一门技能、增加就业能力对许多农村孩子来说，既是迫切要求，也是切实选择。引导、鼓励孩子特别是初中毕业流放到社会上的孩子积极参与农村技能教育。

第 八 章

研究结论、政策性建议及
未来工作展望

本书基于三个权威微观数据库 CHNS（China Health and Nutrition Survey）中成人调查数据库，CHIPS（Chinese Household Income Project Survey），CGSS（China General Social Survey）以及宏观数据中具有高中以上学历的劳动力相关数据，通过搜集丰富的家庭背景资料，试图通过控制能力偏误进而准确测度自改革开放以来中国大学教育溢价的演变历程及其在行业、地区、城乡间工资收入差异中的贡献，特别针对 1999 年以来迅猛的高等教育扩张，具体测算了扩张后大学教育溢价的变动，并从技术特征角度寻找大学教育溢价变动的原因。

第一节 研究结论

一 伴随中国收入差距持续扩大，是否拥有大学学位成为解释中国地带、性别、同生群、职业以及部门内工资差距的重要因素

本书首先运用广义熵指数测算中国高中以上劳动力工资差异演变过程，得出的结论是全国具有高中以上学历的劳动力的工资不平等经历了先上升，后下降，然后再上升的变化趋势。20 世纪 80 年代末期，工资不平等指数较高，达到 0.12，1991 年大幅下降到 0.07 后，1993 年又上升到 0.14，1997—2006 年一直平稳在 0.11、0.12 左右，2009 年又大幅上升，创样本期最高，高达 0.15。基于泰尔指数分解法测算显示，大学学位对地带内工资差异、性别内工资差异、年龄组内工资差异、职业内工资差异以及部门内部工资差异的形成起到了重要的作用，而且其贡献度逐渐增强。在控制了地区、性别、年龄组之后，大学学位解释了总体工资不平等的 9.44％，在控制了地带和性别之后大学学位解释了年龄组内部工资差异的 10.33％，在控制了地带之后解释了性别内工资差异的 10.07％，在控制了性别、年龄组后大学学位解释了地带内工资差异的 9.5％，学位内部不平等还是工资差异的主要部分。尽管还有其他诸如职业、单位类型以及不可观测能力等因素影响着工资差距，然而大学学位对不同学位组之间的工资收入差距的影响是不言而喻的。

二　中国城镇大学教育溢价显著，特别是第三产业、一级劳动力市场、企业、研究所的大学溢价凸显，劳动力市场的多元分割将加剧工资收入差距

本书第四章基于 CHIPS 微观数据库所提供的丰富的家庭背景资料，利用倾向得分匹配模型（PSM）估算中国城镇大学教育溢价。研究结论表明：由于普通 OLS 估计难以准确地找到能力代理变量，将使大学教育溢价结果估计有偏。同样，工具变量估计由于难以找到合适的工具变量，也将产生不一致的估计，相比之下，由于倾向得分匹配估计，基于可观测的变量，可以更好的控制个体特征。根据个体倾向得分相似的原则匹配个体，可以得到相对准确的大学教育溢价。我们的估计结果表明：在控制了可观测的协变量后，大学教育溢价为 21.3％。一个高中生如果能够继续接受大学教育的话，其对数日工资将高出 21.3％，年均大学教育回报为 5.33％。能力对工资的边际效应为 5％ 左右。大学教育是个体工资差异形成的重要因素之一。进而我们基于核批配估计技术估算了不同职业、不同产业以及不同劳动力市场的大学教育溢价。估计结果表明：不同职业、不用产业以及不同劳动力市场都存在不同程度的大学溢价，尤其是企业、研究所、第二、三产业、一级劳动力市场的大学溢价更强、更显著。中国劳动力市场上存在明显的多元分割，一级劳动力市场上的工资收入明显高于二级劳动力市场，企业、研究所的工资收入显著高于政府部门，第三产业工资收入显著高于第二产业，第二产业工资收入显著高于第一产业。受教育程度越高的劳动力确实拥有更高的工资性收益，因为他们主要在一级劳动力市场和第二、三产业就业，而一级劳动力市场和第二、三产业部门的工资率较高。

三　伴随中国高等教育的持续扩张，大学教育溢价不降反升

本书第五章基于双重差分模型以及分位数回归技术，通过主成分分析构建能力因子，在控制了样本选择偏差以及教育变量内生性后相对准确地测度了高等教育扩张对大学教育溢价的影响。基于干预—控制框架，我们得到了高等教育扩张后大学教育溢价上升的结论。具体地，扩招后（21—25 岁同生群）相对于扩招后（26—30 岁）大学溢价上升了 0.01%，但在统计上不显著。相对于 31—35 岁的同生群，我们发现大学溢价上升了 8.642%。进一步，相对于 36—40 岁的同生群，大学溢价增长了 16.842%。估计显示，存在明显的样本选择偏差，如果不考虑样本选择将导致大学教育溢价变动估计偏误。同样，基于主成分构建的能力因素也是不可忽略的，我们发现，随着高等教育的扩张，大学生的能力没有下降，反而上升，能力溢价也在逐渐上升。具体地，相比于 26—30 岁的同生群，扩招后大学生能力溢价提高了 0.78%，相比于 31—35 岁的同生群，能力溢价提升了 1.228%。相比于 36—40 岁的同生群，能力溢价提升了 1.758%。这也就不难解释近些年来具有大学以上学历的劳动力内部工资不平等逐渐上升的原因。分位数回归结果显示：40%—70% 分位数回归显示了大学溢价的规律性变化，尽管在统计上不显著，但大学溢价随着同生群或者伴随高等教育扩张是逐渐上升的，在高、低分位数点处，对于扩张前和扩张后，大学教育溢价随同生群并未呈现明显的规律性变动，但也存在 10% 分位点以及 80% 分位点大学教育溢价上升的证据。从能力因子分位数估计系数看，在较低分位数处能力溢价较低，随着工资分位点的提高，能力溢价逐渐显现出来，能力是中高收入群体间工资差距扩大的影响因素之一。总之，随着中国高等教育的扩招，大学溢价在上升，而且随着工资分位数的提高，上升的幅度先加快，之后在最高分位数处又减速，大学学位是形成个体工资差距的重要原因之一。

四　中国技术呈现技能偏态特征，技术的技能偏态性将增加高能力大学生的需求，是大学教育溢价持续上升的原因

基于二级 CES 总量生产函数实施空间计量估计技术，实证检验了中国技能偏态性技术进步的存在性。在我们的样本期 2002—2010 年间，也

就是高等教育大幅扩张发生后，第一批大学生进入劳动力市场以后，在产出的要素分配中，资本的产出份额最高，技能劳动力的产出份额次之，低技能的产出份额最低。这在一定程度上说明中国对技能劳动力的高度重视，技能劳动力的平均收入高于其平均边际产量价值。尽管从业人员中低技能劳动力占比较大，但产出份额较低，不难得出，现阶段技能溢价是凸显的。参数的估计值验证了我们的论断，技能劳动力与资本的替代弹性为0.9405673，远远低于非技能劳动力与资本的替代弹性5.7985585。这充分说明了相对于高中以下教育程度的劳动力，大学教育程度的劳动力更加不可替代，$\rho > \theta$，而且在统计上显著。这验证了本书的核心观点，即在中国经济增长过程中已经开始表现出资本—技术互补趋势，或者可以说，中国目前的技术进步是技能偏向型的。克鲁塞尔等（Krusell et al.，2000）指出：偏向型技术进步是资本品生产率增长的结果。20 世纪 90 年代中期以来，中国实施了大企业赶超发展战略，大力扶持大企业和资本密集型企业的发展，使得大企业、高科技企业的技术路径朝着资本、技术密集型方向发展。特别是航天、信息、通信等行业迅猛发展，这些技术路径选择意味着对高学历、高技能劳动力的迫切需求。基于供给—需求理论，可以解释为在其他因素不变的情况下，技术的技能偏态性势必增加技能劳动力的工资。这也从宏观劳动力需求视角解析了现阶段中国大学教育溢价上升的原因，也在一定程度上解释了中国目前工资收入持续扩大的原因。也就是说，从劳动力需求视角挖掘出大学教育溢价上升的原因，本书基于地区宏观面板数据，验证了资本技术互补假设，丰富了关于技能偏态型技术变迁对于工资收入差异的影响研究。

五　中国农村高中教育溢价明显，特别是技能高中溢价，是否接受高中教育是农村个体工资差距形成的重要原因

笔者最后将目光聚焦于中国农村的教育溢价，基于 CHIPS 数据本书首先考虑了样本选择偏差。研究发现，无论是技能高中还是普通高中，样本偏差修正项都在 1% 水平下显著，说明存在样本选择性偏误，因此应用 Heckman 样本选择模型对工资方程进行估计是必要的。从教育变量估计系数来看，高中教育存在显著的工资溢价。其中技能高中的溢价效应远远高于普通高中。具体地，相对于初中毕业的从业人员，技能高中毕业生平均

工资率将高出 61.26%，普通高中毕业生平均工资率将高出 12.55%，如果高中阶段教育按三年计算，平均每年的教育收益率技能高中为 20.42%，普通高中为 4.18%。进而本书又考虑了教育变量的内生性，基于 2SLS - Heckman 样本选择模型估算中国农村不同类型高中阶段的教育溢价。研究结果表明，样本矫正项仍然在 1% 水平下显著为负，进一步确认实施 Heckman 两步估计的必要性。在控制了样本选择偏误和教育的内生性后，除了教育变量 *edu* 的系数发生明显地增大之外，无论技能高中还是普通高中方程，其他解释变量的系数无论从显著性还是系数估计值都未发生明显的改变。技能教育溢价在控制了样本选择偏差和教育内生性后变得更强、更显著，由 61.26% 上升到 188%。平均而言，受过技能高中教育的劳动力平均工资是初中教育劳动力平均工资的 1.88 倍，技能教育溢价是惊人的。也就是内生性严重低估了技能溢价。

第二节　政策性建议

一　加大高等教育投入是缩小工资收入差距的有效途径

基于泰尔指数分解分析可见，大学学位是解释地区内、职业内、部门内工资差距的重要因素之一。上升的大学教育溢价以及技术的技能偏态性表明，尽管中国已经经历了十几年的高等教育迅猛扩张，但还应继续扩大招生规模，继续加大高等教育投入力度。我们应该在注重速度和规模的外向式发展基础上更多地注重质量的内涵式发展。进一步加强劳动力市场的发育，减少劳动力市场的多重分割格局，如果劳动力市场富有弹性，需求会伴随供给而增加，扩招后大学生就业在数量和质量上就会同时上升。另外，现有的高等教育管理体制更应该向培养差异化的劳动力方向发展，对人才培养模式，专业设置应加大创新，改换以往重理论、轻实务，千人一面的培养理念。以市场需求为导向设置专业和课程体系，而不是有什么样的师资设置什么样的专业，这需要高校改变以往的人事管理制度，从而使得高等教育机构在量上扩招外，更注重不易量化的内涵和质量的追求。改变大学生同质化的培养模式，进而根本逆转大学生劳动力同质化竞争的就业状态。

二　大力发展农村高中阶段教育，特别是农村技能教育

农村高中阶段教育溢价估计明显的政策建议是中国应加大农村高中阶段教育，特别是技能教育。技能教育是中国职业教育发展中的薄弱环节，由于其教育具有准公共产品属性和正的外部性效应，不仅对接受教育的个体有益，最大的受益者是社会和企业，因此政府应加大补贴力度，减轻农民负担，让更多的农民有机会、有能力接受教育。同时，政府应完善相应的制度建设，建立、健全职业教育法律法规，提供发展农村职业教育所必需的软环境，提供相应的就业渠道，让农民真正实现上学有望、就业有路、致富有术，充分认识到农村技能教育在解决"三农"问题过程中的巨大经济功能。

农村家庭应改变以前"重学历、轻技术"的观念。充分意识到在当今日益激烈的社会竞争中，巨大的城市生存压力下，学一门技能、增加就业能力对许多农村孩子来说，既是迫切要求，也是最优选择。引导、鼓励孩子特别是初中毕业流放到社会上的孩子积极参与农村职业教育，努力提高自己的素质，尽力为社会主义新农村建设贡献自己的力量。

三　继续发展信贷市场增加对贫困家庭的补贴，改善其受教育条件

中国技术的技能偏态特征已经出现，但大学生就业难和失业率上升的事实，说明高等教育扩张致使大学生组和高中生组的能力分布发生变化，扩张使那些经济条件较好但能力较低的高中生变成大学生了。同时由于助学贷款政策的实施，那些能力较高但经济困难的高中生也如愿变成大学生了，我们有理由相信技术的技能偏态性将增加高能力大学生的需求，失业的大学生可能存在能力偏低问题。因而，明显的政策含义是继续加强教育信贷市场的建设和完善，加大对贫困学生各种可行的资助力度。比如直接拨款给学校以抵消学费成本，基于学生考试能力的奖学金补助，基于经济状况的助学金以及可偿还的贷款。这些补助形式更可能激励那些对价格敏感的贫困家庭的学生，按照学习能力差异进行不同的资源资助匹配将更可能促进效率的提高。为了保护助学贷款债权人的利益，政府应该建立完善的助学贷款担保体系；制定助学贷款减免政策鼓励学生运用贷款完成学

业。中国可以借鉴英国、澳大利亚等国家的政策经验：以毕业生收入为条件贷款，失业时不累加利息，这样的贷款代表了高等教育的"个体价格"，在个体水平上可以使边际成本和价格达到平衡。

四　改善高等教育投资结构，使之与劳动力市场需求协调发展

中国工资收入差距持续扩大，尽管大学教育在形成工资收入差异中起到了重要作用，但中国劳动力市场上高技能劳动力的稀缺与低技能劳动力的过剩双重特征的存在，致使解决日趋扩大的工资差异趋势不但需要增加教育投入，更需要改善高等教育投资的结构，改变以往发展高等教育的政策导向和投资体制，实现中国高等教育的多元化、多样化发展。而当前的首要任务是要实现高等职业教育与普通高等教育的均衡发展。大力发展职业技能教育，丰富高等教育的类型，提供更适应市场需求的高技能的劳动力。充分调动社会各界参与高校学科、专业的结构调整与课程改革，是实现劳动力市场供需匹配和解决高等教育毕业生就业问题的重要途径。

第三节　未来工作展望

首先，本书谈到的教育溢价是指正规教育或学校教育溢价，然而明瑟（1997）表明工作中的在职培训也应具有与学校教育一样的效应。即培训项目也会提高个人的工资收入、就业率以及企业的利润。阿什顿和格林（Ashton & Green，1996）构造了公司和个人的培训需求模型，强调个人通过投资培训使一生的财富最大化。但基于公司和政府培训数据获取的困难，本书并没有评价在职培训对工资的溢价效应。因而未来的研究工作之一是搜集相关翔实的数据控制在职培训的工资效应，进而准确估算教育溢价，为政府的教育资源配置提供更可靠的证据。

其次，由于缺乏近期翔实而权威的跟踪调查，最近的调查数据并没有被公开使用，数据获取的困难，加大了本研究的难度。高等教育扩张引致的工资效应刚刚显露，未来的变化更值得关注。本书未来的工作之二是对中国高等教育扩张的工资效应乃至就业效应继续跟踪研究，进而对教育溢价效应做纵向比较分析，更深层次地剖析中国高等教育大幅扩张后的大学教育溢价的演变过程。

　　最后，本书只是从宏观总量生产函数角度给出了中国技能偏态技术变迁进步的存在性证据，以解析中国大学教育溢价上升的原因，但对在不同行业、不同部门以及不同地区间技术呈现出怎样的差异特征并未深入探讨。技能偏态型技术变迁是技能劳动力相对需求增长的基本推动力。近些年来，在精密行业以及个别机构高技能劳动力雇佣迅速增长，同时他们的相对工资也在急剧增长。新技术的采用、更多的 R&D、生产的资本密集度与公司或行业高技能劳动力的高度利用密切相关。技能偏态性技术变迁将增加对高技能劳动力的需求，但它对高低技能劳动力的相对需求速度如何？与两类劳动力的相对供给速度相比，二者的差异如何？中国的高等教育规模扩张到什么状态达到最优？如何借鉴国外研究经验对上述问题进行深入挖掘将是我们未来更重要的努力方向。

参考文献

一　英文参考文献

A. Castello, A. and Domench, R. , 2002. "Human Capital Inequality and Economic Growth: Some New Evidence." *The Economic Journal*, 112 (2): 187-200.

Carneiro, P. , Hansen, K. and Heeklnan, J. , 2003. "Estimating Distribution so Treatment Effects with an Application to the Returns to Schooling and Measurement of Effects of Uncertainty on College." *International Economie Review*, Vol. 44, No. 2, pp. 361-422.

Altonji, J. and T. Dunn, 1995. "The Effect of School and Family Characteristics on the Return to Education." *The Review of Economics and Statistics*, 78: 692-705.

Ashenfelter, Orley and Alan Krueger, 1994. "Estimates of the Economic Returns to Schooling from a New Sample of Twins." *American Economic Review*, 84: 1157-1173.

Acemoglu, Daron and J. S. Pischke, Beyond Becker, 1999. "Training in Imperfect Labor Markets." *Economic Journal*, 109 (453), 112-142.

Acemoglu, Daron, 2003. "Labor and Capital-Augumenting Technical Change." *Journal of European Economic Association*, 1 (1), 1-37.

Autor, Dvaid, Alan Kuerger and Lawrence Katz, 1998. "Computing Inequality, Have Computers Changed the Labor Market?" *Quarterly Journal of Economics*, 113 (4), 1169-1214.

Anselin, Luc and Bera, Anil, 1998. "Spatial Dependence in Linear Regression Models with an Introduction to Spatial Econometrics. " In Ullah, Amman and Giles, David, E. A. , eds. *Hand Book of Applied Economic Statistics*. Marcel Dekkes, New York, pp. 237-289.

Anselin, Luc and Le Gallo, Juliel, 2004. "Panel Data Spatial Econometrics with PySpace. " Spatial Analysis Laboratory (*SAL*). *Department of Agricultural and Consumer Economics*, University of llinois, Urbana-Champaign, IL.

Alan B. Krueger & Lawrence H. Summers, 1988. "Efficiency Wages and the Inter-industry Wage Structure. " *Econometrica*, 56 (2): 259-293.

Becker, G. S. *Human Capital*. 2ed. Chicago, Chicago University Press, 1975.

Birdsall, N. and Londonno , J. , 1997. "Asset Inequality Matters: An Assessment of The World Bank's Approach to Poverty Reduction. " *American Economic Review*, 87 (2): pp. 32-37.

Barro, Robert J. and Lee, J. W. , 1993. "International Comparisons of Educational Attainment. " *Journal of Monetary Economics*, 32, No. 3 (December 93), pp. 363-394.

Bound, J. , D. Jaeger, and R. Baker, 1995. "Problems with Instrumental Variables Estimation When the Correlation between the Instruments and the Endogenous Explanatory Variable Is Weak. " *Journal of the American Statistical Association*, 90 (430): 443-450.

Baris, Kaymak, 2009. "Ability Bias and the Rising Education Premium in the United States: A Cohort-Based Analysis. " *Journal of Human Capital*, Vol. 3, No. 3, pp. 224-267.

Bishop, J. and Carter, 1991. "The Worsening Shortageof College Graduate Workers. " *Educational Evaluation and Plicy Analysis*, 3 (3): 221-255.

Robin A. Naylor and Jeremy Smith, 2009. "Ability Bias, Skewness and the College Wage Premium. " *The Warwick Economics Research Paper Series* (TWERPS) 907, University of Warwick, Department of Economics.

Berman, E, J. Bound and S. Machin , 1998. "Implications of Skill-Biased Technological Change: International Evidence. " *Quarterly Journal of E-*

conomics , 113, 1245-1279.

Barro, R. , and Sala-i-Martin. 1995. *Economic Growth*. New York. McGraw Hill, MIT Press, 186-194.

Barro, J. and W. Lee (1993). "International Comparisons of Educational Attainment. " *NBER Working Paper*, No. 4349.

Cao, Y. and V. Nee, 2005. " Remaking Inequality: Institutional Change and Income Stratification in Urban China. " *Journal of the Asia Pacific Economy*, 10 (4), pp. 463-485.

Colemorn, J. S. , 1979. *Equality of Educational Opportunity*. Arno Press Inc.

Claudia Goldin, Lawrercef Katz. 2007, "Long-Run Changes in the Wage Structure: Narrowing, Widening, Polarizing. " *Brookings Papers on Economic Activity*, 2: 135-165.

Connelly, Rachel & Zheng, Zhenzhen, 2003. "Determinants of School Enroflment and Completion of 10 to 18 Yeas Olds in China. " *Economics of Education Review*. 22 (2003), pp. 379-388.

Glick, P. and Sahn, D. , 2000. "Schooling of Girls and Boys in a West African Country: The Effects of Parental Education, Income and Household Structure. " *Economics of Education Review*, 19, 63-87.

Chin-Aleong, M. , 1988. Vocational Secondary Education in Trinidad and Tobago and Related Evaluation Results. In *Vocationalising Education: An International Perspective*. eds. J. Lauglo and K. Lillis, Pergamon Press, Oxford.

Carneiro, P. and Heekman, J. , 2002. "The Evidence on Credit Constraints in post-Second Schooling. " *Economic Journal*, 112 (482): 705-734.

Carneiro, P. , Heeklnan, J. and Vytlaeil, E. , 2001. "Estimating The Return to Education When It Varies Among Individuals. " *The Review of Economics and Statistics Lecture Harvard University*.

Debrauw, A. , J. Huang, S. Rozelle, L. Zhang, and Y. Zhang. 2002. "The Evoluation of China's Rural Labor Markets During the Reforms: Rapid, Accelerating, Transforming. " *Journal of Comparative Economics*, Vol. 30, No. 2, pp. 329-352.

De Brauw, A. and S. Rozelle, 2006. "Reconciling the Returns to Education in Off-FarmWage Employ-ment in Rural China." Working Paper, Department of Economics, Williams College, Williams-town, MA 01267.

David Card, 1999. The Causal Effect of Education on Earnings, In O. Ashenfelter, D. Card. *Handbook of Labor Economics*, Vol. 3, pp. 1801-1863.

David, E. A., 1998, editors, *Hand Book of Applied Economic Statistics*. Marcel Dekker, New York, pp. 237-289.

Freeman, Richard B., 1975. "Over investment in College Training?" *Journal of Human Resources*, 10 (3), pp. 287-311.

Freeman, Richard B., 1976. *The Over Educated American*. New York: Academic Press.

Findlay, R. (1978). "Relative Backwardness, Direct Foreign Investment and the Transfer of Technology: A Simple Dynamic Model." *Quarterly of Journal of Economics*, 92 (1), 1-16.

Griliches, Z., 1969, "Capital-Skill Complementarity." *Review of Economics and Statistics*, 51: 465-468.

Glick, P. and Sahn, D., 2000. "Schooling of Girls and Boys in a West African Country: The Effects of Parental Education, Income and Household Structure." *Economics of Education Review*, 19: 63-87.

Gregory, Robert and Xin Meng, 1995. "Wage Determination and Occupational Attainment in the Rural Industrial Sector of China." *Journal of Comparative Economics*, Vol. 21, No. 3, 353-374.

Goldin, C. and Katz, L. F., 2007. "Long Run Changes in the US Wage Structure: Narrowing, Widening, Polarizing." *NBER Working Paper 13568*.

Heckman, J. and Vytlaeil, E., 2000. "Local Instrumental Variables." *Nonlinear Statistical Modeling: Proceedings of the Thirteenth International Symposium in Economic Theory and Econometries: Essays in Honor of Takeshi Amemiya.* Cambridge: Cambridge University Press, 1-46.

Heckman, J., L. Lochner, and P. Todd, 2003. "Fifty Years of Mincer

Earnings Regressions. " NBER Working Paper, No. 9732,

Hu, T. W. , Lee, M. L. , Stromsdorfer, E. W. , 1971, "Economic Returns to Vocational and Comprehensive High School Graduates. " *Journal of Human Resources*, 6 (1).

Hollenbeck, K. , 1993. "Postsecondary Education as Triage: Returns to Academic andTechnical Programs. " *Economics of Education Review*, 12 (3).

Heitmueller, A, 2006. "Public-Private Pay Differentials in Devolved Scotland. " *Journal of Applied Economics*, IX (2), 295-323.

Hughes, J. Maurer-Fazio, M. "Effects of Marriage, Education, and Occupation on the Female/Male Wage Gap in China. " *Pacific Economic Review*, 2002, 7 (1): 137-156.

Ian Walker and Yu Zhu, 2008. "The College Wage Premium and the Expansion of Higher Education in the UK. " *Blackwell Publishing*, Vol. 110 (4): 695-709, December.

Jamison, Dean T. and Jacques van der Gaag, 1987. "Education and Earnings in the People's Rep China. " *Economics of Education Review*, Vol. 6, No. 2 , pp. 161-166.

Johnson, Emily and Gregory Chow, 1997. "Rates of Return to Schooling in China. " *Pacific Economic Review*, 2: 101-113.

John Duffy, Chris Papageorgiou, and Fidel Perez-Sebastian, 2004, "Capital-skill Complementarity? Evidence from a Panel of Countries. " *The Review of Economics and Statistics*, 86 (1): 327-344.

Katz, L. F. and Autor, D. H. , 1999. "Changes in the Wage Structure and Earnings Inequality. " in O. Ashenfelter and D. Card (eds.). *Handbook of Labor Economics*, Vol. 3a, North Holland.

Katz, L. and Murphy, K. , 1992. "Changes in Relative Wages, 1963-1987: Supply and Demand Factors. " *Quarterly Journal of Economics*, 107: 35-78.

Katz, Lawrence F. and Murphy, Kevin M. , 1992. "Changes in Relative Wages, 1963-1987: Supply and Demand Factors. " *Quarterly Journal of Economics*, 107 (1), pp. 35-78.

Knight, John and Lina Song, 2001. "Economic Growth, Economic Reform, and Rising Inequality in China." in Carl Riskin, Zhao Renwei and Li Shi eds. *China's Retreat from Equality*, Armonk etc.: M. E. Sharpe.

Kahyarara, G. and Teal, F., 2008. "The Returns to Vocational Training and Academic Education: Evidence from Tanzania." *World Development*, 36 (11).

Knight, John and Li Shi, 1996. "Educational Attainment and the Rural-Urban Divide in China." *Oxford Bulletin of Economics and Tatistics*, Vol. 58, No. 1, pp. S83-S117.

Li, Hai Zheng and Yi Luo, 2002. "Reporting Errors, Ability Heterogeneity, and Returns to Schooling in China." Working Papers, School of Economics, Georgia Institute of Technology.

Levy, Frank and Murnane, Richard, J., 1992. "U. S. Earnings Levels and Earnings Inequality: A Review of Recent Trends and Proposed Explanations." *Journal of Economic Literature*, 30 (3), pp. 1333-81.

Li Haizheng, 2003. "Economic Transition and Returns to Education in China." *Economics of Education Review*, 2: 317-28.

Lucas, R. E., 1988. "On the Mechanics of Economic Development." *Journal of Monetary Economics*, pp. 3-42.

Meng, X. and Miller, W. P., 1995. "Occupation Segre-gation and Its Impact on Gender Wage Discrmii-nation in China's Rural Industrial Sector." *Oxford Economic Papers*, 47 (1), 136-155.

Martins, P. S., Pereira, P. T., 2004. "Does Education Re-duce Wage Inequality? Quantile Eegression Evidence from 16 Countries." *Labour Economics*, 11: 255-371.

Maurer-Fazio, Margaret and Ngan Dinh, 2004. "Differential Rewards to, and Contributions of Educationin Urban China's Segmented Labor Markets." *Pacific Economic Review*, Vol. 9, No. 3, pp. 173-189.

Moenjak, T. And Worswick, C., 2003. "Vocational Education in Thailand: A Study of Choice and Returns." *Economics of Education Review*, 22 (1).

Metcalf, D. , 1985. " The Economics of Vocational Training: Past Evidence and Future Considerations. " *World Bank Staff Working Paper*, No. 713.

Mukhopadhyay, Sudhin, 1994. "Adapting Household Behavior to Agricultural Technology in West Bengal, India: Wage Labor, Fertility and Child Schooling Determinants. " *Economic Development and Cultural Chang*, 43 (1): 91-115.

Maria , J. and Asuncion Valiente, 2003. "Family Background and Returns to Schoolling in Spain. " *Education Review*, 11: 39-52.

Melly, B. , 2005. "Public-Private Sector Wage Differentials in Germany: Evidence from Quantile Regression. " *Empirical Economics*, XXX (2), 505-520.

Michael P. Keane, 1993. "Individual Heterogeneity and Inter-industry Wage Differentials. " *Journal of Human Resources*, 28 (3): 134-161.

Neuman, S. and Ziderman, A. , 1991. "Vocational Schooling, Occupational Matching and Labor Market Earnings in Israel. " *Journal of Human Resources*, 26 (2).

Parish, L. Willian, Xiaoye Zhe and Fang Li, 1995. "Nonfarm Work and Marketization of the Chinese Countrysid. " *The China Quarterly*, No. 143. 9: 697-730.

Psacharo Poulos, G. , 1994. "Returns to Investment in Education: A Lobal up Date. " *World Development* 22, pp. 1325-1343.

Psaeharo Poulos, G. , Partinos, H. A. , 2002. "Returns to Investment in Education: A Further Update. " *World Bank Policy Researeh Working Paper*, No. 881. World Bank.

Robin A. Naylor and Jeremy Smith, 2009. "Ability Bias, Skewness and the College Wage Premium. " *The Warwick Economics Research Paper Series* (TWERPS) 907, University of Warwick, Department of Economics.

Ram, Rati, 1990. "Educational Expansion and Schooling Inequality: International Evidence and Some Implications. " *The Review of Economics and Statistics*, 72 (2), pp. 266-74.

Shu, X. L. and Bian, Y. J. , 2003. "Market Transition and Gender

Gap in Earnings in Urban China." *Social Forces*, 81 (4): 1107-1145.

Sylwester, K., 2002, "An Education Expenditures Reduce Income Inequality." *Economics of Education Review*, 21 (1): 43-52.

Schultz, T. W., 1961, "Estment in Human Capital." *American Economic Review*, (51): pp. 1-17.

Sahn, D. and Younger, D., 2005. "Decomposing World Education Inequality." Working Paper, Cornell University.

Andrews, Donald W. and H. Stock, eds. *Identification and Inference for Econometric Models: Essays in Honor of Thomas Rothenberg.* Cambridge: Cambridge University Press, 2005, 80-108.

Taber, C., 2001. "The Rising College Premium in the Eighties: Return to College or the Return to Unobserved Ability?" *Review of Economic Studies*, 68, 665-691.

Trost, R. P. and Lee, L. F., 1984. "Technical Training and Earnings: A Polychotomous Choice Model with Selectivity." *Review of Economics and Statistics*, 66 (1).

Thomas, Vinod, Yan Wang and Xibo Fan, 2002. " A New Dataset on Inequality in Education: Gini and Theil Indices of Schooling for 140 Countries 1960-2000." Mimeo. The World Bank.

Wang, Xiao jun, Belton M. Fleisher, Hai Zheng Li and etc., 2007. "Access to Higher Education and Inequality: The Chinese Experiment." Working Paper, Department of Economics, The Ohio State University.

Welch, F., 1973. "Black-white Differences in Returns to Schooling." *American Economic Review*, 63, 133-154.

Walker, I. and Zhu, Y., 2008. "The College Wage Premium, over Education, and the Expansion of Higher Education in the UK." *Scandinavian Journal of Economics*, 110, pp. 695-710.

Wei, Xin, Mun C. Tsang, Weibin Xu and Liang-Kun Chen. 1999. "Education and Earnings in Rural China." *Education Economics*, Vol. 7, No. 2, pp. 167-187.

Wooldridge, J. M. , 2002. *Econometric Analysis of Cross Section and Pan-*

el Data. Cambridge, Massachusetts, The MIT Press.

Zhang, Linxiu, Jikun Huang, Scott Rozelle, 2002. "Employment, E-merging Labor Markets, and the Role of Education in Rural China." *China E-conomic Review*, 13, pp. 313-328.

Zhao, Yaohui, 2002. "Earnings Differentials between State and non-state Enteprises in Urban China." *Pacific Economic Review*, 7 (1): 181.

二　中文参考文献

安鸿章:《浅析人的知识、技能与能力概念异同》,《首都经贸大学学报》2003 年第 6 期。

白雪梅:《教育与收入不平等: 中国的经验研究》,《管理世界》2004年第 6 期。

陈学飞、秦惠民:《高等教育理论研究精论集, 135 位学者论高等教育大众化与高校扩招》(上、中、下),中央编译出版社、中国人民大学书报资料中心 2007 年版。

杜鹏:《我国教育发展对收入差距影响的实证分析》,《南开经济研究》2005 年第 4 期。

杜鹏:《基于基尼系数对中国学校教育差距状况的研究》,《教育与经济》2005 年第 3 期。

杜育红、孙志军:《中国欠发达地区的教育、收入与劳动力市场经历基于内蒙古赤峰市城镇地区的研究》,《管理世界》2003 年第 9 期。

杜两省、彭竞:《教育回报率的城市差异研究》,《中国人口科学》2010 年第 5 期。

丁小浩、李莹:《城镇中等职业教育就业的调查与思考》,《中国职业技术教育》2008 年第 6 期。

董银果、郝立芳:《中国教育投资回报率度量的关键问题探析》,《西南大学学报》(社会科学版) 2011 年第 1 期。

范明:《高等教育与经济协调发展》,社会科学文献出版社 2006 年版。

龚刚敏:《我国高等教育供求矛盾与公共政策——基于财政学视角的解析》,中国财政经济出版社 2009 年版。

高梦滔、和云：《妇女教育对农户收入和收入差距的影响：山西的经验数据》，《世界经济》2006 年第 7 期。

葛玉好：《教育回报异质性问题研究》，《南方经济》2007 年第 4 期。

高彦彦：《学校教育投资、家庭内知识外部性与农户收入回报：来自苏北农村的证据》，《南方经济》2009 年第 9 期。

郭丛斌：《教育与代际流动》，北京大学出版社 2009 年版。

郭凤鸣、张世伟：《教育和户籍歧视对城镇工和农民工工资差异的影响》，《农业经济问题》2011 年第 6 期。

郭志仪、曹建云：《人力资本对中国区域经济增长的影响分析——岭估计法在多重共线性数据模型中的应用研究》，《中国人口科学》2007 年第 4 期。

何亦名：《教育扩张下教育收益率变化的实证分析》，《中国人口科学》2009 年第 2 期。

何亦名：《中国高等教育扩张的就业效应与工资效应研究》，2007 年暨南大学博士学位论文。

黄国华：《非观测效应和教育收益率》，《数量经济技术经济研究》2006 年第 4 期。

蒋逸民：《教育机会与家庭成本》，社会科学文献出版社 2008 年版。

蒋义：《我国职业教育对经济增长和产业发展贡献研究》，2010 年财政部财政科学研所博士学位论文。

克里夫·R. 贝尔菲尔德（Clive R. Belfield）：《教育学经典译丛：教育经济学理论与实证》，曹淑江主译，中国人民大学出版社 2006 年版。

寇恩惠、刘柏惠：《公私部门工资差距——基于扩展的 Heckman 选择模型》，《数量经济技术经济研究》2011 年第 3 期。

赖德胜：《劳动力市场分割与大学毕业生失业》，《北京师范大学学报》2001 年第 4 期。

赖德胜：《教育扩展与收入不平等》，《经济研究》1997 年第 10 期。

李子奈：《高级计量经济学》，清华大学出版社 2003 年版。

李雪松：《高级经济计量学》，中国社会科学出版社 2008 年版。

李道苏：《素质 知识 能力》，《河南纺织高等专科学校学报》2002 年第 4 期。

李志远、朱建文：《解决"三农"问题重在农民教育》，《农业经济问题》2004年第7期。

李实、李文彬：《中国教育投资的个人收益率德估计》，载赵人伟、基斯格里芬主编《中国居民收入分配研究》，中国社会科学出版社1994年版。

李晓华：《技能回报、经济转型与工资不平等的上升》，2007年浙江大学博士学位论文。

林崇德：《教育与发展》，北京师范大学出版社2002年版。

刘海英、赵英才、张纯洪：《人力资本"均化"与中国经济增长质量关系研究》，《管理世界》2004年第11期。

刘云忠、徐映梅：《我国城乡教育差距与城乡居民教育投入差距的协整研究》，《教育与经济》2007年第4期。

刘泽云：《教育与工资不平等：中国城镇地区的经验研究》，《统计研究》2009年第4期。

刘泽云：《教育对工资不平等的影响：结构效应和价格效应》，《北京师范大学学报》2009年第5期。

刘华：《收入差距与城镇教育回报率关系解析》，2006年南京农业大学博士学位论文。

刘纯阳、高启杰：《我国农民收入差异变动趋势分析——兼析农村人力资本的区域差异及其对农民收入的影响》，《农业技术经济》2004年第2期。

罗楚亮：《城镇居民教育收益率及其分布特征》，《经济研究》2007年第6期。

明塞尔（Jacob Mincer）：《人力资本研究》，中国经济出版社2001年版。

闵维方、文东升：《学术的力量——教育研究与政策制》，北京大学出版社2010年版。

邱均平、温芳芳：《我国高等教育资源区域分布问题研究——基于2010年中国大学及学科专业评价结果的实证分析》，《中国高教研究》2010年第7期。

钱民辉：《教育社会学——现代性的思考与构建》，北京大学出版社

2005 年版。

　　曲正伟：《城乡一体化与农村高中阶段教育的发展定位》，《东北师大学报》（哲学社会科学版）2009 年第 4 期。

　　金子元久、刘文君：《高等教育的社会经济学》，北京大学出版社2007 年版。

　　任兆璋、范闽：《教育工资升水率的微观计量分析》，《财经研究》2006 年第 1 期。

　　孙志军：《中国教育个人收益率研究：一个文献综述及其政策含义》，《中国人口科学》2004 年第 5 期。

　　孙百才：《中国教育扩展与收入分配研究》，《统计研究》2005 年第12 期。

　　孙旭、颜敏：《中国人力资本存量结构的统计描述》，《人口与发展》2009 年第 5 期。

　　宋华明等：《高等教育对农业经济增长率的贡献测算及政策引导》，《农业经济问题》2004 年第 12 期。

　　宋冬林、王林辉、董直庆：《技能偏向型技术进步存在吗？——来自中国的经验证据》，《经济研究》2010 年第 5 期。

　　宋光辉、谭奇、陈丽：《发展职业教育还是普通教育——基于经济增长和教育回报视角的研究述评》，《财经科学》2012 年第 1 期。

　　盛欣、胡鞍钢：《技术进步对中国就业人力资本结构影响的实证分析》，《科学学与科学技术管理》2011 年第 6 期。

　　史万兵：《高等教育经济学》，科学出版社 2004 年版。

　　［美］T. W. 舒尔茨：《论人力资本投资》，北京经济学院出版社1990 年版。

　　［美］J. M. 伍德里奇：《计量经济学导论现代观点》，中国人民大学出版社 1996 年版。

　　吴方卫、张锦华：《教育平等的地区分化与地区分化下的教育平等》，《财经研究》2005 年第 3 期。

　　王维国、颜敏：《人力资本存量、人力资本结构与 FDI 互动关系研究》，《财经问题研究》2008 年第 9 期。

　　王忠：《技术进步的技能偏向性与工资结构宽化》，《中国劳动经济学》2007 年第 9 期。

王海港等：《职业技能培训对农村居民非农收入的影响》，《经济研究》2009 年第 9 期。

王广慧等：《教育对农村劳动力流动和收入的影响》，《中国农村经济》2008 年第 9 期。

王德文等：《农村迁移劳动力就业与工资决定：教育与培训的重要性》，《经济学季刊》2008 年第 7 期。

王美艳：《中国城市劳动力市场上的性别工资差异》，《经济研究》2005 年第 12 期。

王婷：《中国西部农村教育成本、收益与家庭教育决策的实证研究》，2009 年中国农业科学院博士学位论文。

王凤羽、刘钟钦：《中等职业教育财政补贴的经济学分析》，《农业经济问题》2010 年第 8 期。

王军辉：《规模报酬不变还是递增——来自我国以及五个 OECD 国家的实证分析》，《财政研究》2008 年第 8 期。

王火根、沈利生：《中国经济增长与能源消费空间面板分析》，《数量经济技术研究》2007 年第 12 期。

魏立萍、肖利宏：《中等职业教育与普通高中失业者失业持续时间和再就业机会的差异分析》，《教育与经济》2008 年第 1 期。

吴要武、赵泉：《高校扩招与大学毕业生就业》，《经济研究》2010 年第 9 期。

邢红军、陈清梅：《论"智力—技能—认知结构"，能力理论》，《首都师范大学学报》（自然科学版）2005 年第 3 期。

许志成、闫佳：《技能偏向型技术进步必然加剧工资不平等吗?》，《经济评论》2011 年第 3 期。

夏敏：《大学知识创造能力——评价与管理》，中国社会科学出版社 2010 年版。

杨俊、李雪松：《教育不平等、人力资本积累与经济增长：基于中国的实证研究》，《数量经济与技术经济研究》2007 年第 2 期。

杨俊、黄潇、李晓羽：《教育不平等与收入分配差距：中国的实证分析》，《管理世界》2008 年第 1 期。

颜敏、王维国:《教育不平等的测度与分解——基于辽宁省统计数据的实证分析》,《教育科学》2010 年第 3 期。

颜敏、王维国:《分层次人力资本与全要素生产率基于分位数回归的解析》,《数学的实践与认识》2011 年第 5 期。

颜敏、王维国:《基于时变参数我国教育投入贡献率估计》,《统计与信息论坛》2009 年第 7 期。

姚先国、张海峰:《中国教育回报率估计及其城乡差异分析——以浙江、广东、湖南、安徽等省的调查数据为基础》,《财经论丛》2004 年第 6 期。

姚先国、李晓华:《工资不平等的上升:结构效应与价格效应》,《中国人口科学》2007 年第 1 期。

姚先国、周礼、来君:《技术进步、技能需求与就业结构——基于制造业微观数据的技能偏态假说检验》,《中国人口科学》2005 年第 5 期。

袁晖光、谢作诗:《高扩招后大学生就业和相对工资调整检验研究》,《教育研究》2012 年第 3 期。

易纲、樊纲、李岩:《中国经济增长与全要素生产率的理论思考》,《经济研究》2003 年第 8 期。

周亚虹等:《从农村职业教育看人力资本对农村家庭的贡献》,《经济研究》2010 年第 8 期。

周鹏:《转型劳动力市场中工资差距扩大分析》,《改革与战略》2009 年第 6 期。

周京奎、王岳龙:《大中城市周边农地非农化进程驱动机制分析——基于中国 130 个城市面板数据的检验》,《经济评论》2010 年第 2 期。

张长征、郇志坚、李怀祖:《中国教育公平程度实证研究:1978—2004——基于教育基尼系数的测算与分析》,《清华大学教育研究》2007 年第 2 期。

曾湘泉:《变革中的就业环境与中国大学生就业》,《经济研究》2004 年第 6 期。

赵志耘等:《中国要素产出弹性估计》,《经济理论与经济管理》2006 年第 6 期。

张克俊:《我国城乡居民收入差距的影响因素分析》,《人口与经济》

2005 年第 6 期。

张车伟：《人力资本回报率变化与收入差距：“马太效应”及其政策含义》，《经济研究》2006 年第 12 期。

张云霞：《教育功能的社会学研究》，武汉大学出版社 2011 年版。

赵卿敏：《创新能力培养》，华中科技大学出版社 2002 年版。

致　谢

　　本书是在我的博士论文基础上修改而成的。在书稿即将付梓之际，回首漫漫求学路，有太多的感慨涌上心头，有太多的感谢需要表达。曾几何时畅想着该如何报答这些年来老师、同学、朋友的关心、帮助与鼓励，下面请允许我用这支笨拙的笔向那些善良无私的老师、同学、朋友致以心底最诚挚的感谢。

　　首先我要感谢我的博士导师王维国教授。从师王维国教授，学到的不仅是他关于计量经济学等精深的学术造诣，引领愚笨的我逐渐地走进经济学殿堂；他那种高屋建瓴的学术远见，严谨求实的治学态度，谦虚谨慎、宽厚仁爱、豁达宽容的待人之道，更是我永远学习的楷模。尽管肩负着繁重的学科建设工作，但作为学院院长，王老师同时承担了繁重的本、硕、博教学任务和科研指导工作，无论工作多忙，在每周定期举行的以王老师为核心的学术讨论班上，都能听到王老师诚恳地为学生提出建议的话语。我清楚地记得，那是在我上博士一年级的高级计量经济学课上，当上课铃声就要打响的时候，坐满了学生的教室有一些躁动，班长说："王老师出差开会了，今天的课以后再上。"话语刚落，大家就要起身离开的时候，王老师迈着矫健的步伐走上讲台，打开课件甚至连一口水都没顾得上喝就开始为我们上课，那次是王老师刚下飞机，直奔教室来的啊。那一刻我为王老师那种孜孜不倦、永远进取、无私奉献的精神深深地感染了：作为一位领导、德高望重的老教师都能这样忘我的工作，那我们这些平凡的年轻老师还有什么理由不努力呢？感谢王老师带给我这种无形的激励与鼓舞，使我在即使面临最困难的时候，也能够坚持下来不放弃，一生能遇此师实乃学生之荣幸。

　　我的博士论文是在导师王维国教授的悉心指导下完成的，从论文选题、研究方案设计、研究框架构建，到数据采集路径、基本研究假说论证，甚至行文规范，无不凝聚着王老师的智慧和心血。另外，在论文的写作过程中，还得到了王庆石教授、高铁梅教授、王雪标教授、陈磊教授的热心帮助和中肯的建议，老师们的渊博学识和中肯建议使我大大拓展了我的研究思路，这将是我科研道路上一笔宝贵的财富。感谢以王维国院长和常成德书记为核心的学院大家庭，让我时刻感受到这是一个积极上进、蒸蒸日上、和谐的团队，这里浓厚的科研氛围时刻激励着我不断修炼自己，提升自己。同时感谢我的同门师兄弟姐妹们的大力帮助，他们是黄万阳、潘祺志、关大宇、杜修立、刘德海、谢兰云、卢勇燕、范丹、夏艳清、冯云、王霞、薛景等，和你们一起学习讨论是我科研之路上的巨大收获，感谢多年来有你们相伴。感谢学院其他老师的理解、支持与鼓励，感谢高等数学教研室的各位老师，特别是李彤、王晓硕、唐明、武佩霞等老师，是你们主动承担了繁重的教学任务，使得我有更多的精力去完成博士论文写作。感谢你们！

感谢东北财经大学统计学院孙玉环博士、孙旭博士，天津大学李素梅博士，河北大学李淑平老师多年来对我无论在学业上还是工作生活上的关心、帮助和鼓励。感谢你们在我失意的时候听我倾诉，在我快乐时与我分享，在我人生重大决策上给予的建议和祝福。和你们相遇相知是我人生宝贵的财富，愿友谊天长地久。

感谢那些默默关注、关心我的朋友们，对你们的恩情可能今生有心而无力去回报，借此机会只有拱手作揖真诚地说句：好人一生平安。

最后，我要由衷地感谢我的家人，在我攻读博士和论文写作过程中给予的鼓励、关心和理解，为我创造了良好的学习环境，解除我的后顾之忧，在此衷心地祝愿你们未来的每一天都健康快乐！

本书出版得到王维国教授主持的国家自然科学基金面上项目"基于结构突变和截面相关的省际碳排放面板协整检验方法"（批准号：71171035）、辽宁省教育厅优秀人才支持计划（批准号：2008RC15）以及王维国教授为学科带头人的"宏观经济系统优化分析、动态监测与政策评价"辽宁省高等学校创新团队的支持，同时得到颜敏为主持人的教育部人文社会科学青年项目"能力偏误、大学教育溢价与我国工资收入差异演变"（批准号：12YJC790223）以及"辽宁省数量经济学学科提升计划"项目的资助，在此表示感谢！

"路漫漫其修远兮，吾将上下而求索。"我会继续在苦与乐的交替中，不断寻找着继续努力的方向，从中品味着科研的乐趣，活出自己的精彩。

感谢生活给予我的一切，无论酸甜苦辣都将是我继续前行的基石，都是我人生最宝贵的财富。

颜　敏

2012 年 12 月于东北财经大学